¿POR QUÉ NO ME LO DIJISTE?

¿POR QUÉ NO ME LO DIJISTE?

CARMEN RITA WONG

TRADUCCIÓN DE AURORA LAUZARDO UGARTE

HarperCollins *Español*

Los libros de HarperCollins Español pueden ser adquiridos para propósitos educativos, empresariales o promocionales. Para más información, envíe un correo electrónico a SPsales@harpercollins.com.

Título original: *Why Didn't You Tell Me?*

Publicado originalmente en inglés por Penguin Random House en Estados Unidos de América en 2022

PRIMERA EDICIÓN

Traducción de Aurora Lauzardo Ugarte

Copyright de la traducción de HarperCollins Publishers

Las fotografías son cortesía de la autora

Este libro ha sido debidamente catalogado en la Biblioteca del Congreso de los Estados Unidos.

ISBN 978-0-06-320999-2

22 23 24 25 26 LBC 27 26 25 24 23

Para mi hermano,
Alex «Aldodado» Wong

Cuando se entierra la verdad,

se entierra viva.

CONTENIDO

NOTA PARA QUIENES
LEAN ESTE LIBRO

Ésta es mi historia como mejor la recuerdo y como me ha moldeado. No es la verdad, sino mi verdad. He cambiado algunos nombres y características para proteger a algunos y no satisfacer a otros. Ésta no es ni remotamente la historia completa de mi vida o de la vida de las personas que aparecen en ella. Cientos de recuerdos quedan en el lugar de donde salieron éstos. Pero captarán la esencia.

PRÓLOGO

Hace poco, mi hermana menor me dio una fotografía que encontró en el armario de nuestro padre. Si la hubiera visto en algún momento de mis primeras tres décadas en esta tierra, habría abierto mi vida, y la de mi familia.

La foto debe haberse tomado en 1971, porque la bebé recién nacida envuelta en una frazada que mi madre sostiene soy yo. El escenario es la estrecha terraza de un apartamento en Manhattan. Mi madre, Lupe, de medio perfil, está de pie bajo lo que parece el sol del final de la tarde. A la izquierda está el hombre que luego conocí como mi padrastro, Marty, con otro bebé en brazos: el hijo de la mujer alta que está en el centro. La mujer tiene los brazos extendidos hacia los amigos que tiene a ambos lados, su afro es el vértice de composición. Toda la vida me dijeron que mi padrastro —el hombre de la foto— no conocía a mi madre cuando yo nací. Entonces, ¿qué hacía él ahí? ¿Por qué estábamos mi madre y yo con sus amigos? ¿Y por qué esta foto aparece justo ahora?

Ver esa foto hace dos años fue como encontrar una de las pistas principales de un caso que llevaba mucho tiempo sin resolver. Cuando la vi, sólo conocía parte de las verdades que revelaba.

En mi certificado de nacimiento, el nombre que aparece bajo «Padre» es Peter Ting Litt Wong. En la época en que se tomó la foto, mi madre, Guadalupe Altagracia, y Peter, «Papi», estaban casados. Yo crecí como la hija de ambos, como una Wong. Pero en esa foto estaba mi madre, una mujer casada, sosteniendo en brazos a su bebé dominicana-china, en una terraza con un hombre que no era su esposo ni era mi padre, un hombre blanco. Ésta debía haber sido una foto feliz que celebrara la llegada al mundo de dos pequeños seres humanos. Entonces, ¿por qué mi madre se ve tan triste? Por la manera en que mira a la recién nacida —yo—, me parece escuchar que se dice a sí misma: «¿Qué he hecho?».

La verdad que se escondía tras su mirada ese día saldría a relucir décadas después y tendría repercusiones que nunca pudo imaginar.

CAPÍTULO I

... PORQUE EL ESCENARIO ESTABA DISPUESTO

Uno de mis primeros recuerdos es una noche que me emperifollaron con un abriguito de piel de conejo hecho por mi abuela, la madre de mi madre, a quien llamábamos «Mama». Era una elegante mujer dominicana con el rostro cuadrado, que llevaba el cabello negro y liso en un estilo corto muy chic, y que nunca salía de la casa sin pintarse los labios de rojo. Trabajaba en el Midtown de Manhattan como costurera de Óscar de la Renta, el exquisito y siempre bronceado diseñador de moda dominicano-estadounidense, entre cuyo legado está haber vestido a las primeras damas desde Jackie Kennedy, y en cuyos ateliers trabajaban muchísimas mujeres inmigrantes de su país natal. Abuela se vestía todos los días para ir a trabajar con un conjunto de falda azul marino o negro, hecho a la medida, y una blusa con cuello, blanca o crema, bien almidonada. A mí me parecía divina.

Mi abriguito era de tres colores y desigual. Las tiras de piel variaban de longitud, y tenían diferentes tonos de marrón, desde el más claro hasta el más oscuro, moteadas como un gato calicó. Estaba confeccionado con retazos del salón de Mama:

un desván de manufactura lleno de compatriotas suyas, que también debían ser de diversos tonos de marrón y negro para ilustrar la historia de esclavización y colonialismo de la isla, que se remonta al primer desembarco de Colón. Aquella noche, yo no tendría más de tres años, a lo sumo cuatro, pero lo que recuerdo mejor es la sensación de esa piel, un lujo absoluto, que aún no había sido arruinado por el conocimiento de la matanza que se cometió para que llegara a mis hombros. Y recuerdo que, con ese abrigo, mis botitas de cordones a go-go y la cartera de noche de terciopelo verde —también confeccionada expresamente para mí con un rabito de conejo gris justo encima del broche— me sentía la criatura más amada y especial del mundo. Lo recuerdo bien porque era una sensación poco frecuente que muy pronto desaparecería de mi vida.

Estaba vestida para ir con mi hermano mayor, Alexander (Alex para todo el mundo excepto nuestros padres), y nuestro padre, Peter «Papi» Wong, a Chinatown. Papi vendría a recogernos a nuestro apartamento de Morningside Heights, que, para entonces, en la década de los setenta, era Harlem. Mi hermano y yo vivíamos solos con nuestra joven madre, Lupe, primogénita de la segunda familia de su padre. Abuelo, su padre, tenía dos familias: una con su esposa, que en aquel momento vivía en otra parte de la ciudad de Nueva York, y otra con su pareja de años —llamémosla así—, mi abuela, Mama. Eso fue décadas antes de que descubriera que en la cultura dominicana de antes (y un poco hasta el presente) era habitual que un hombre tuviera una esposa y nunca se divorciara de ella, pero tuviera otra familia (u otras) y hasta viviera con ella, como hacía mi abuelo. Claro que de eso nunca se hablaba, y no conocí a nadie de la otra familia «legítima» de Abuelo —nuestra familia— hasta casi treinta años después.

—Ay, mija, ¡qué linda eres! —me decía Abuela inclinándose

para abrocharme el abrigo. Me lo repitió como un mantra esa noche y me lo decía cada vez que tenía la suerte de verla: «¡Qué linda!»; siempre me saludaba así en español. No se cansaba de decírmelo, pero no se refería a mi apariencia. Cuando Mama me sostenía el rostro entre las manos, me veía por dentro y me decía que yo valía, tal como era, como lo que llegaría a ser. Nunca nadie me ha hablado así. Pero a los tres o cuatro años, los más importantes en la formación y programación de nuestra personalidad, eso me bastó para construir las bases para la aventura y la lucha que regirían el resto de mi vida.

Puedo escuchar la voz de mi abuela en mis recuerdos, pero me resulta un poco extraño no recordar en absoluto la voz de mi madre antes de los cinco o seis años. Su silencio, o mi percepción de su silencio, tuvo un fuerte impacto en mi niñez. Sin embargo, la veo claramente. Veo a mi madre, Mami, Lupe, aquella noche al final del pasillo estrecho y oscuro del apartamento largo, sujetar la puerta para que mi hermano y yo saliéramos bañaditos y bien vestiditos para una noche de paseo por la ciudad con nuestro padre chino, que no vivía con nosotros. Papi y Mami seguían casados, pero separados. Abuela me había dado un beso en la mejilla y me giró para que siguiera a Alex por el pasillo hasta la puerta. Mis alegres botitas sonaban clop clop sobre el suelo de linóleo. Mami sujetaba la puerta abierta frente a Papi, pero no lo dejaba entrar. En esa época, Papi era un poco delgado y no muy alto —mediría como un metro con sesenta y cinco— y parecía un Johnny Cash asiático, todo vestido de negro, la chaqueta entallada (que parecía más de motociclista que de vestir), el cabello negro y lustroso, embadurnado de Brylcreem y peinado hacia atrás estilo *pompadour*.

Papi nos abrazaba a cada uno con un brazo como si fuésemos sus mejores amigos. Siempre lo hacía. Luego nos decía con un marcado acento chino:

—¡Vámonos! ¡Vámonos! ¡Ésta es mi hija y éste es mi hijo! Mi hijo. Okey, okey, nos vamos. ¿Listos para comer? ¿Tienen hambre?

Estoy segura de que llegamos a Chinatown, que está a catorce o quince kilómetros al sur, en carro, el medio de transporte favorito de Papi. Más tarde descubriría por qué Papi siempre tenía un carro o una camioneta. Por ahora sólo digamos que tenía que ver con el trabajo. Nuestros dos primos más cercanos vivían en la calle que intersecaba la nuestra en un edificio que se podía ver desde nuestras ventanas. Ellos también tenían un padre que no vivía con ellos y era chino. *Un chino.* Y también recuerdo que tenía un carro que estacionaba frente a su edificio o el nuestro. Nadie de nuestra familia dominicana tenía un carro.

El restaurante era enorme, repleto de sillas doradas hasta donde alcanzaba a ver, y rojo, demasiado rojo, con gente y chachareo por todas partes. Las miradas sobre nosotros. Cuando nuestro padre, Peter Wong, entraba en algún lugar —fuera grande o pequeño— se aseguraba de que lo oyeran y lo vieran llegar. El Johnny Cash chino juraba que era una estrella. Detrás de él iban sus dos hijos, que tenían la piel más oscura y no parecían muy asiáticos, pero se parecían mucho entre sí: grandes ojos marrones, piel morena y cabello negro rizado, aunque los ojos de mi hermano tenían algo de asiático en la forma de los párpados, rasgo que se acentuaría con el tiempo, así como unas pestañas gruesas envidiables. Dos niñitos marrones, que parecían hermanos de madre y padre, negros, blancos y dorados.

—¡Aaaaa! —Peter saludaba a cada uno de los meseros, anfitriones y hombres, de pie o sentados, que se encontraba a su paso. Podía decir lo que fuera en cualquier dialecto, según con quien estuviera hablando. Papi nació en Taiwán y era descendiente de chinos, fue marino mercante y trabajó de chef en un barco noruego. Un día se bajó del barco, que había atracado en un muelle de Manhattan, y no miró atrás. Sin equipaje, sin pertenencias, sin hogar, amistades o familiares. Ese hombre habilidoso, que se movía en carro en Nueva York, sabía cómo buscarse la vida en la ciudad; o al menos en el vecindario. Tenía poca educación formal, pero podía decir cualquier cosa en inglés, español simple y muchos dialectos asiáticos. Cuando se casó con mi madre, siete años antes de que yo naciera, tenía treinta y cuatro años —mi madre, apenas diecinueve— y llevaba catorce años o más en los Estados Unidos; mi madre, apenas cuatro.

Ojalá pudiera contarles una historia de amor, una emotiva celebración del crisol de culturas del sueño americano, de cómo una adolescente dominicana inmigrante acabó casándose con un inmigrante chino de treinta y tantos. Pero no, más bien la historia consta de dos partes muy poco románticas: una nos lleva a la cuestión de los carros y la otra, al racismo.

El protagonismo de la supremacía blanca en la historia de la esclavización de los pueblos africanos no es exclusivo de los Estados Unidos; lo es también de América Latina y el Caribe, en especial en República Dominicana. Ese tipo de opresión significaba que, cuando un padre casaba a una hija (y no había matrimonio sin que el padre lo autorizara o lo escogiera), sobre todo en los «Yunaited Esteits», la hija tenía que casarse con alguien que elevara su estatus racial y, por tanto, el de su familia.

Eso fue lo que me contestó mi madre cuando se lo pregunté muchos años después.

—Mami, ¿por qué Abuelo las casó a ti y a María [su hermana] con chinos?

—Porque un chino era lo más cercano a un blanco.

—Oh…

Había otra historia (también racista) de mi abuelo, que mi madre contaba cuando se ponía obtusa. Tenía que ver con que el negocio de Abuelo en Santiago, República Dominicana, que estaba al lado de un negocio de chinos y con «lo bien que administraban el negocio. Eran gente buena, así que eso era lo que él deseaba».

—Ah…

Abuelo era también de los que se embadurnaban el cabello con Brylcreem, pero su cabello no era lacio como el de Papi o incluso como el de Mama. Se peinaba a lo Langston Hughes, con el cabello ondulado al agua, lo que lo hacía parecer un director de orquesta de Harlem de los años veinte. Era un hombre negro de piel clara, que no se exponía al sol y que, seguramente, le habría dado una paliza a cualquiera que se atreviera a llamarlo negro. En casa, en nuestra comunidad dominicana, éramos «españoles», gentilicio usado equivocadamente desde los setenta en adelante. Los dominicanos tienen una larga y trágica historia de racismo y negación de su herencia africana. Al igual que los Estados Unidos, la República Dominicana tiene un sistema colorista de castas, que proviene de la conquista y el dominio europeos. Esa antinegritud se vino con los que abandonaron la isla para establecerse en nuestra vida estadounidense de inmigrantes dominicano-neoyorquinos, por lo que, aún hoy, los dominicanos de la vieja guardia se refieren a sí mismos como «españoles».

Para mi abuelo, vivir en los Estados Unidos, especialmente en la ciudad de Nueva York, significaba acceso y proximidad no sólo a los estadounidenses anglos blancos, sino también a otros grupos que se les acercaban bastante. Por tanto, escogió un esposo asiático para mi madre y también para mi tía María. Lo más cercano a un blanco.

Volvamos a los carros y la segunda razón.

Elevar la posición de mi madre y sus hijos a través de una piel más clara era beneficioso para ella, pero Peter Wong traía algo más, al igual que el esposo de mi tía: un estatus migratorio.

Hay que recordar que Abuelo, el señor Eugenio, estaba casado con otra persona, de modo que, cuando se le concedió el permiso de inmigración, igual que a miles de personas más, mediante un acuerdo entre los gobiernos de los Estados Unidos y República Dominicana —una especie de *mea culpa* por el apoyo de la CIA a un hombre que resultó ser un dictador racista y genocida, Rafael Trujillo—, su esposa y sus hijos también podían entrar y trabajar legalmente en los Estados Unidos. Por desgracia, a la concubina y su familia se les hacía más difícil unírsele de la misma manera.

Así pues, tenía que hallar otra forma de que su segunda familia, mi familia, pudiera permanecer en los Estados Unidos. Y la compró. Les pagó a dos maleantes chinos con permiso de residencia para que se casaran con sus hijas.

Esas verdades eran lo opuesto a los cuentos que nos dijeron a mi hermano y a mí casi toda la vida. Cuentos. No descubrimos esos negocios turbios hasta que los parientes empezaron a morirse. Vender a las hijas. Imagínense. Imagínense ser mi madre en un país nuevo y desconocido, con sus estudios truncados a los quince años. Tuvo que aprender una lengua nueva y trabajar a tiempo completo para ayudar a la familia. Mi madre era muy lista, incluso ambiciosa. Además, era exigente e independiente. Y hela aquí, en esta tierra de libertad, pero su padre la empeña, le paga a un hombre para que se case con ella a fin de asegurar el estatus migratorio de su madre, su hermano y su hermana. Bien valía el sacrificio —cualquiera diría—, que la trataran como un mueble, ¿verdad? Digo, hay que ver el legado que dejó, ¿cierto? No. Que a los diecinueve años te obliguen a casarte con un hombre mayor de otra cultura; apenas soy capaz de imaginar la rabia y la desesperación, la sensación de entrampamiento. Me tomó décadas sacarle la historia completa a Papi. Y mi madre sólo fue la primera de Papi, tal vez.

A finales de los noventa, con casi diez años más que mi madre cuando se casó, visité a Peter, que para entonces tenía cincuenta y pico, en su apartamento ilegal, sin ventanas, frío y húmedo en un sótano de Brooklyn. Estaba empacando para irse a Hong Kong y me contó de una maravillosa joven enfermera, de unos treinta años y madre soltera, con quien se iba a casar.

—Esta vez, ella me ama. Lo sé. Ella cuidará de Papi. Y su familia me está pagando para que me case con ella, pero sé que ella no me abandonará y que cuidará de Papi porque me estoy poniendo viejo.

—¿Te están pagando para que te cases con ella? —pregunté.

—¡Sí! Y también el pasaje. ¡Mira, mira los boletos de avión!

Estaba muy emocionado. Admito que yo también me sentí un poco esperanzada, porque llevaba tanto tiempo solo —al menos que yo recordara—, y lo cierto era no se estaba poniendo más joven. Alguien tendría que cuidarlo en su vejez y yo de verdad que no quería que me tocara a mí.

—¿Quieres saber cuánto me pagarán?

—Ah… okey… —dije, aunque no estaba segura de querer saber nada del asunto.

—¡Diez mil dólares! —dijo.

—¿Diez mil dólares? —recordé un curso de psicología forense que había tomado en la universidad hacía unos años en el que teníamos que entrevistar a inmigrantes que se casaban por la ciudadanía. El profesor nos advirtió que las mujeres chinas en particular eran expertas en casarse con estadounidenses o chino-estadounidenses por dinero y luego solicitar la anulación por motivo de abuso, lo que les permitía mantener su nuevo estatus migratorio. Esa información no me agradó mucho en aquel momento. Me parecía racista. Y, sin embargo, tenía ante mí un ejemplo, en mi propia familia.

Papi me sacó del estado de shock.

—Vamos… ¡Papi ha hecho esto antes!

—¿Qué? ¿Has hecho esto antes? ¿Te has casado con alguien por dinero?

—Oh, sí, sí. Diez veces. Diez mil cada vez. ¡Pero nadie me ha pagado el avión para casarme en Hong Kong! Por eso sé que va a cuidarme. La familia me lo dijo.

Cuando volví a visitarlo unos meses más tarde, estaba solo. El día en que todos aterrizaron en Nueva York desde Hong Kong —Papi, la enfermera que era su nueva esposa (la onceava, contando a mi madre, creo) y su hija—, el tío de la mujer, que había ido a recibirlos en el aeropuerto, los recogió a todos menos a mi padre. La mujer se fue con ese «tío», se despidió del hombre con el que acababa de casarse en Hong Kong en una ceremonia fastuosa frente a su familia y sus amigos, y, según Papi, jamás volvió a verlas a ella o a su hija. Ninguno de los miembros de su familia se dignó a contestarle el teléfono. Recibió los papeles de anulación, que firmó, y se quedó con los diez grandes, un vuelo internacional, una gran cena de celebración, las fotos de la boda y un montón de expectativas destruidas en el bolsillo.

Casi sentí pena por él. A veces todavía la siento. Luego recuerdo cuando mi madre me contó que lo había dejado —más de veinte años antes de la boda en Hong Kong— porque la golpeaba con la culata de la pistola. Apostaba todo el dinero que tenían, incluido el efectivo para la fórmula de bebé de Alex. Lupe, la única «esposa» que tuvo de verdad, lo dejó, supuestamente, cuando yo tenía dos años. Los tres nos quedamos solos en nuestro apartamento en Claremont Avenue, cerca de nuestros abuelos, parientes y primos. Probablemente su estatus de madre soltera haya sido la razón por la que no recuerdo su voz o su presencia en esos primeros años. Lupe tenía que salir a trabajar.

Peter enviaba dinero cuando podía. Esa noche del abriguito

de piel, al igual que todas las veces que lo veíamos, sacó varios billetes del rollo de efectivo que llevaba en el bolsillo delantero atado con una liga.

—¿Cuánto quieres? ¿Un dólar? ¿Dos dólares? ¿Cien dólares? Okey, ¡un dólar! —bromeaba, luego se reía al ver nuestra cara cuando nos daba un billete de un dólar antes de darnos, en su lugar, uno de cien, que era mucho en aquella época. Nos quedábamos boquiabiertos un rato mirando los billetes, sintiendo su potencial; luego se los entregábamos a nuestra madre.

A veces el rollo de billetes era del grueso de una lata de soda; otras, era tan delgado que los billetes estaban doblados, en vez de enrollados, sin necesidad de una liga. La salida de aquella noche era, sin duda, una ocasión especial. Peter, el «hombre de negocios», iba a llevar a sus dos hijitos a una cena de lujo en la que habría mucha palmadita en la espalda y mucho apretón de manos. Nuestras visitas habituales a Chinatown no eran tan especiales y, desde luego, no íbamos a restaurantes como ese, decorados en dorado y rojo, con dragones bordados y aves fénix que se me metían por los ojos. Por lo general, íbamos a un restaurante bajo el nivel de la calle, de esos que tienen patos asados y costillares de cerdo colgados en la vitrina y peces de ojos grandes y vidriosos en un agua turbia. Me encantaban esos restaurantes. Todavía me gustan. Pero el jefe no estaba en esos restaurantes. Estaba en el rojo y dorado.

—¡Ay ya! —mi hermano y yo íbamos detrás de Peter como cachorros. A veces, Alex iba detrás de mí, otras, delante, según maniobrábamos entre las mesas en lo que Papi saludaba a todo el mundo como si fuera un vendedor. (Era una especie de vendedor). Recuerdo claramente fijar la vista en la punta de charol de mis botas a go-go, avergonzada. Tenía la boca tan grande. Era como si estuviéramos en un minidesfile y Papi fuera el líder de la banda que anunciaba nuestra llegada mientras serpenteábamos por el restaurante; yo sin entender por qué nos tardábamos tanto en sentarnos y comer.

Una última parada antes de sentarnos a cenar. El *dais*, la plataforma elevada al fondo del comedor reservada para los VIP, como en las recepciones de boda o para la pareja con sus hijos y nietos en la celebración de sus Bodas de Oro. En esa ocasión, para el jefe de la pandilla a la que pertenecía mi padre. El jefe, el don, y sus secuaces. No recuerdo el aspecto del jefe. Bajé la cabeza y me quedé mirándome los zapatos, probablemente tan ruborizada como me lo permitía la piel. Sonaban muchas risas, pero el tono era más suave y los apretones de mano muy diferentes de los que Papi había dado en el comedor. Todo iba más lento, con propósito y deferencia.

En el par de décadas siguientes, Alex y yo nos hicimos adultos, y en nuestras múltiples visitas a Chinatown con Papi, seguimos participando en los mismos desfiles de nuestra niñez: Papi nos daba empujoncitos a Alex y a mí frente a la «pandilla» en el *dais*. Sólo recuerdo una vez que miré de frente al jefe con mucha dignidad, sin vergüenza. Fue la última vez que se realizó el «show». Yo tenía veintitantos años y trabajaba a tiempo completo para pagar mis gastos y mi propio apartamento. Ese día, Papi sólo me había llevado a mí al restaurante. Los años lo habían hecho menos bullicioso y, como un Johnny Cash viejo, ya no era tan delgado. Y allí me encontraba otra vez, subiendo ese escalón para ser exhibida y examinada cual caballito de feria. Esta vez, cuando Peter me presentó como su hija, los hombres sentados a la mesa se rieron. Se burlaron por lo bajo y me miraron con desprecio.

—Papi —pregunté— ¿qué dicen?

—¿Ah? Oh, oh, tonterías. Dicen: «¿Cómo puede ser tu hija? ¡Ésa no es tu hija!».

Todos me miraban mientras Papi me hablaba. Miré al jefe

(eso presumí), que estaba sentado a la mesa, un hombre rotundo de unos cuarenta años, calvo, grande y gordo. Lo miré a los ojos y vi una suerte de desafío: («¿qué pasa, jovencita?»). Lo capté al instante, apreté la quijada, sonreí con hipocresía y dije:

—Okey, Papi, me voy a nuestra mesa —no me despedí de nadie en el grupo.

Unos minutos más tarde, el camarero me sirvió té y Papi se sentó.

—Oh, dicen que no eres mi hija porque eres tan linda. ¡Por eso lo dicen! ¡Tan linda!

—Claro. Claro. Gracias.

Volví a sonreír con hipocresía, pero seguí observándolos con el rabillo del ojo. No podía permitir que vieran que la sangre me hervía como el té que acababan de servirme.

Un *dais* es un escenario. También lo era nuestra vida en el apartamento de Claremont. Un lugar que algunos viernes y sábados en la noche se llenaba de primos y amigas de mi madre. Todas eran mujeres jóvenes que venían a ventilar las largas semanas de trabajo en la clínica o despejarse del ruido de las máquinas de coser, que, bajo sus dedos ágiles, cumplían con la cuota de telas. Había música, música latina a un volumen alto, cabellos negros, estirados y lustrosos, *bouffants* de los setenta y moños artificiales como los que mi madre lucía algunas veces. Me asomaba a la sala y veía las copas de cristal que las mujeres alzaban y la pecera de cristal —un símbolo de estatus importante por innecesario y costoso— que contenía los pobres peces tropicales que sin querer mataría poco después. (Les di un pote completo de comida de una vez. Parecían hambrientos). Mi hermano se quedaba en su habitación y probablemente agradecía el respiro de la atención empalagosa de su hermana seis años menor, o sea, yo.

Luego, en uno de mis cumpleaños, sería el cuarto, mi madre me regaló una muñeca bailarina. Era como dos veces del tamaño de una Barbie, aunque no era una Barbie en absoluto, era más bien una anti-Barbie. Una Barbie inmigrante del *uptown*. Tenía el cabello igual que Lupe y sus amigas, negro y abundante, una cinturita pequeña, y las caderas y pechos redondeados. Las caderas robóticas no encajaban con el cuerpo, pero estaban pegadas a la parte inferior del vestido de volantes estilo flamenco. Al oprimir un botón en la base bajo los pies, movía las caderas como si estuviera bailando merengue. A mí me parecía increíble. Mi propia muñeca robot bailarina, glamorosa, que se parecía a mi madre, excepto por la piel, que era blanca como la nieve.

Mientras fisgoneaba desde el pasillo, despierta hasta tarde para observar la fiesta que hacía mi madre para celebrar el fin de la semana, escuché a una invitada reír y gritar en español, mi lengua materna, por encima de la música:

—¡Mija, tráenos la muñeca! ¡Enséñanosla!

Supongo que el corazón se me quería salir del pecho porque esas mujeres tan bellas reconocían mi presencia. Corrí a mi cuarto y traje hasta la puerta mi tesoro de cumpleaños.

—¡Ven, ven! —escuché mientras algunas invitadas me hacían señas con la mano para que entrara.

Pasar por esa puerta y ser bienvenida por esas mujeres fue como entrar en otra dimensión. El cambio se avecinaba. El cambio en mí. Miré a mi madre, que estaba sentada en una esquina de la sala, para ver si me daba alguna suerte de permiso para entrar en su espacio. Recuerdo su sonrisa de Mona Lisa al asentir con la cabeza. Magia.

Fui hasta el centro de la sala con la muñeca por delante, sosteniéndola como una ofrenda. Las mujeres susurraban y reían. Una mujer se acercó y apretó el botón para que la muñeca bailara y sus caderas comenzaron a moverse al ritmo de la música como un péndulo encandilado. Hubo gritos y aplausos. Mi sonrisa debió ser enorme. La tenía hacía apenas uno o dos días, así que verla a toda ella en aquel momento moverse y bambolearse con encanto y feminidad, y provocar semejante reacción, me fascinó.

Después alguien me quitó la muñeca, la puso en el suelo —me sentí confundida— y fijó su atención sobre mí.

—¡Baila, baila, Carmencita! —me decían—. Baila, baila.

Así que bailé. Yo, una carajita moviendo las caderas como la muñeca, sintiendo la música y usando los genes de los que siempre he estado tan orgullosa, los genes del baile. Los aplausos y la atención me llenaron como nada lo había hecho hasta entonces. No era tímida. Era orgullosa y me encantaba serlo.

¿Dónde estaba mi madre en esa habitación? Creo haberla visto en una esquina de la habitación sonriendo orgullosa. Es posible que me haya inventado el recuerdo de su presencia y su aprobación porque sólo recuerdo los rostros de las otras mujeres. No sé. En aquella época estaba tan ausente. Lupe era una madre soltera de veintitantos años, que trabajaba muchas horas. Antes de los cinco años no recuerdo haberla visto hacer algo doméstico o maternal como cocinar para mi hermano y para mí, arroparme en la cama o leerme un libro, hasta que volvió a casarse y tuvo otra hija. Tampoco tuve un padre que hiciera esas cosas.

Por el contrario, mientras Lupe trabajaba y hacía otras cosas, mi hermano y yo íbamos de un apartamento a otro. A casa de nuestra abuela cuando sus horas de trabajo no coincidían con las de mi madre o a casa de nuestros primos con una niñera compartida porque mi tía también trabajaba. O peor, a casa de una extraña vieja dominicana sin hijos, pálida y con un casco de cabello negro como la brea, que vivía en un apartamento con cortinas borladas en rojo, dorado y púrpura, y muebles barrocos forrados en plástico. No hablaba ni interactuaba mucho con mi hermano o conmigo, ni nos dejaba ver televisión ni comer nada más que farina, crema de trigo, en las ocho o más horas que nos cuidaba durante el día. (¿Con aquella casa llena de objetos preciosos y costosos, no quería gastarse más de un dólar en alimentarnos, a pesar de que le pagaban?). Mi hermano hacía lo que podía para vigilarme y mantenernos calladitos para que no nos pegara, tal y como nos amenazaba. Aquel lugar era todo reglas y prohibiciones, mientras que el otro, el apartamento de nuestros primos era un lugar sin reglas, bestial, en el que abundaban los dulces y los dibujos animados. Sólo Abuela nos llenaba la barriga con comida dominicana y café con leche; y a mí me llenaba el corazón, con su amor incondicional. Su mirada atenta, nunca era opresiva y no infundía temor.

Pero, oh, aquella noche, la noche de mi muñeca cuchicuchi, con todas esas mujeres bajo el resplandor de la luz de la pecera mientras yo bailaba y bailaba y ellas me aplaudían y aclamaban. Bailar ante mi madre y sus amigas en nuestra sala y que mi padre me exhibiera ante sus asociados. El escenario estaba dispuesto.

¿Me mirarían como yo miraba a mi muñeca nueva? ¿Con admiración, pero sin conexión más allá de sus propias proyecciones? Y si era así, ¿qué les impedía hacer lo que yo hacía con mi muñeca? ¿Inventar una vida para ella? ¿Inventar historias acerca de su procedencia o de hacia dónde iba? ¿De quién era?

Tal vez les resultaba más fácil así. Crear sus propias realidades. Era su mundo. Y de ese mundo me habían conjurado.

CAPÍTULO 2

... PORQUE LO BLANCO ES BUENO

Marty, el segundo esposo de mi madre, fue una introducción a una tercera cultura estadounidense, la dominante: la blanca. Ese hombre soltero, maduro, con estudios universitarios, que vivía a sólo treinta cuadras al sur de nuestro apartamento, trajo consigo un cambio abrupto en muchas cosas; pero lo primero que recuerdo son los olores. En su casa había un olor suave a humo de pipa profesoral mezclado con lúpulo de cervezas y sillas de ratán. Esas notas se sumaron a mi ya de por sí dinámico buqué cultural de salsa de soya, plátano hervido, incienso y perfume Óscar de la Renta. La primera vez que fui al apartamento de Marty —la primera vez que nos vimos, según lo que sé y puedo recordar— fue, al parecer, el mismo año de mi abriguito de piel y mi muñeca cuchicuchi; tendría tres o cuatro años.

Una mañana de domingo de dibujos animados, mi hermano Alex y yo nos despertamos en un lugar que no era nuestro hogar. Nos sentamos juntos en silencio frente al televisor más grande que habíamos visto hasta entonces. Había mucha más luz de la que estábamos acostumbrados. Nuestro hogar era un apartamento tipo vagón de tren, estrecho y con ventanas pequeñas, pero bien cuidado y decorado con esmero. Pero esa mañana en particular, sentada con las piernas cruzadas, demasiado cerca del televisor, el sol que entraba por el amplio ventanal de cristal me calentaba el cuello y la espalda. A mi derecha, veía la cocina abierta y la mesa del comedor. Estoy segura de que era un apartamento citadino de clase media de los setenta, pero para mí era un lenguaje totalmente nuevo. Durante los comerciales, apartaba la vista del televisor y miraba con insistencia hacia la escalera de hierro que subía hasta la habitación donde presumía que estaba mi madre. Estábamos en la casa de un desconocido, en una situación que nos resultaba aún más desconocida. Nuestro padre, Papi, nunca había vivido con nosotros, pero, que supiéramos, nuestros padres seguían casados. Resultaba inquietante despertar en un lugar nuevo sabiendo que tu madre estaba arriba con un hombre que no era tu padre en un vecindario desconocido. A mi hermano no parecía molestarle ni inquietarle. Yo no estaba tan segura.

Finalmente, nuestra madre y su nuevo enamorado bajaron juntos por la escalera de caracol con los pijamas puestos.

—Niños, ¿quieren desayunar? —nos preguntó el nuevo hombre. De seguro asentí con la cabeza, tímida y nerviosa. Dudo que Alex haya pronunciado palabra porque tenía los ojos pegados a la pantalla del televisor. Yo observaba los movimientos de mi madre en la cocina mientras Marty empezaba a cocinar.

¿Un hombre nos estaba cocinando? Algo nunca visto. Como lo era la extraña comida que al rato puso sobre la mesa. Huevos fritos con la yema blandita y la clara medio cruda, sin los bordes crujientes que me encantaban. Hasta el sol de hoy, me parece ver la viscosidad nauseabunda. Nuestra madre le dijo algo a Marty y, en unos instantes, las ofensivas masas amorfas desaparecieron; en su lugar, llegaron unos huevos más parecidos a lo que conocíamos y nos gustaban: huevos fritos duros, al estilo dominicano. Sin nada, excepto la mantequilla en que se frieron. Luego salió el kétchup, una salsa que no recordaba haber probado, pero que conocía por los comerciales de McDonald's en la televisión. Vi a Marty echarles Heinz a sus huevos casi crudos. Impulsivamente decidí hacer lo mismo. Así que lo hice. Y seguí haciéndolo hasta que llegué a la escuela intermedia. Fue mi primer intento de asimilación, que luego se convertiría en una larga y dolorosa historia de complacer a este hombre en particular y a la gente en general.

Quería gustarle a Marty. Mi madre le prodigaba muchas atenciones y energía y, a esa edad, ya que no la veía mucho, quería que su nuevo novio entendiera que yo era parte del combo. Pensaba que, si yo le gustaba, mi madre sería feliz. Y si yo hacía feliz a mi madre, entonces sería algo más que su muñeca. Actuar para el beneficio de Mami era parte del negocio: sonreír, verme bonita, quedarme calladita a menos que me hablaran, no quejarme y «por favor» y «gracias» a todos los que cuidaran de Alex y de mí mientras Mami trabajaba. La actitud de mi hermano mayor hacia Marty fue otra. Al principio, parecía paciente y callado; pero a sus diez años, Alex era el «hombre» de la casa y no tenía ningún deseo de que lo desplazaran a él o a nuestro Papi. Mi hermano mayor asumió una actitud de desapego empedernido que contrastaba con mi servilismo y sonrisas.

Marty era ocho años mayor que mi madre. Era un italoestadounidense de segunda generación nacido en Detroit, que trabajaba de cajero en un banco local y había venido a la ciudad de Nueva York a cursar un máster en Economía en Columbia. Nunca completó los estudios de posgrado porque perdió la beca después de que lo arrestaron junto con los «hippies» que ocuparon el edificio administrativo de la universidad en las protestas antiguerra de 1968. Resulta que mi madrina, Carmen —por quien me dijeron que me habían puesto mi nombre, pero a quien llamábamos por su apodo, Pimpa—, que vivía al otro lado del pasillo y era la mejor amiga de mi mamá, también estaba tomando cursos en Columbia. Conoció a Marty en una clase y se lo presentó a mi madre.

Hay un cálculo que no había hecho hasta ahora. Si a Marty lo echaron de la universidad en el sesenta y ocho o sesenta y nueve, y yo nací dos o tres años después, pero lo conocí cinco o seis años después que mi madre, entonces Marty y mi madre se conocían de mucho antes, pero no habían formalizado su relación o la habían formalizado, pero no nos habían dicho nada. Deben haberse conocido cuando mi madre aún estaba casada con Peter y apenas un año después de que naciera Alex. Es gracioso: las cosas que no queremos ver cuando nos convertimos en adultos, incluso teniendo todos los datos ante nuestros ojos, o que no vemos porque no tenemos la más mínima curiosidad por explorar las cosas más a fondo, porque confiamos en la palabra de otros, de las personas en las que deberíamos poder confiar. Ponemos a nuestros padres en un pedestal, en burbujas o cajas; sus vidas antes de que naciéramos es territorio desconocido y adentrarnos en ellas significaría descubrir cosas que podrían cambiar las historias que nos han contado; descubrir que nos hemos equivocado al confiar.

Papi y Marty no podían ser más diferentes, como seres humanos y sobre todo como padres. Sin embargo, tenían algo en común: ambos se movían en carro por la ciudad. Sus estilos eran muy diferentes: Papi vestía todo de negro y parecía un gánster de la Tríada sentado al volante de un vehículo grande y agresivo. Marty era un hombre blanco, que se autoproclamaba galán del tipo académico, con sus espejuelos, la cabeza cubierta de rizos italianos y un bigote tupido. Conducía un pequeño AMC Gremlin de tres puertas. En el Nueva York de los setenta, esa disparidad de estilos provocaba reacciones a las que no estábamos acostumbrados. Con Papi nadie se atrevía a meterse. Con Marty, sin embargo, una vez Alex y yo vimos desde el asiento trasero del carro cuando una persona marrón —que se parecía a nosotros—, le dio un puño en la cara en un incidente violento en la calle, le sacó sangre donde se le enterraron los espejuelos. Otras veces, nos recogía en el apartamento y, cuando salíamos a la calle, nos encontrábamos con algunos miembros del «personal» del barrio recostados contra su carro, al que habían secuestrado. Marty tenía que pagarles una «comisión» para que lo dejaran salir. A Papi nunca se habrían atrevido a hacerle algo así.

A pesar de las tensiones de violencia explícita o implícita, el carro de Marty —y sus gustos— también representaba un medio de transporte sofisticado a lugares que Alex y yo nunca habíamos visitado, como el Metropolitan y el Museo de Historia Natural. Esos lugares encendían mi mente infantil. Podíamos visitar Egipto un fin de semana y ver un dinosaurio el siguiente. Una tarde, Marty me compró una caja de plastilina en la tienda del museo para que hiciera mi propio dinosaurio mientras hacíamos un picnic en Central Park, al lado opuesto de la calle. La plastilina grisácea y pegajosa se sentía como el futuro.

Yo venía de apartamentos en cuyo interior había todo tipo de muebles cubiertos de plástico e imágenes de Jesús con los ojos azules, de los mercados de pescado de Chinatown y de los tambores de metal del subway. Ahora mi vista se expandía a lugares que parecían puertas al resto del mundo. Mi adicción a lo nuevo y diferente se acentuó. Incluso antes de Marty, mi repertorio de culturas estaba más atiborrado que el de la mayoría de los niños estadounidenses, pero ese «más» era intoxicante. Si el nuevo amor de mi madre estaba tratando de impresionarnos, conmigo lo había logrado. Claro que todo venía con un precio. Porque acercarte a algo puede alejarte de otra cosa.

De pronto fuimos de dormir algunas noches en el apartamento de Marty y visitar el Met los sábados, a pasar los fines de semana fuera de la ciudad viajando en carro por los bosques del norte del estado de Nueva York y Vermont.

—Okey, aquí tienes que jalar. ¡Jaaaaaaala bien alto y después…
empuja hacia abajo! —Marty me explicaba cómo sacar nuestra
propia agua de un pozo. Estábamos en el bosque de Bear Mountain, Nueva York, a una hora de Manhattan. Las hojas de otoño
formaban un paisaje de amarillos por encima y debajo nuestro,
que crujían bajo nuestros pies.

—¡Uf! —gemí mientras hacía fuerza hacia abajo con mi
cuerpecito de preescolar sobre el frío metal de la bomba. Era
como intentar bajar un subibaja con alguien que pesara mucho
al otro extremo. Tenía que usar todo mi peso para lograr que la
palanca se moviera un poquito. Marty agarraba el extremo con
una mano, empujaba hacia abajo y mi cuerpo caía con la palanca; un viaje de un mundo a otro.

—¡Eso es! ¡Lo lograste! —dijo—. Siente eso.

Salté y toqué el agua. Estaba helada.

—¡Pruébala! Mira —dijo Marty colocando el rostro directamente bajo el chorro como si fuera una fuente de agua en
Central Park. Ahora me tocaba a mí. Me dejó sin aliento. Sabía
como el hielo más limpio. Sabía a pura limpieza.

¿Me culpan por mi fascinación? Yo era una niñita china-
latina de la ciudad, acostumbrada a beber té chino y el cafeci-
to de Abuela, que de pronto estaba sacando agua de un pozo
en medio de un bosque y haciendo palomitas de maíz en una
sartén sobre una fogata. Y otra vez los huevos. Esta vez, me los
sirvieron revueltos en mucha mantequilla sobre una fogata de
leña. No hay nada en el mundo que se les parezca. Eran una
maravilla. Estaba tan enfocada en Marty y en mi hermano mayor —que estaba a mi derecha y era como mi ángel guardián
a esa edad—, tan absorta en todo lo que veía y olía, que, de
nuevo, no recuerdo mucho a mi madre. Se me aprieta el corazón cuando intento buscarla en esos recuerdos. ¿Estaría ausente
como parecía estarlo siempre en aquella época o sería yo la que,

en esa ocasión, me ausentaba por saltar con demasiado ímpetu al mundo de aquel hombre? ¿O lo estaríamos las dos?

Luego de varios viajes a las montañas, nos llegó el momento de pagar el precio por ese «nuevo mundo». Un fin de semana en Vermont nos quedamos en una cabaña en el bosque y lo oficializaron. Mami y Marty se casaron. No lo recuerdo, pero mi hermano me dijo que recordaba que alguien había ido a la cabaña y los había casado mientras nosotros nos quedamos sentados mirando. Y con eso, nuestra vida de antes terminó. Mi madre, mi hermano y yo dejamos de vivir en Claremont Avenue, al lado de las líneas 1 y 9 en la calle 125 de Harlem, rodeados de nuestros primos y abuelos, de tío, de tía y de Papi, rodeados de toda nuestra familia y las culturas dominicana, china y negra que conocíamos. De la noche a la mañana, nos hallamos viviendo en Hudson, New Hampshire. Bien pudo haber sido Marte. Porque en la Nueva Inglaterra de los setenta, nosotros, la gente marrón, éramos los marcianos.

Fue justo después de cenar. Ya estaba oscuro afuera y los cuatro, mi madre, Marty, Alex y yo, viajábamos en el Gremlin de Marty con una persona nueva al volante: mi madre.

—Ay, Marty —ahora la voz de mi madre sonaba clara; sonaba asustada.

—No te preocupes, Lupe, no te preocupes —dijo Marty. Desde mi lugar en el asiento trasero del Gremlin, lo vi darle una palmadita en la mano a mi madre—. Yo me encargo.

Nos habíamos detenido en el descanso de la carretera, a sólo dos casas de nuestro nuevo hogar, una casa de dos plantas con garaje ubicada justo pasada la frontera de Massachusetts, en una urbanización cuyo nombre se leía oficialmente en la entrada hecha de ladrillos por la que se accedía a nuestra calle.

Afuera la oscuridad era impenetrable por la ausencia de farolas en la calle.

Las luces de la patrulla de la policía detrás nuestro arrojaban destellos intermitentes —rojo, azul, rojo, azul— sobre los asientos delanteros de vinil negro que mi hermano y yo veíamos desde el asiento trasero. Los cuatro permanecimos sentados en silencio dentro del pequeño vehículo de dos puertas donde lo único que se escuchaba eran los latidos de mi corazón. Ya a mis cortos años había aprendido que la policía no era necesariamente nuestra amiga. La última vez que se nos había acercado, al detenernos, un oficial obligó a Marty a limpiar el vómito que me provocó el viaje en carro de la ya asquerosa acera de la ciudad de Nueva York, sólo porque podía.

El sargento se acercó a la ventanilla de mi madre y le pidió la licencia de conducir y la del vehículo.

—Buenas noches, oficial. Esta es mi esposa y le estoy enseñando a conducir —dijo Marty inclinándose hacia delante para asegurarse de que la linterna alumbrara su rostro blanco—. Acabamos de mudarnos de la ciudad de Nueva York y nuestra casa está un poco más adelante —dijo señalando hacia enfrente.

Yo miré en la dirección que señalaba y no vi que estuviéramos cerca de casa. Marty le entregó al policía sus documentos. Esperamos y yo seguía sin poder respirar ni comprender qué habíamos hecho mal, excepto, quizás, que mi madre no debía estar al volante.

El oficial regresó, se inclinó para mirar hacia dentro del carro y, después de devolverle a Marty los documentos, se dirigió sólo a él, no a mi madre.

—Lo que pasa es que sus vecinos llamaron para reportar a unos puertorriqueños que andaban rondando por el vecindario.

¿Puertorriqueños? Pero si somos dominicanos. ¿Por qué lo dice así, como si ser puertorriqueño fuera algo malo?

—Tengan cuidado por ahí, ¿está bien? Tal vez sea mejor que las lecciones sean en el estacionamiento.

—Sí, señor. Gracias —dijo Marty—. Buenas noches, oficial.

Proseguimos unos cincuenta metros en silencio, los oídos me zumbaban por lo que acababa de revelárseme. Le daba mil vueltas en la cabeza a la idea de que nuestros vecinos llamaran a la policía a causa de mi madre, a causa nuestra, porque… éramos diferentes de la gente que vivía allí, la gente blanca. Un vecindario totalmente blanco. Un estado casi totalmente blanco. Claro que podía ver con mis propios ojos que éramos diferentes. Nuestra piel, nuestro pelo, nuestras facciones no se parecían a las de nadie a nuestro alrededor. Mi hermano y yo veníamos de una ciudad caleidoscópica en la que nuestro color marrón indefinido no llamaba la atención cuando pasábamos de un barrio a otro; ni siquiera en Chinatown se fijaban en nosotros, aunque no pareciéramos muy asiáticos. El subway era una gran vitrina de colores y culturas —blanco, negro y todo lo demás— que nos llevaba a todos a donde tuviéramos que ir, a hacer lo que tuviéramos que hacer. Pero la gente blanca había sido definitivamente una minoría en mi joven mundo hasta aquel momento. Mi madre tenía un primo rubio de ojos azules, pero hasta él era mestizo, la piel color crema delataba la fracción que tenía de origen africano. En nuestro edificio había un joven blanco, que era profesor en la Universidad de Columbia y tenía un perro gigante que veíamos de vez en cuando. Mi madre, sus primas y sus amigas se maravillaban ante nuestro primo rubio de ojos azules, casi se arrodillaban ante el vecino profesor blanco, como reconociendo su superioridad, pero lo que nunca vi fue que ellos —la gente blanca— nos miraran con desprecio. Esa era la pieza que faltaba en el rompecabezas de este país y que descubrí aquella noche en New Hampshire: que la gente blanca que vivía cerca de nosotros en nuestra nueva ciudad y nuestro nuevo estado nos despreciaba por nuestro color; tanto así que en nuestra propia calle nos tenían por criminales.

Esa noche fue una revelación que se preservó en mi memoria como un insecto en el ámbar y que me acechó por décadas. No debí dudar de mi juvenil apreciación, pues nuestro nuevo estado seguiría enseñándonos exactamente lo que pensaba de nosotros.

Cuando agarrábamos un carrito y entrábamos en el supermercado local, mi madre —que a mí me parecía bella, y hasta deslumbrante— llevaba sus grandes rolos, del tamaño de una lata de Coca-Cola, cubiertos con una hermosa pañoleta de seda anudada en la nuca. Ésa era la forma habitual y aceptada en que las mujeres marrones de la ciudad que tenían el pelo rizo se lo estiraban después de lavárselo. El día en que mi madre iba con el pelo así por la ciudad era el sábado, porque ella y las demás señoras tenían que ponerse superguapas para salir esa noche después de una larga semana de trabajo. Y las pañoletas. Me encantaban las pañoletas. Mi madre tenía una gaveta llena de la que yo las extraía a hurtadillas y me las ponía para jugar a ser tan glamorosa como ella y todas sus amigas.

Los pasillos del supermercado en nuestra nueva ciudad eran enormes comparados con los que estábamos acostumbrados a ver; el supermercado en sí parecía ocupar el equivalente a una manzana completa de suministros ilimitados. Mi madre, mi hermano y yo compartimos una emoción efervescente la primera vez que cruzamos las puertas. Mientras recorríamos los pasillos, el sonido metálico que hacía nuestro carrito de compras se amplificaba porque, al vernos pasar, la gente se callaba y se quedaba mirándonos, en especial a mi madre. Nos miraban, se burlaban y reían por lo bajo. Primero vi sus rostros espantosos; después vi la expresión estoica, pero dolida, de mi madre que siguió agarrando lo que necesitaba nuestra familia hasta llegar al último pasillo mientras mi hermano y yo la seguíamos en silencio. Luego, mi madre nos dirigió a la caja registradora. Después de recorrer diez pasillos entre miradas y susurros, el rostro le ardía de vergüenza y, tal vez, hasta de rabia. Tenía la espalda derecha, la frente en alto y la quijada apretada mientras sacaba los artículos del carrito. Al tiempo que asimilaba esa expresión, que nunca había visto en el rostro altivo de mi madre, vi a otra mujer, justo por encima de su hombro, mirándola y murmurando algo a otra. Ambas mujeres me miraron y yo les lancé dagas ardientes por los ojos, a pesar de la tristeza y el miedo que sentía. Nunca volví a ver a mi madre con rolos en público. Al poco tiempo, las pañoletas también desaparecieron. Ese menosprecio mojigato siguió creciendo semana tras semana. Una vez que empezamos a ir a nuestras nuevas escuelas, a mi hermano le dijeron que no podía jugar en el equipo de fútbol americano de la escuela. Escuché a mi madre contárselo a Marty:

—Dijeron que en el equipo no podían jugar «ne*s».

No nos quedamos mucho tiempo en Hudson. Marty había comprado un solar en otra ciudad a media hora en dirección norte para construirle a mi madre una casa de ensueño. La zona estaba tan poco desarrollada que no tenía dirección postal, sino un «RDF» (o *Rural Free Delivery,* que significa entrega rural gratuita), una designación del correo postal creada para las familias que vivían en fincas que no tenían acceso por carreteras pavimentadas. Pero la nueva casa aún no estaba terminada cuando vendimos la de Hudson, así que empacamos y nos fuimos a vivir a un condominio de alquiler en Nashua, a mitad de camino entre ambos lugares. Nos mudamos dos veces en lo que pareció menos de un año, y el trauma que supuso, sumado a que extrañaba a mi familia, a toda nuestra familia en Manhattan, comenzó a causar problemas. Ninguna de las veces que empacamos y nos mudamos hubo explicaciones o guía. Así eran los padres en los setenta. No hacían reuniones familiares con los niños para prepararlos psicológicamente para los cambios que se avecinaban o para que dijeran qué querían hacer o cómo se sentían. Tampoco se habló sobre el trauma de mudarnos lejos de todos los familiares y amigos que conocíamos en Nueva York y la gente que se parecía a nosotros. Íbamos a donde dijeran nuestros padres, a quienes no les interesaba saber de nuestra tristeza, nuestros miedos o ansiedades, ni tampoco les interesaba escuchar, Dios no lo quiera, nuestra opinión. Me hubiera gustado saber si volvería a ver a mis primos o a mi abuela. *¿Y qué es eso que Mami está cocinando? No me gusta. Viene en latas y envases plásticos.*

—Te quedarás ahí sentada hasta que te lo comas —dijo mi madre señalando el plato frente a mí.

A nuestro alrededor estaban todas las cajas sin abrir. Debió ser nuestro primer día en el condominio de Nashua, también conocido como nuestra parada entre las dos casas, porque me sirvieron la cena en un plato de papel y era un triste perrito caliente. No un *dirty dog* de esos jugosos con repollo agrio que vendían en la ciudad de Nueva York y que a mí me encantaban, sino una salchicha pequeña, seca y tiesa con la consabida botella de kétchup al lado. Me había acostumbrado a las cenas elaboradas que preparaba mi abuela: montañas de arroz con habichuelas, sancocho, adobo y esa maravillosa sopa de pollo que preparaba con lo que sobraba y que era de un verde-amarillo incandescente por las especias y todo tipo de plátanos —maduros, tostones, mofongo, mangú—; los fines de semana: panqueques fritos, sí, panqueques fritos en mantequilla para la cena. Divino. Entonces, ¿qué diablos era eso? Yo quería la comida *nuestra*, no aquella mierda gringa. ¡Coño! Ahora que soy madre, entiendo que mi madre debió sentirse muy angustiada, mi hermano también, aunque todos lo disimulábamos. Los tres, extranjeros en nuestro propio país, de repente, no teníamos un solo pariente en trescientos kilómetros o más a la redonda. Aislados. Cada uno sufría a su modo. Así fue que empecé a controlar las cosas que podía controlar. Como la comida.

Permanecí horas sentada en la mesa con el maldito perro caliente; el estómago me rugía. Mami incluso subió a la habitación y apagó todas las luces excepto la lucecita sobre la estufa en la cocina. Todos se habían metido en la cama menos yo. Tenía seis años y estaba sentada en el primer piso de un condominio que no conocía, en un lugar que no conocía, la cabeza recostada sobre la mesa de la cocina hasta que me quedé dormida con mi fiel compañera: mi convicción. En algún momento de la noche, Marty bajó las escaleras y me llevó a mi cama. Rescatada. Vista. Me gustaba aquel tipo nuevo, aunque viviéramos ahí por su culpa.

Nuestra nueva casa estaba en el pueblito de Amherst, en una calle principal llamada Route 101, que tenía dos carriles asfaltados que atravesaba unas tierras de cultivo. Era un complejo de viviendas nuevo construido para atraer a profesionales con familia que viajaban a diario para ir al trabajo, y cuyos salarios provenían de carreras florecientes al otro lado de la frontera de Massachusetts, como Marty. (Hoy es una mega-autopista bordeada de puestos de comida rápida, concesionarios de carros y edificios comerciales). Ahí era donde Marty construiría la casa de sus sueños para toda la familia, la casa del sueño americano para mi madre. Era una casa hecha a la medida, influenciada por su niñez en Michigan, grande y, por tratarse de un complejo de viviendas nuevo y bastante rural, frugal. Llegar a su oficina en Massachusetts le tomaba unos cincuenta y cinco minutos. Marty trabajó en el diseño y la construcción de la casa desde los cimientos con un muchacho llamado Rusty, un hombre dulce, corpulento, con una mopa de cabello rojo, un bigote tupido y tatuajes. Los fines de semana, íbamos desde el condominio a ver cómo progresaba la construcción y recorríamos el esqueleto de madera de las dos plantas. Rusty y Marty señalaban dónde irían la cocina (una cocina abierta, por supuesto, como la de su apartamento en la ciudad), los baños y las habitaciones. Para una niña de la ciudad, la casa era enorme; no era lujosa, sino grande para nosotros: cuatro habitaciones y dos baños y medio. A Alex le tocaría una habitación gigantesca en la parte de enfrente de la casa y a mí me tocaría la habitación más pequeña pero llena de luz en la parte de atrás. La habitación de Mami y Marty con su baño privado también estaba en la parte de enfrente y, en lo alto de la escalera, en el mismo medio de todo, estaba el baño de los niños. En una esquina en la parte trasera estaba la cuarta habitación para nuestra hermanita nueva y los demás bebés que vinieran.

—Ésta, Mami —dije señalando la muestra de la mullida alfombra color verde pastel, que parecía un sorbete de limón.

Estábamos en la tienda escogiendo lo que iría en la nueva casa. Había tenido muy pocas oportunidades de elegir hasta aquel momento, de modo que poder decidir la paleta de colores de mi habitación y mi alfombra fue como llevar una tiara de nuevo en la cabeza. Quería una habitación decorada en verde claro y amarillo, y una cama con dosel, como la de una princesa, pero sin colores asociados a ningún género, lo que denotaba el grado de sofisticación y originalidad que presumía tener a los seis años.

Al final, la alfombra que me pusieron me arrancó de un golpe la tiara de la cabeza. Parada en la puerta de la habitación completamente decorada, echaba chispas. Ahí estaban la cama blanca con dosel, la colcha de encaje amarillo claro y blanco que había pedido, el cojín y las cortinas que hacían juego. Las paredes estaban pintadas de mi color favorito: un hermoso verde claro. Pero la alfombra, ¿se imaginan la alfombra de Óscar el Gruñón?

Tenía pelos largos en dos tonos de verde: color billetes de dólar mojados y color hierba seca. Juntos formaban una superficie que sólo podría gustarle al muppet que vive en el cesto de basura. Me traicionaron. Aquello nunca habría pasado en casa. Papi me la habría comprado o Abuela se habría asegurado de que me pusieran justo lo que había pedido. Estaba muy malcriada; ¿o me había acostumbrado a que mi opinión se escuchara?

Luego me enteré de que Marty había vetado aquella alfombra hermosa, etérea. No le pareció «práctica». Un color pastel se mancharía con facilidad, como si mi madre me hubiera permitido alguna vez comer o beber algo en mi habitación. Al parecer, mi salvador blanco tenía defectos: una tendencia al pragmatismo, una pasión de toda la vida. Supongo que había cosas peores que un padre no complaciente. Además, un par de veces al año, Papi me regalaba unos cuantos billetes de veinte y cien para compensar por aquella austeridad.

La mudanza a Nueva Inglaterra trajo consigo una pequeña bendición: mi madre aprendió a conducir bastante pronto y es posible que los viajes de cuatro horas a la ciudad durante los recesos escolares y los veranos contribuyeran a la salud mental de ella, mi hermano y la mía. Cada vez que viajábamos al sur, según pasábamos por el Hutchinson River Parkway y se iba revelando la vista panorámica de la ciudad, el corazón me daba un vuelco; como cuando ves a alguien de quien estás perdidamente enamorada después de un largo período separados.

Cuando íbamos a casa, nos quedábamos en nuestro antiguo apartamento de Claremont con Abuela, Abuelo y el hermano de mi madre, Lou, quienes se habían mudado allí, lo que garantizaba que siempre me mantendría vinculada a esa versión de mi hogar: a la continua ola amorosa de comida dominicana, a la música que se escuchaba por las ventanas de los vecinos, a los muslos que se me pegaban por el sudor al forro de plástico del sofá, a abrir cada uno de los pintalabios y perfumes del tocador de mi abuela, y a disfrutar de su amor incondicional y generoso. Y, sí, a ver a mi padre, Papi, que siempre traía comida china, joyería de fantasía y billetes de veinte tan nuevos y tiesos que cortaban los dedos. Esos billetes que llegaban a mis manos contribuían a una glamorosa colección de Barbies que yo escogía y compraba en los amplios pasillos de las megatiendas suburbanas cuando regresábamos al campo. Mi colección constaba exclusivamente de mujeres (y, desafortunadamente, todas blancas porque eso era lo único que se conseguía en aquel entonces), una fantasía escapista estilo Studio 54-Solid Gold que construía en mi habitación de New Hampshire.

Mi tío Lou se había instalado en mi antigua habitación al lado de la cocina. Lou era el hermano menor de mi madre, el más joven de los tres. Pobre Lou, un niño prodigio, el único varón, guapo y dulce, que había sido diagnosticado con esquizofrenia paranoide severa a los dieciséis años. Luego aprendí en mis estudios que, aunque la esquizofrenia es hereditaria, suele exacerbarse por estresores ambientales tales como el trauma, el abuso o el uso de drogas. Para completar mi conocimiento de Lou, mi tía me reveló décadas después que Abuelo había golpeado y torturado tanto a su hijo que mi tío ya no tenía remedio. Abuelo había golpeado a todo el mundo. Golpeó a mi adorada abuela, Mama, golpeó a sus hijas, como seguramente lo golpearon a él, no sólo su propio padre, sino el Gobierno de su país natal, República Dominicana. Abuelo formó parte de la rebelión contra el dictador Rafael Trujillo. Una noche lo sacaron de su cama y lo torturaron, pero sobrevivió. Mientras se recuperaba en el hospital, sus hermanas idearon un plan para sacarlo de ahí, porque sabían que la siguiente vez no habría hospital sino funeral. Vistieron a Abuelo de mujer y lo sacaron a escondidas del hospital, lo escondieron y finalmente lograron montarlo en un avión rumbo a Nueva York. Mi abuela

—su querida— lo siguió poco después con sus hijos: mi madre, su hermana menor, María, y su hermano, Lou. Luego Abuelo mandaría a buscar a su esposa y sus hijos, a quienes instalaría más al norte.

Las «golpizas» que me daba mi abuelo siempre eran un «paupau» juguetón en el fondillo con un periódico enrollado. Abuelo siempre estaba leyendo el periódico o viendo las noticias. A veces jugaba a perseguirme por el largo pasillo del apartamento con un rollo de papel o se estiraba desde su butacón reclinable mientras veía la televisión y me daba un golpecito en el fondillo cuando le pasaba por delante: «¡Paupau! ¡Paupau!», decía, y ambos reíamos. Ahora que sé acerca de la tragedia que provocó a mi madre, mi abuela y mi tío, cuando lo recuerdo, fantaseo con agarrar ese periódico enrollado y hacérselo tragar.

—¡Hola, Carmencita! ¡Ay, mi Carmencita! ¿Cómo estás? ¿Cómo está New Hampshire? —me preguntó mi tío Lou con su cadencia rápida y dulce cuando me senté en la pequeña mesa de la cocina, ahora la cocina de mis abuelos, una de las primeras veces que regresamos a Claremont.

—Bien. Está bien —le contesté mientras colocaba en la mesa mi café con leche dulce y las galletas Goya que me encantaba mojar en el café, de la misma manera que a los niños angloestadounidenses les encanta mojar las galletas Oreo en leche.

Me sentaba allí con Abuela a verla lavar, exprimir y colgar la ropa en el tendedero que iba desde la ventana de la cocina hasta el callejón, a una altura de cinco pisos, como hacían las demás vecinas aun bajo el frío más intenso. O verla preparar la comida, ambas en silencio, disfrutando mutuamente de la compañía, nada más. A veces, mientras esperaba a que me preparara alguna delicia, me dedicaba a apretar las frutas plásticas, en especial las uvas, que solían vivir en un lindo bol sobre la mesa.

—Oh, está bien. Está bien —dijo mi tío y calló.

Iba vestido, como de costumbre, con una camisilla blanca sin mangas y pantalones negros con cinturón, los espejuelos gruesos sobre el rostro marrón y el cuello torcido; miraba como a través de mí o hacia el suelo mientras hablaba. Uno de los efectos secundarios de los medicamentos psiquiátricos que tomaba era la discinesia tardía: movimientos involuntarios del rostro y el cuello. Lou ladeaba la cabeza hacia el hombro sin cesar, como si estuviera limpiándose con la camisa una gota de salsa en la barbilla. Por haber tomado medicamentos toda la vida, el cuello se le torció para siempre y nunca pudo enderezar la cabeza.

Esperé con paciencia a que terminara de hablar, pues le gustaba verme y conversar conmigo, aunque fuera un ratito. Mi abuela, en su bata, nos miraba y sonreía. Mi madre estaría por el vecindario visitando a sus primas y amigas.

—Okey, Carmencita… Okey. ¡Jesús te ama! ¡Jesús te ama, Carmencita! ¿Sabías que Jesús te ama? ¿Y que si aceptas a Jesucristo como tu Señor y Salvador habrá un lugar para ti en el cielo? —preguntó Lou.

—Sí, lo sé. Gracias.

—*Das good*, Carmencita. Eso está bien. Okey, ahora come, come. ¡Jesús te ama!

Lou me dijo adiós con la mano y se retiró a mi antigua habitación justo al lado de la cocina, donde pasaba casi todo el día; sólo salía para ir a la iglesia. Ahora, al cabo de cuatro décadas, Lou me dice las mismas palabras cada vez que hablamos: «¡Jesús te ama!». No he practicado ninguna religión desde hace décadas, así que lo que escogí escuchar todos estos años es: «Lou te ama, Carmencita. Te ama». Suelo aceptar todo el amor que me quieran dar. Para mi desgracia.

Marty nunca nos acompañó en esos viajes a casa. Dejó atrás la ciudad de Nueva York y en treinta años tal vez regresó tres veces a visitarme. Cuando nació mi hija condujo desde su casa en Rhode Island sólo para pasarse el día. Volvió a hacerlo cuando me casé con el padre de mi hija, y luego para ayudarme a mudar mis cosas cuando me divorcié. Y aunque lo veíamos varias veces al año cuando íbamos de visita a la ciudad, durante toda nuestra infancia Papi sólo fue una vez a visitarnos a Alex y a mí a nuestra casa en Amherst, New Hampshire. Tal vez uno o dos años después de que nos mudáramos, Papi condujo casi trescientos kilómetros sólo para quedarse en la puerta y saludar a sus dos hijos. No quiso entrar en la casa. O no se lo permitieron, porque aquella era la casa de Marty, no lo sé. Recuerdo que su llamativo sedán de macho no encajaba en aquel pueblo lleno de insulsos vehículos familiares. Ahora lucía el copete engominado al estilo Elvis Presley un poco más bajo, y vestía una camisa blanca o azul claro de botones. Por primera vez, lo vi francamente fuera de lugar. Llevaba apenas unos años en New Hampshire, lejos de la ciudad, y mi percepción visual había empezado a cambiar. Era como si llevara lentes blancos frente a los ojos; una mirada blanca. Vi a Papi más oscuro. Más vulgar. Menos «cool». Vergonzoso. Algo que nunca había sentido hacia él en la ciudad. Recuerdo que ya era lo suficiente mayor —tendría unos diez años— como para reconocer esos sentimientos negativos y sentirme mal por lo que estaba haciendo. Me pregunté cómo nos afectaba —a mí, a nosotros como familia— vivir en un lugar que era una especie de realidad alterna, donde la asimilación parecía ser el único modo de sobrevivir. Perderse a una misma para no perder la razón. Borrar las diferencias.

En esos primeros años en New Hampshire, mi madre se perdió a sí misma de una forma positiva —fui testigo de ello— en los brazos de Marty. A menudo los pillaba besándose y abrazándose a escondidas en la cocina, lo que debía provocar algún efecto en mí, porque interponía entre ellos mi cuerpecito y los separaba chillando:

—¡Besos no! ¡Besos no!

A los pocos años de mudarnos, los abrazos empezaron a ser menos frecuentes y, con el tiempo, desaparecieron.

La brecha entre los «nuevos nosotros» y nuestra familia de Manhattan siguió creciendo. Mi madre comprendió que, contrario a la libertad y el apoyo que tenía en la ciudad, en Amherst estaba aislada y sola. Alguna vez tuvo un empleo, compañeras de trabajo, primos, amigas y la libertad de dejar a sus hijos con su madre o su hermana para salir por la puerta al mundo. Para mi madre, vivir en la ciudad significaba libertad física y mental, literalmente. ¿Tenía hambre? Podía ir a la bodega en cualquier momento y conseguir lo que quisiera. ¿Tenía ropa por lavar y un bebé? Podía pedirle con plena confianza a la vecina que estaba lavando ropa al lado que le cargara al bebé un momentito. ¿Peleaba con sus padres? Podía cruzar la calle e ir a casa de sus primos a comer flan y chismear. ¿Peleaba con su esposo? Podía agarrar a los niños e ir a ventilar a casa de la vecina que vivía en el mismo pasillo. Mi madre y yo hemos hecho las mismas cosas. La vida en la ciudad puede parecer un poco solitaria, pero una nunca está sola del todo. Aun cuando una no tiene ni un peso, como me ha pasado alguna vez, puede caminar y caminar, y llenarse los ojos de vistas y los oídos de música a cualquier hora del día o de la noche.

La vida en New Hampshire —donde había que conducir casi cinco kilómetros para llegar a la tienda más cercana y sin un trabajo más allá de cuidar a los niños, sin ver siquiera un rostro marrón, negro o asiático— debió ser como un peso que la hundió lentamente. Y hubo otras limitaciones que, con el tiempo, también resintió. Una vez a la semana, Marty firmaba y entregaba a mi madre un cheque para cubrir los gastos de la casa, básicamente, la compra (siempre recordaré el sonido de cuando arrancaba el cheque de la libreta). Una vez llegué a ver el intercambio en la mesa de la cocina. Fue en silencio, pero la expresión en el rostro de mi madre era todo un compendio personal sobre la intersección entre género y raza en los ochenta. El rostro se le descompuso según tomaba el cheque entre el pulgar, el índice y el dedo medio, como si apestara. Con la mirada fija en la cantidad escrita en el cheque lo bajó y lo colocó sobre la mesa, todo en cámara lenta ante mis ojos. El ceño fruncido denotaba resentimiento. Recuerdo que yo también sentí un poco de vergüenza. La mujer que solía ganar su propio dinero, vivir bajo sus términos, vestir de punta en blanco —pintalabios rojo y peinado de peluquería— ahora se hallaba en la mesa de una cocina, sin maquillaje, con el pelo amarrado en un moño utilitario, rodeada de niños y a trescientos kilómetros del mundo que conocía. Toda una lección de poder y dinero. Una parábola. Su caballero andante la hacía pagar el precio. Se había comprometido con un supuesto salvador blanco, lo que significaba abandonar todo lo que amaba. Un pacto con el diablo de inmigrante, en el que sólo vio lo que ganaría, ignorando todo a lo que tendría que renunciar en el proceso.

Mami empezó a descargar su decepción y resentimiento sobre nosotros, sus hijos. Al principio, se aseguraba de no hacerlo frente a Marty. Por desgracia, había aprendido de un abusador diestro, su padre, receptor de un legado del castigo físico y mental que suele pasar de generación en generación. Pasé de no recordar bien la voz o el tacto de mi madre a recordar demasiado bien el golpe que me dio con la palma de la mano en la piernita desnuda un día de verano. Me quedé mirando la marca roja con la forma de su mano; incrédula, traicionada. Recuerdo la sensación de vacío en el pecho ante su traición. *Pensé que me quería.* Antes de New Hampshire, no recuerdo que Lupe me hubiera golpeado, ni siquiera cargado. Pero ahora me jalaba y me pellizcaba las orejas tan duro que me ardían por horas. Me jalaba el pelo. Me amenazaba con obligarme a pasarle la lengua a la taza del inodoro si no la limpiaba bien o con empujarme el pan de centeno por la garganta si no me lo comía. (El pan de centeno o cualquier comida con anís o regaliz me provoca arcadas. Así que, cuando bajo amenaza, intenté comérmelo de una vez, vomité al instante). Le tenía terror, pero la amaba y la necesitaba, como todos necesitamos a nuestra madre. Con el tiempo, mi terror se tornó en rabia y en un sentido de rectitud al tiempo que me convertía en su antítesis y en la protectora de mis hermanitas. Sin embargo, esos primeros años en New Hampshire hasta que llegué a la adolescencia, vivimos bajo el creciente runrún ansioso de los altibajos, la lengua viperina y la mano rápida de mi madre. Pero nunca delante de Marty, hasta años después. Aunque era muy joven, me daba cuenta del cambio en su comportamiento: pasaba de amargada a dulce cuando él llegaba a casa. Eso me forzaba a seguir cuestionando la noción de confianza.

New Hampshire se convirtió en nuestro hogar, sobre todo porque llegó una hermanita menor. Mi madre estaba embarazada. Eso fue lo que precipitó nuestra salida de la ciudad y la boda apresurada. Mi hermana era seis años más joven que yo, chiquitita y frágil porque el cordón umbilical se le enredó alrededor del cuello impidiéndole recibir los nutrientes que necesitaba para crecer como debía (eso fue lo que mi madre dijo que le había dicho el médico). Era menuda, tenía los ojos saltones, la cabeza grande y las extremidades pequeñitas. Años después, le dije en broma a mi madre (fui cruel, ahora lo reconozco) que se parecía a ET cuando nació. Pero a la niña le decía «Pulgarcita» como la protagonista de uno de nuestros libros favoritos. Luego, cuando creció, se puso preciosa con esos enormes ojos de gacela y esa melena de rizos indómitos, aunque nunca pasó de un metro cuarenta y nueve.

Claro que sería una exageración decir que la maternidad fue lo que amargó a Mami. Sin duda, era mucho más feliz con Alex y conmigo, pero entonces vivíamos en la ciudad. Parece que fue la maternidad adicional sumada a nuestra ubicación remota y ajena lo que chocó con los sueños y deseos de Mami. El yugo de la nueva maternidad en aislamiento, cuando sus dos hijos mayores ya estaban en la escuela, y tener que criar en un lugar donde no tenía apoyo familiar. Cualquier mujer cuerda se habría vuelto loca, mucho más una mujer fuerte y carismática como mi madre. Marty salía de casa, maletín en mano, todas las mañanas a eso de las siete para conducir una hora hasta su oficina en Massachusetts, en el floreciente corredor tecnológico de la Route 128, y no regresaba hasta las seis de la tarde, listo para que le sirvieran la cena. Lupe pasaba todo el día sola, once horas en una casa enorme con una bebé recién nacida y dos niños frustrados, molestos y desenfrenados. Pasó de las telas glamorosas y las noches de fiesta a una casa llena de deseos, necesidades, demandas, gritos y llantos. Al principio, mientras Marty estaba en el trabajo, llamaba por teléfono a todos en la ciudad y hacía los honores a su propio cordón umbilical susurrando en español, riendo y chasqueando la lengua.

Alex y yo lidiábamos con nuestro desaliento de otro modo. Mi hermano había sido mi protector, pero yo me estaba convirtiendo en una hermanita fastidiosa y empalagosa. Si lo encontraba en su gran habitación, absorto en un comic o una revista, o escuchando un disco, me echaba de la habitación. Pero a veces podía mostrarse generoso y prestarme —haciéndome jurar por mi vida que la protegería y la devolvería— su primera edición de los comics de X-Men o Spiderman. Después empezamos a pelear, nuestra relación se convirtió en una de amor y odio durante algunos años, pero Alex siguió siendo la vara con la que me medía a mí misma. Él dirigía y yo lo seguía. Alex escapaba del entorno insulso que nos rechazaba con la ayuda de sus superhéroes, de la ciencia ficción y montañas de libros. Yo hice lo mismo.

Durante un tiempo, la televisión de los sábados en la mañana nos unió. Era la misma rutina que en el apartamento de Marty en la ciudad. Nos levantábamos temprano y nos sentábamos frente al televisor por horas hasta que Mami y Marty salían de la cama para hacernos el desayuno. No fue hasta la adolescencia que comprendí que durante esas horas de dibujos animados era cuando hacían los bebés. Terminamos con demasiados bebés de esas mañanas sabatinas en la cama: cuatro hermanitas en total. Todas llegaron con entre dieciocho y veinte meses de diferencia. «Gemelas irlandesas» las llamaban algunos. Recuerdo que un día, ya con tres hermanitas, choqué con Mami en la cocina y, al sentir la barriga dura y abultada bajo la blusa suelta, le dije medio en broma:

—¡Mami! ¿Otro más?

Me convertí en otra «mami» para las niñas. Un rol que no quería ni pedí, pero que me cayó por derecho natural de hermana mayor, aunque no compartiéramos el mismo apellido o padre. Fue un rol que me privó de lo que pudo ser una verdadera relación de hermanas con ellas. Y me lo arrebató hasta el sol de hoy. Por otra parte, a Alex y a mí nos unía el vínculo de ser Wong, una parejita de niños llegados de la ciudad, que compartían el doloroso vacío que les causaba la ausencia de su familia en Nueva York: una familia de tres —Alex, Mami y yo— antes de que aquella nueva familia creciera.

—¡Poderes de los Gemelos Fantásticos, actívense! —decía yo extendiendo el puño para chocar con el puño de mi hermano como nuestros personajes favoritos de dibujos animados—. En forma de… ¡cascada!

—En forma de… ¡gorila! —decía él.

Los personajes de este dibujo animado eran un hermano y una hermana extraterrestres de piel violeta que chocaban anillos, decían consignas y luego el chico podía convertirse en cualquier animal y la chica en cualquier forma de agua. Extraterrestres éramos y permanecimos extraterrestres.

Para el primer grado, cuando nos mudamos a Hudson, mi madre siguió la tradición familiar latina de escuela católica para todo el mundo. Mi hermano fue a un colegio de varones en el pueblo adyacente, Bishop Guertin, y yo fui a la academia de niñas Presentation of Mary. No recuerdo mucho, excepto sentirme completamente abrumada y desvinculada. No había ninguna niña marrón como yo, o negra o asiática o que tuviera un nombre «étnico». Y me costaba distinguir a las niñas (todas eran blancas). Los uniformes daban picazón y eran feos, un estampado a cuadros marrón, gris, amarillo y blanco que me atormentaría por décadas. Era la primera vez que tenía contacto directo con monjas que usaran hábito, todas nuestras maestras lo llevaban en aquel tiempo. El enorme edificio de ladrillo, que parecía un castillo, estaba lleno de monjas vestidas en juego de falda negra o azul marino, los velos sólo revelaban un mechón de pelo en la frente o un flequillo. Debo haber pasado ese primer año simplemente procesando; procesando y comprendiendo, manejando todo lo que me caía encima, todo el cambio. Sin embargo, sí recuerdo ser determinada. Desde muy temprano, las maestras se lo decían a mi madre; luego, cuando volvimos a mudarnos, me tocó ir a una escuela pública que resultó ser un poco más familiar en sólo dos sentidos: no tenía que usar uniforme y había chicos.

—No, mi nombre es Paloma Mañanera —insistí—. Mi madre me obligó a cambiármelo cuando llegamos aquí.

Tenía siete años y era nueva en el segundo grado de la escuela pública local. Aquella mentira ridícula era mi forma de contestar a la nueva pregunta del momento: «¿Qué eres?» A veces me costaba contestarla porque en New Hampshire había aprendido que cualquier cosa que no fuera estadounidense blanca «no era bueno» —*not good*— en ese lugar, un lugar en el que yo era una gota de melaza marrón en una montaña de nieve, u otra cosa marrón menos dulce.

Por eso, cuando tuvimos que hacer un proyecto en clase que consistía en dibujar y colorear un mural representativo de la primera cena de Acción de Gracias —gente blanca y marrón que compartía la misma mesa—, presumí que la imagen no sólo reflejaba igualdad, sino que de algún modo también elevaba a esa gente marrón que se parecía a mí y a mí familia. Me subí a ese tren. Si esos niños blancos dibujaban indígenas estadounidenses y la maestra nos enseñaba acerca de ellos en un tono honorable, entonces yo tenía que reinventarme, ¿no es cierto?

—Ese no es tu nombre —me atacó un niño.

—¡Claro que sí! Tú no sabes —le refuté.

Incluso me diseñé un nombre en jeroglífico que combinaba la influencia de la sala egipcia del Met con el nuevo mito de Acción de Gracias. Si mal no recuerdo, fue la primera vez que me topaba con esa festividad. Nosotros no la celebrábamos cuando vivíamos en la ciudad de Nueva York; el consumismo y el mercadeo en masa vinculados a la festividad aún no había tocado la burbuja del *platanismo* y *dumplinismo* en la que vivíamos como inmigrantes del *uptown*. El nombre que diseñé era la silueta de un ave con medio sol sobre la cabeza. (He de felicitarme por la mezcla). Estoy segura de que inventé esa historia como un modo de insertarme en la historia de Acción de Gracias que, obviamente, era tan importante para esa gente estadounidense blanca. Me veía a mí misma como la «india», la marrón, que dibujamos y coloreamos con crayolas en el mural de un metro y medio de largo de nuestra clase. Era obvio que yo no era uno de los peregrinos blancos, personajes con los que el resto de la clase se podía identificar.

La identidad que creé fue un engaño que repetí tantas veces que la maestra se lo contó a mi madre en la reunión de padres y maestros. No recuerdo qué me dijo mi madre después, pero jamás volví a mencionar a Paloma Mañanera ni a dibujar mi nombre en jeroglífico. Pero tampoco me explicaron cómo manejar los sentimientos que me suscitaba ese lugar donde me veían como algo extraño, como un ser menos que humano. Sentimientos que me oprimían sin cesar.

Entre mi apropiación ofensiva y mi bochornosa costumbre de tumbar a los chicos durante el receso para besarlos —y me refiero a tumbarlos literalmente al suelo—, Lupe se hartó de mis extravagancias. En tercer grado regresaría a la academia de niñas católicas para ver el racismo que destilaban los adultos. De vuelta a las monjas y sus hábitos, a los uniformes almidonados que daban picazón y a los regaños por mirar por la ventana (algo que hacía a menudo). De vuelta a los estudiantes con nombres francocanadienses —la mayoría— y a las filas militares de niños en los pasillos, en silencio obligatorio, incluso para ir al baño. De vuelta a las misas católicas en la capilla de mármol inmaculadamente blanca y dorada un viernes al mes y los días de fiesta religiosos. De vuelta a las monjas que jamás permitían que se desperdiciara la comida que sobraba del almuerzo (terminé encontrando un basurero solitario fuera del edificio donde tiraba los sándwiches, a veces asquerosos, que me hacía mi madre, como el de sardinas en pan blanco: de terror).

—Sí, está saliendo bien en todas las asignaturas —decía sister Rachel sonriendo.

Yo miré alegre a mi madre. El año anterior, cuando estaba

en tercer grado, la reunión de padres y maestros había sido un desastre, aunque tenía notas excelentes, siempre me metía en líos por hablar demasiado y no concentrarme. El déficit de atención era el culpable y yo me aburría. Mi madre lo captó y, en vez de castigarme, salió en mi defensa; le dijo a la maestra que yo necesitaba que me retaran, así que, a partir del año siguiente, me dejaron a mi aire con mis libros y cuadernos, para que adelantara todo lo que pudiera. Eso logró tranquilizarme, un poco.

—¡Eso es fantástico! —respondió mi madre poniéndome la mano sobre el hombro cuando le dijeron que tenía «A» en todas mis calificaciones, otra vez.

—Debe venirle de su lado chino —dijo sister Rachel.

Paré la oreja.

Mi madre se limitó a sonreír y decir:

—Seguro.

Yo me quedé callada y en shock.

Sí, yo era una Wong, pero Papi no estaba a mi lado para asegurarse de que hiciera mis deberes. Papi no iba a las reuniones de padres y maestros, ni siquiera sé si sabía a qué escuela iba. Pero Lupe estaba ahí, siempre presionando, siempre esperando más de mí. La madre tigre de los cuentos populares, pero caribeña, no asiática. ¿Y a sister Rachel le pareció bien darle el crédito a la genética en vez de a la madre que tenía delante? Así que los chinos eran «inteligentes», pero la gente marrón o negra no lo era y, a los ojos de mi maestra, nunca lo sería.

En el carro de camino a casa, no me atrevía a preguntar, pero tuve que hacerlo.

—Mami, sister Rachel dice que soy inteligente porque soy china.

—Umjú —Mami tenía la vista clavada en la carretera.

No dijo nada, pero su rostro comunicaba un libreto que yo no era capaz de descifrar. Lo que pude intuir de su expresión y su silencio fue que me ocultaba algo. Lo insinuó con una sonrisa tímida. Pero no era la sonrisa de la Mona Lisa. Se parecía más a la del gato de Cheshire. Sus labios encerraban un secreto. Su rostro denotaba que la divertía algo que no quería revelar. Me resultó raro verle esa expresión en el rostro; tan raro como la verdad que escondía.

CAPÍTULO 3

... PORQUE VENDÍ MI ALMA POR EL SUEÑO AMERICANO

El catolicismo se presta para el trastorno obsesivo compulsivo. Reza el rosario antes de acostarte y luego tres avemarías sólo para estar segura. Persígnate tres veces todas las noches antes de dormirte y bésate el pulgar derecho después de hacerlo. Si, por accidente, te persignas más de tres veces, entonces tienen que seguir en múltiplos de tres y mejor es hacerlo seis veces, porque el cuatro significa muerte en chino. ¿Fueron cuatro veces? ¿O lo habré hecho siete sin darme cuenta? Seis es el número del diablo, así que debo hacerlo nueve. Okey, de nuevo el rosario y persignarme tres veces, y así sucesivamente. Una niña debe manejar la ansiedad de alguna forma, y la escuela católica me dio una salida, o más bien una muleta.

Cuando tenía ocho años, hice un altar en el pequeño nicho de mi habitación con cuatro cajas de mudanza medianas, dos encima de las otras dos. Las cubrí con una pañoleta preciosa, de Mami o de Abuela, y cuando me arrodillaba, el altar me quedaba justo a la altura del cuello. En el centro del altar, puse una gran imagen de Jesús en un marco barato de plástico blanco que mi madre me había dado; alrededor coloqué varios objetos religiosos que había recibido a lo largo de mi cada vez más intensa educación católica. Amarré escapularios a la cama para asegurarme un viaje seguro al cielo si moría durmiendo. Las piedras lisas que encontraba (costumbre que me inculcó mi madre con su creencia en la santería, una religión que combina la religión de los pueblos africanos en el Caribe y el catolicismo europeo), junto con las imágenes de la Virgen María, incluida Nuestra Señora de Guadalupe, en honor a la que le había dado el nombre a mi madre, completaban la pequeña capilla de mis sueños de tercer y cuarto grado.

Todas las noches, antes de acostarme, me arrodillaba y rezaba para que la espantosa alfombra felpuda color verde se quemara bajo mis rodillas. Le ofrecía mi dolor a Jesús. Rezaba para que me infligiera la estigmatización. Rezaba por un milagro. Rezaba por algún tipo de drama o acontecimiento excitante en mi vida. Rezaba por convertirme en una santa, como ésas sobre las que había leído en la biblioteca de la escuela. Las santas estaban ilustradas con glamour y romanticismo, incluso las que eran monjas, envueltas en hábitos y velos vaporosos con los ojos almendrados. Cuando mi madre me dijo que admiraba mi altar, le dije que quería ser monja. Me dijo lo mismo muchos años después, un día de verano en que los cinco —niños y bebés— revoloteábamos a su alrededor; reñíamos y discutíamos, interrumpiendo su pasatiempo favorito: revisar el correo basura que le llegaba.

—¡Yo iba a ser monja! ¡Debí haber sido monja! —nos dijo entre dientes.

Agarré a una de las bebés, puse cara de asco sin que ella me viera y me las llevé a todas a jugar a otra habitación. Me preocupaba que fueran a pensar, por las palabras de mi madre, que no eran deseadas; que habían sido errores, que era en esencia, lo que había dicho. Pero ¿monja? ¿Acaso no se veía a sí misma? Había tenido sexo todos los sábados por la mañana por más de una década y estuvo constantemente preñada por años desde que nos mudamos a New Hampshire, y andando por la casa en una bata de dormir semitransparente para darles las buenas noches a sus hijos.

—Mami. ¡Tápate las tetas! —la regañaba yo.

—¿Qué? ¿Estas tetas? ¡Estas tetas te dieron de comer! —respondía riendo.

Monja, eso dijo.

En aquel momento me burlé, pero era algo que compartíamos: el deseo de sucumbir a algún tipo de pasión y devoción.

Después, la casa empezó a hablarme. Por las noches, me acostaba arropada hasta las orejas para que los demonios no me jalaran el cabello. Sólo se me veían los ojos. Terminaba de decir mis oraciones; nuestra familia, cada vez más numerosa, por fin dormía en silencio y al fondo sonaba la tenue música rural de los grillos y otros animalitos. Entonces, las paredes de mi habitación comenzaban a hablar: *cracrac*. Era una casa de madera que había visto construir con mis propios ojos, pero el sonido de los tablones al contraerse pasaba por el filtro del miedo y la religión, por lo que estaba convencida de que un espíritu me hablaba. Le preguntaba en silencio, telepáticamente.

—¿Eres amigable? Da un golpe si es *sí* y dos si es *no*.

Al cabo de un rato, la pared sonaba una vez, lo que me complacía, pero no bajaba la guardia. Si era un espíritu amigable, entonces podía hablarle y mantenerlo contento. Igual que intentaba mantener a todo el mundo contento.

Si las paredes volvían a sonar antes de que me quedara dormida, le hacía más preguntas a la presencia, por ejemplo, si era un niño: un golpe si es sí y dos si es no; o si era una niña. Extrañamente, siempre contestaba que era un niño, lo cual tenía sentido porque durante esos primeros años, la figura sombría de un hombre con un sombrero de fieltro como el que usaba Abuelo solía aparecer parado a los pies de mi cama o en cuclillas en un rincón de mi habitación. Una noche, sin embargo, cambió de posición.

Sentí que tenía los ojos abiertos, que estaba despierta, pero me quedé paralizada cuando me pareció que se levantaba para ponerse de pie.

Logré soltar un grito ahogado que despertó a toda la casa.

—¡Aaaaaaayyyy!

En un instante la puerta de mi habitación se abrió y entró la luz.

—¡Ay! ¿Qué pasó, mija? —dijo mi madre acercándoseme.

Con la respiración agitada, la agarré por el brazo.

—¡Mami! Había un hombre. Había un hombre aquí. Estaba sentado ahí mismo. Y luego se levantó y empezó a caminar hacia mí.

—Está bien. No pasa nada. Estoy aquí —me consoló.

—No suele asustarme así, Mami.

—¿Lo has visto antes? —preguntó.

—Umjú. Me visita.

Con esa revelación, el rostro de mi madre se empalideció todo lo que era posible.

—¡Ja! —se escuchó desde la puerta—. ¿Así que hay un hombre que te visita de noche? ¡Buuuu! —se burló Marty, que estaba parado en la puerta de mi habitación, en pantaloncillos y haciendo sonidos de fantasmas.

Le lancé una mirada fulminante, dolida. Mi madre se giró hacia él e hizo lo mismo.

Ella me creyó. Creer en el mundo espiritual era parte de nuestra herencia y no era nada extraño. Era algo que había que respetar. Esa noche, en uno de los pocos momentos de ternura que recuerdo, y tal vez por su propio miedo, mi madre durmió a mi lado en mi puf (que, por supuesto, era amarillo y hacía juego con la colcha y las cortinas). Después de esa noche, hizo dos cosas cónsonas con nuestra doble realidad cultural: habló con mi pediatra, que le dijo que mis terrores nocturnos eran producto de la ansiedad (¡bingo!), y luego trajo a un cura para que bendijera y sacara los malos espíritus de la casa.

Les susurré a mis hermanitas que se mantuvieran calladas y nos quitamos de la vista del cura y de Mami según iban recorriendo todas las habitaciones de la casa. El cura iba diciendo sus oraciones mientras sujetaba un librito forrado en cuero y un palito de incienso encendido. Mami lo seguía, rosario en mano, con la cabeza inclinada musitando las oraciones. Ése fue el mismo año que hicieron un exorcismo en la capilla de mi escuela. Fue en la clase de matemáticas. Recuerdo, con terror, alucinar que los números escritos con tiza blanca sobre la pizarra se elevaban de la superficie cuando la maestra nos dijo que ese día vendría un cura a visitar la academia y que se haría un exorcismo en la capilla. Nos pidió, a una clase de niñas de nueve años, que rezáramos por la pobre niña extraña que estaba poseída por el diablo.

—Como saben, el diablo camina siempre entre ustedes, incluso ahora mismo. Bajen la cabeza, cierren los ojos y recen. Está esperando a que alguna de ustedes dé muestras de debilidad, está al acecho de sus debilidades para metérseles por dentro, como a esa niña que está allá arriba. Sean fuertes. No se lo permitan.

Ese día vi al maldito diablo, rojo como la escarlata, cornudo y delgado, pasearse entre las filas de pupitres, detenerse frente a cada una para ver quién era débil. Aun con aquel precedente, fue extremadamente raro que Mami llamara a un cura que no era de nuestra parroquia para deshacerse de mi «fantasma» precisamente cuando Marty no estaba en casa. Marty, al igual que nosotros, era católico practicante, aunque con una adherencia selectiva al dogma; por ejemplo, se oponía al control de la natalidad —por eso éramos tantos hermanos—, pero no le parecía mal casarse con una divorciada. Su forma de profesar la fe, sin embargo, era muy diferente de la de mi madre que había crecido en el catolicismo caribeño y la santería. La sopa católica en la que nadé desde el primer grado hasta mi adolescencia consistía en las monjas de New Hampshire, la parroquia católica local donde la mayoría de los feligreses eran francocanadienses y la interpretación amalgamada de mi madre sobre todas esas nuevas normas e influencias, sumadas a su colorida herencia caribeña de religiones afroindígenas. Poco después llegaron los estafadores de la televisión diurna, como Jim y Tammy Faye Bakker. Mami buscaba la salvación y la bendición donde fuera: quería cubrir todas las bases.

Pero yo no me creí que el cura tuviera poder alguno para hacer nada; esas experiencias nocturnas eran mías: mi amigo de la pared, el hombre que me asustaba. Sin embargo, no descarté la apreciación del doctor. Estaba agradecida de que mi angustia interna se manifestara en síntomas externos que pudiesen observarse, reconocerse y demostrársele a mi madre mediante la ciencia, tema al que recién comenzaba a transferir mi pasión y mi fe. En la ciencia había mucho más orden, predictibilidad y verdad, lo que resultaba reconfortante. Yo necesitaba que me reconfortaran.

Un ritual familiar que hacíamos los fines de semana y que disparaba mi ansiedad era el viaje al vertedero. Contrario al servicio que nos brindaban los basureros ruidosos y amigables de la ciudad, con aquellos camiones y compactadores que nos llenaban los oídos de cacofonías al amanecer, los residentes de nuestro pueblo en New Hampshire tenían que llevar su propia basura al vertedero local. Imagínense un barranco, un precipicio hecho de arena prensada —¡arena!— con una caída de dos pisos hacia donde había que acercar el carro en marcha atrás para arrojar la basura en el abismo. Todavía se me eriza la piel de pensarlo.

Para Marty, llevar a toda la familia junto con toda la basura de la semana hasta el vertedero y luego dar marcha atrás hasta el borde del precipicio era una suerte de diversión. Era hijo de esas primeras olas de inmigrantes que trabajaban en las fábricas de

Ford en Detroit junto con el éxodo negro del sur, como lo hizo su abuelo, Grandpa G. Su madre, nuestra «grandma», se quedó en casa para criar a sus dos hijos: Marty y su hermana, mi querida poeta-duende, Aunt C. Como miembro de la segunda generación de inmigrantes, y el primero de su familia en ir a la universidad, al igual que muchos inmigrantes italianos de la zona, que vivían segregados del Detroit negro, a pesar de que trabajaban con ellos, Marty tenía una vibra de «no le temo a nada». Si bien estaba cubierta de una pátina de americanidad masculina, que se revelaría décadas más tarde como la mayor trampa mitológica de este país. Se casó con una inmigrante afrolatina, que, para su mundo de los setenta, era una rebelde. Pero más allá del gesto, si se borraba todo —nuestra lengua, nuestra comida, nuestra música— ¿en qué consistía la rebeldía?

—Ohhh, ¿tienes miedo de que nos caigamos? —me preguntó Marty desde el asiento del conductor.

No le contesté. Me limité a apretar los labios y rezar. Se rio (otra vez) de mi miedo.

El primer año en Amherst, Marty le compró a mi madre una de esas yipetas tipo «station wagon» marca AMC color marrón con paneles en imitación de madera a los lados y un espacio en la parte posterior, que miraba hacia atrás, y cuyos asientos en aquel momento se habían bajado para colocar las bolsas negras de basura. Marty daba marcha atrás hacia lo que me parecía el fin de la Tierra y nuestra inminente muerte por sofocación entre la basura. Rogaba no morir e imaginaba que caíamos al vacío, con la camioneta hecha pedazos por el impacto, quedando nosotros también convertidos en basura.

Marty salió de la camioneta, abrió la puerta trasera y comenzó a lanzar las bolsas negras, una a una, por el borde del precipicio. Mami estaba sentada en el asiento delantero, con mi hermanita menor en la falda y otra, que venía de camino, en la

barriga. Luego vino el golpe seco de la puerta trasera que indicaba que había terminado.

—¿Quieres salir y ver? —preguntó.

No contesté.

—Vamos, deja que te muestre —me hizo señas con la mano
para que saliera del carro.

No moví un cabello, no podía moverme, hasta que mi madre
me dijo: «Ve».

Viniendo de ella, aquello era una orden y no podía atreverme
a desobedecerla. Salí de la camioneta asegurándome de que no
había nadie detrás de mí que pudiera empujarme al vacío, incluido Marty, mi padrastro bromista. (La confianza siempre fue un
problema). Por suerte, se quedó del lado del conductor.

—¿Ves? No es tan terrible. No nos vamos a caer por el precipicio. ¡Mira todo el espacio que hay!

Sus palabras hicieron todo menos tranquilizarme. No había un
metro entre el parachoques de nuestro vehículo y el borde. A nuestros pies no había cemento, como hubiera deseado, sino arena. No
me atreví a mirar más allá del borde. Mantuve la distancia, pero
¡ay, Dios mío!, cómo apestaba. Peor que los puestos de pescado en
el mercado de Chinatown a treinta y dos grados en el verano. En
aquel instante decidí que tenía que reconciliarme con la idea de
que aquello sería una actividad semanal de mi nueva vida. Cada
semana tendría que manejar mi ansiedad y mi miedo, a como diera
lugar. Después de todo, otras personas también realizaban el mismo
ritual semanal y sobrevivían.

Sin embargo, el discursito interno no me convenció. Más adelante, en vez de quedarme en el carro mientras se acercaba al precipicio, le pedía a Marty que me dejara en la entrada del vertedero
con el guardia hasta que finalizara la tarea y luego me recogieran,
para así librarme de la pesadilla viviente. Hasta el día en que la
familia se olvidó de recogerme. Me pasaron por delante y llegaron

hasta la carretera vecinal. Cuando finalmente me subí al carro, luego de que se regresaran al cabo de más de un kilómetro, estaba furibunda, mi madre sonreía y meneaba la cabeza. Marty se reía.

—¡Ja, ja, ja! Nos olvidamos de ti. Alex fue el que preguntó «¿Dónde está Carmen?».

Jamás volví a pedir que me dejaran en la entrada.

Aunque tomé nota de que fue mi hermano el que se acordó de mí.

En una ocasión, otro sedán dio marcha atrás en el vertedero. Como era habitual, me aterraba a la palanca de la puerta y miraba por la ventana hacia el horizonte intentando enfocarme en mi respiración. Entonces la vi; una niña negra que parecía de mi edad, sentada en el carro que retrocedía al lado del nuestro. No podía creerlo. Llevaba unos cuantos años en New Hampshire y hasta entonces nunca había visto un rostro que no fuera blanco. ¡Ay, Dios! ¿Sería verdad? ¿No estaba sola? Tenía el cabello recogido en unos moñitos esponjados a cada lado de la cabeza, atados con elásticos que terminaban en pompones blancos, como los usábamos en la ciudad.

La niña me miró y me sacó la lengua amenazante rompiendo el encanto. Me aparté de la ventana, en shock. El rostro se me calentó y bajé la vista. Me dieron ganas de llorar. Por un instante, la niña había representado una esperanza, un oasis en el desierto, una mejor amiga en potencia, incluso un miembro de la familia extendida. ¿A qué escuela iría? ¿Volvería a verla alguna vez? En cambio, lo que recibí fue un feo rechazo.

No fue hasta que me hice adulta que comprendí por qué me sacó la lengua. Seguramente, como me pasó a mí, la habrían mirado, cuestionado, aislado; se habrían burlado de ella, incluso la habrían acosado en ese pueblo, en ese estado, tan sólo por ser quien era. Y heme allí, tonta de mí, mirándola fijamente como la miraba la gente blanca. No importaba mi intención. Le hice lo que la gente blanca me hacía a mí, a nosotros. Por tanto, ¿qué culpa tenía de tratarme tan mal como ellos, con toda su aspereza?

Aún deseo regresar a aquel momento y disculparme con ella, decirle que no, que mi mirada era de feliz sorpresa. Tenía que asegurarme de que no era un espejismo anhelado ni un espectro como los que mi mente solía conjurar. La imaginé como una hermana en potencia en aquel lugar solitario. Pero nadie merece ser una proyección, independientemente del color de su piel.

—¿Mami? —dije con la voz de niña grande más dulce que pude a mis ocho años, sentada sobre el tope de la cocina, meciendo las piernas en el aire, mientras observaba a mi madre preparar una receta sacada de alguna de sus numerosas revistas para mujeres estadounidenses. Me gustaba observarla por curiosidad y ayudarla cuando me lo permitía por aburrimiento; a veces también para sentirme más cerca de ella, pero la comida anglo era casi incomible. Al crecer con comida china y dominicana, el nuevo menú tipo *en-esta-casa-sólo-se-come-comida-estadounidense* (a base de *meatloaf*, bacalao cocinado más de la cuenta y ensalada de coditos) me tenía casi en los huesos. Al menos Mami se había traído su arrocera, así que había arroz blanco todas las noches como una especie de concesión a su primer y único hijo varón, el verdadero Wong, Alex.

—Mami... ehhh... pues... Julie fue a Disney World —balbuceé.

—Ajá —Mami se concentraba en la receta que intentaba confeccionar; el delantal plástico no llegaba a protegerle toda la falda de la harina.

—Pues... me preguntaba... ¿podemos ir a Disney World algún día?

Mami pausó. ¿Le habría molestado que le pidiera algo tan

grande? Éramos una familia de clase media, pero no teníamos suficiente dinero para viajar —con dos bebés, un hermano mayor, dos padres y una niña de pelos rizos, o sea, yo— a Florida a ver a Mickey Mouse. Pero podía soñar.

Lupe se volvió hacia mí y me dio unas palmaditas en la rodilla con las manos llenas de harina.

—¿Sabes qué? Puede que algún día.

Respiré profundo.

—¡¿En serio?!

—A veces, si le pides algo al universo, te lo concede.

Mi madre me estaba enseñando a manifestar. No tenía idea de cómo lo haríamos, pero créanme que recé y deseé y volví a rezar para que ocurriera. Su exhortación sonriente y su frase inesperadamente alentadora me prodigaron una especie de esperanza con determinación. Y un alivio porque no se molestó ni me regañó por haber sido tan egoísta de pedir unas vacaciones.

Al cabo de una o dos semanas, yo estaba en mi cama sentada leyendo un libro, cuando Mami entró en mi habitación y me puso delante una bolsa llena de ropa.

—Pues bien, tu Papi vive en Florida, así que lo llamé y le pedí que los llevara a Alex y a ti a Disney World —por poco tiene que despegarme del suelo con una espátula, porque aquello era, sin duda, todo un milagro escolar—. Te compré ropa nueva, porque tienes que ir bien vestida en el avión.

Volví a ser la niñita del abrigo de piel y las botas a go-go. Revisé la bolsa. Había un vestido recto, sin mangas, de rayas verde claro y blancas, y un bolero de mangas cortas a juego, un ajuar que me voló la mente. También había una combinación monísima de shorts y camisa de franela que aún puedo sentir entre los dedos, más shorts y más camisas, y hasta medias y sandalias. Estaba ocurriendo de verdad. Mi primer viaje en avión y sola con mi hermano mayor, sin adultos. Ése era el tipo de emoción que necesitaba en la vida. Pero la emoción es hermana gemela del miedo. Florida me provocaba ambas cosas.

Papi nos llamaba a New Hampshire con bastante frecuencia. Siempre durante el día, cuando Marty no estaba en casa. Después de hablar con él, Mami me llamaba para que me pusiera al teléfono y él, que toda la vida ha gritado cuando habla por teléfono, me preguntaba:

—¿Cómo te va en la escuela? ¿Cómo están las notas? ¿Todas *A*? ¿Sacas *A*? ¿Qué estás comiendo? ¿Comes bien ahí? ¡Cuando te vea vamos a ir a Chinatown para que comas tu comida favorita!

Todos los niños chino-estadounidenses conocen esas preguntas. Notas y comida. Los lenguajes del amor. Aunque veíamos a Papi dos o más veces al año cuando íbamos a casa a visitar a nuestra familia en la ciudad, no lo vimos ese año y no me atreví a preguntar por qué (a Lupe nunca se le pregunta por qué). Luego descubrí, cuando nos envió tarjetas postales a Alex y a mí, lo de sus viajes a Malasia, donde vivía uno de sus hermanos, y a Singapur, donde vivía su otro hermano. ¿Pero Florida? No tenía idea de que estaba allí. Que se me ocurriera pedir el viaje a Disney World en aquel momento fue puro azar.

—Ay, Carmencita, ¡no dejes que Papi se duerma, okey! ¡No dejes que Papi se duerma! ¡Ése es tu trabajo! —suplicaba mi padre, medio en broma, y hacía a una niña en edad escolar responsable de evitar un accidente vehicular mortal mientras conducíamos en mitad de la noche en una autopista en Florida.

No paraba de cabecear, pero no se detenía a descansar. Alex iba dormido en el asiento de atrás y, por suerte, yo estaba demasiado nerviosa como para dormirme. Me pasé todo el camino de Orlando a Miami, y de vuelta a Orlando, observando a Papi con el rabillo del ojo; se le caía la cabeza y la enderezaba de golpe, y estuvo peligrosamente a punto de salirse de la carretera o de invadir el carril opuesto más de una vez.

—¡Pínchame, pínchame! ¡Ayy-yaaa! —decía sujetándome la mano y colocándola en su brazo.

Y, aunque me daba miedo ponerle las manos encima a un adulto, mucho más a mis padres, le pinché el brazo a Papi y le di puños con mis manitas cada vez que hizo falta por el resto del viaje. Y, de algún modo, logramos llegar a nuestro destino sin percances.

Estuvimos en Disney World donde recé como nunca en mi corta vida. Juraba que Alex y yo moriríamos en Space Mountain mientras cruzábamos el túnel a una velocidad vertiginosa. Me monté en esa atracción por insistencia de mi hermano. Si él lo hacía, yo también podía hacerlo, me dije a mí misma para animarme. Si a él le gustaba, a mí también me gustaba. Yo misma me lo había buscado. Le hice todo tipo de promesas a Dios cuando salimos disparados por aquel espacio sideral de yeso y la cabeza se me jamaqueaba de un lado a otro. Alex iba sentado a mi lado de lo más tranquilo y yo gritaba como posesa. Pero, quién lo diría, tan pronto como salimos de esa primera atracción y empezamos a caminar bajo el sol, mi terror se transformó en euforia y supliqué que nos montáramos otra vez… y otra, y… Alex y yo nos montamos ocho veces seguidas ese día.

Después fuimos a Sea World, Reptile World (siempre me han encantado las serpientes) y hasta Monkey World. Pero luego llegó el día en que Papi se cansó de drenarse los bolsillos para que sus hijos visitaran todos esos mundos. Llegó el momento de que Papi satisficiera el picor inescapable de su mundo favorito: el de las apuestas. Alex y yo pasamos varias horas solos sentados en el carro bajo el sol candente y húmedo de Miami, sin agua y sin nada que comer, en el estacionamiento de un lugar de apuestas de carreras de perros mientras nuestro padre hacía lo suyo adentro.

—¿Cuándo va a regresaaaaar? —le pregunté, quejándome, a mi hermano.

Papi nos había dicho que regresaría en veinte minutos, media hora a lo sumo: «¡Les daré veinte dólares cuando regrese!», pero ya llevábamos un par de horas, sentados en el vinil pegajoso y ardiente de su sedán. Recuerdo sentir la humedad de los rizos que se me pegaban en la frente y el cuello, empapada de sudor.

—Voy a sentarme allá —dijo Alex bajándose del carro. Era un adolescente, pero tenía el aspecto de un hombre a punto de quebrarse. Mi hermano estaba enfadado porque nuestro padre irresponsable nos había dejado solos por horas y sin agua, a dos niños, en el estacionamiento de un punto de apuestas en un caluroso día de Florida. Al menos nos había dejado las ventanas abiertas.

—¡Pero espera! ¡No puedes dejarme aquí! —le rogué a mi hermano. Estaba sola en el carro viendo a los hombres ir y venir de sus carros a las apuestas. Alex no me respondió. Dando zancadas fue a sentarse en los escalones frente al edificio color azul claro. Al menos podía verlo desde donde estaba. Recosté la cabeza en el marco de la ventana, exhausta y marchita. Sabía que Alex no me abandonaría. Estaba enfadado, como hermano mayor y hombre de la casa. Cuando Papi por fin regresó, no se disculpó. No nos explicó por qué se había ido por tanto tiempo. Se quedó callado y nosotros también. Creo que ninguno ganó nada, pero no todo estaba perdido a largo plazo. Aprendí una lección sobre quién era nuestro padre, a quien no conocía por no haber vivido nunca con él. Quizás sentía hacia mí lo mismo que sintieron Marty y mi madre cuando olvidaron recogerme en el vertedero o cuando Mami me recogía tarde, una hora o a veces más, después de clases en el invierno y tenía que esperarla afuera en el frío. Yo no era una prioridad.

Cuando regresamos de nuestra aventura en Florida con Papi, le conté a mi madre de las maravillas de Disney World, incluida la amiguita rubia y linda que había conocido, la hija de los dueños del motel.

—Tenía una piscina y en las habitaciones había unas cajitas en las que echabas monedas de veinticinco centavos ¡y la cama entera se sacudía!

Luego le conté que nos quedamos solos en el estacionamiento mientras Papi jugaba a las apuestas y que tuve que mantenerlo despierto mientras conducíamos en mitad de la noche. Al escucharme, el rostro de Mami se tornó sombrío. Nunca más volvimos a viajar con Papi.

Nuestro padre era adicto al juego y vivía en Miami porque ahí estaba su «negocio». Me proveyó mi primer viaje en avión, estadía en un motel, visita a Disney World y ropa nueva. Me resultaba difícil enfadarme con él porque yo era joven y él, como todo buen manipulador, compensaba con regalos y aventuras. Marty no podía competir en esa arena. Muy lejos habían quedado nuestros viajes instructivos al Met en la ciudad y el dinero se volvía más escaso según llegaban más bebés a la casa. En New Hampshire, lo que había eran excursiones a la fábrica de papas fritas y sirope de arce, a cosechar manzanas (que detesto hasta el sol de hoy), a festivales de calabacines y a mercados de pulgas. Pero Marty podía darnos algo muy importante que Papi nunca pudo: el sueño americano con su cerca de madera blanca, paseos en bicicleta con asiento tipo banana, la vida suburbana de un núcleo familiar con un padre que salía a trabajar todos los días con un maletín y traía el pan al hogar, y una madre que se quedaba en casa con el delantal puesto y tocaba una campana (literalmente) para llamar a la mesa a sus hijos desperdigados. Era la encarnación de *Buenhogar*, *Los libritos de oro* y «Dick y Jane». Al menos, al principio.

—¡Esperen, esperen! ¡Todo el mundo bajo la mesa! ¡Shhhhh! Ahora estense calladitas y no digan ni mu hasta que suba el escalón y entre, ¿okey? —intenté convencer a mis hermanitas de esconderse bajo la mesa del comedor; una enorme mesa de madera con un banco largo a cada lado. Todos los días, cuando

Marty llegaba a casa del trabajo, una manada de bebés excitadas y niñas gritonas se le encaramaba encima como si fuera un columpio: «Llegó papá! ¡Llegó papá!», se le colgaban de las piernas y se mecían según caminaba como un gigante de *Los viajes de Gulliver*. Sólo que, esta vez, las convencí de esconderse en silencio bajo la mesa del comedor para que, cuando abriera la puerta, se preguntara dónde se habría metido su comité de recepción.

Mami se quedó, como siempre, frente a la encimera que le daba la vuelta a la cocina y desde donde podía ver la puerta del garaje cuando él llegara, mientras preparaba la cena, como hacía a diario los días de la semana, para que estuviera lista a las seis y media, y a Marty le diera tiempo de ponerse su ropa de estar en casa antes de sentarnos todos juntos a la mesa. Me vio esconder a todas las niñas bajo la mesa. Cuando escuché a Marty meter la llave en la cerradura, me escondí con ellas y me puse el dedo frente a los labios:

—Shhhh.

—¿Hola? —escuchamos el eco de sus palabras en el espacio desierto del salón.

Mami se quedó callada, uniéndose a nuestro juego y haciéndose la que no sabía nada mientras colocaba las ollas en la estufa y se preparaba para cocinar.

—¿Hay alguien en casa? —preguntó Marty.

—Shhhh —susurré a mis hermanitas. Sus cabecitas de pelos rizos parecían querer explotar de excitación y anticipación.

—Bueno… pues parece que no hay nadie más que tú en casa, Lupe —colocó las llaves en la mesa de la entrada—. ¡Supongo que tendré que comerme yo solo toda la cena! ¡Y el postre también!

Una de las niñas soltó un «¡Oh!».

—Shhhh —le advertí.

Los pasos de Marty fueron acercándose hasta llegar al área elevada del comedor. Les susurré a las niñas:

—¡Ahora!

—¡Sorpresa! —sonaron a coro cinco voces, desde mi juvenil alto hasta la de la bebé—. ¡Shopesha! —y todas saltaron sobre él como un enjambre.

Yo me quedé atrás observándolas abrazarlo y agarrarlo, tan felices. El rostro de mi madre se alegró ante la escena y el de Marty se iluminó con una sonrisa. Nunca se le veía tan feliz como cuando sus bebitas se encaramaban sobre él. Pero no era mi escena. Yo sólo era la directora. Ése no era mi núcleo familiar. Él no era mi padre. Lo que mis hermanitas tenían con Marty era algo que yo jamás tendría. Era algo inclusivo por naturaleza y definición, el halo dorado de pertenecer a algo. Me quedé ahí, al margen, como una coreógrafa admirando su baile.

Había algo reconfortante en poder vivir diariamente una rutina, en recostarse en la predictibilidad de la vida suburbana blanca estadounidense: las flores silvestres y el césped; las invasiones de gusanos y orugas; aprender a lanzar un balón de fútbol americano en el jardín frente a la casa; y ahora, suficientes vecinos como para que un cartero de verdad trajera el correo por las tardes; el maletín, el traje de chaqueta y la gabardina de Marty, el uniforme emblemático del trabajador de cuello blanco; entre semana, la cena que Mami preparaba siempre a la misma hora, su eterno delantal y el olor del líquido de lavar platos.

Era una vida monótona e insulsa en comparación con la que había vivido antes, en un mundo urbano y lleno de color, pero la cultura blanca estadounidense se me expresaba como el ideal: el ideal estadounidense. Y mi padrastro creó ese mundo para nosotros. A esa edad, yo no cuestionaba los valores de esa vida. No podía ver cómo algo que se presentaba tan bellamente en los medios pudiera ser una prisión. O cómo podía agarrarnos a

Alex, a Mami y a mí, y erradicar de nuestro espíritu, cual borrador gigantesco, nuestra cultura; los restos de nuestra esencia marrón condenados a desaparecer.

—¿Ves? ¿Ves cómo habla? Así deberías hablar tú —me decía mi madre.

Estábamos viendo el noticiero, como todas las noches, durante o justo después de la cena. Mi madre pasaba de Peter Jennings («Ay, ¡qué guapo!», decía) a Dan Rather, quien recién empezaba en las noticias.

—Pero, Mami, mis primos dicen que hablo «blanco» —le respondía yo.

Era un comentario no solicitado, que me hería en lo más profundo viniendo de mi propia familia. Si nuestros vecinos blancos no nos aceptaban y ahora tampoco me iba a aceptar mi familia allá en casa, ¿en qué limbo solitario me quedaría?

—Oye. Los blancos no tienen el *monopoly* sobre cómo se habla inglés correctamente, ¿okey?

A Lupe le encantaba usar las palabras y conceptos más altisonantes que podía en inglés. Los adquiría de los noticieros en la televisión y de nuestras suscripciones a las revistas que ambas devorábamos tan pronto llegaban. Para ella, mientras más altisonantes y formales fueran las palabras en inglés, mejor. Teníamos un diccionario que vivía en la gaveta debajo del teléfono en la encimera de la cocina.

—¡Noooo! ¡En esta casa no se dice pipí! ¡Usen la *terminology* correcta! —y pronunciaba «tarminoulogi»—. ¡Se dice «yurinait»! —nos gritaba mientras yo intentaba enseñar a una de mis hermanitas a ir sola al baño.

Con los ojos en blanco, me salía de su vista y cuando lograba que la niña se sentara en el inodoro, le susurraba: «¡Pipí, pipí, pipí!» y nos reíamos.

La adherencia de mi madre a la cultura americana en su

versión más anglo incluía una devoción por las *soap operas*
que se transmitían por televisión durante el día. De hecho, a
mi primera hermanita le pusieron el nombre de uno de los
personajes predilectos de *All My Children*. En aquel tiempo
sólo había cuatro canales de televisión: ABC, CBS, NBC y
PBS, no había telenovelas en español. A mis hermanitas y a
mí se nos permitía ver algunas de nuestras comedias favoritas: *The Jeffersons, Happy Days, Laverne & Shirley* y *Barney
Miller*. Pero *The Love Boat, Charlie's Angels* y *Six Million Dollar
Man* se atemperaban con grandes dosis de PBS, del noticiero
de la noche y *Jeopardy!*. Eso significaba una dosis saludable
de series británicas como *Brideshead Revisited*, series de viajes
internacionales, como la australiana *A Town Like Alice*, y algo
de humor británico (a veces ofensivo), como *Fawlty Towers*,
producciones de la BBC que me proveyeron un acento británico bastante decente cuando lo necesitaba. Los programas
más ligeros, como *Scooby-Doo*, el show de Walter Mercado y
Kung Fu, estaban reservados para nuestras visitas trimestrales a
la ciudad, donde también fui testigo del nacimiento de lo que
se convertiría en mi futura adicción: MTV.

Apreciaba que mi madre se esforzara por darme las herramientas para triunfar en el mundo profesional, extremadamente
blanco y masculino de este país. Eso incluía no sólo vocabulario, sino eliminar cualquier vestigio de acento no anglo y borrar
casi del todo mi lengua materna, el español. Mi escuela era
francocanadiense y la única lengua que se ofrecía era el francés.
Así que aprendí francés. Haber estado expuesta desde temprana edad a los dialectos chinos, al español y luego al inglés me
ayudó en las clases de idiomas. Una de las monjas no podía
entender cómo podía salir tan bien en los exámenes de pronunciación en francés. Jamás olvidaré cuánto la perturbaba. Me
ponía nerviosa, pero me satisfacía ver su desconcierto ante mis

logros en su lengua. Aprendí el dulce placer de aplastar las bajas expectativas que pudieran tener otras personas de mí.

Sin embargo, Marty no apreciaba los esfuerzos de mi madre por hablar bien el inglés.

—Lupe, no pronuncies una «e» antes de las palabras que empiezan con «s». Se pronuncia «spuuun», no «espún».

Ojalá pudiera decir que en aquel momento era consciente de su tono esnob y de la tensión de su connotación. No obstante, debía saberlo a un nivel subconsciente por mi reacción reflexiva de protegerla y defenderla llevándolo todo a broma; no a costa de mi madre, sino a su favor.

—Sí, Mami, ¿me das la es-puuun y la es-patulah y la es-sal, pliiiis? —la imitaba. El humor se convirtió en mi forma de despejar la atmósfera cada vez más cargada en la casa.

—¡Ai am goin to teik dis es-pátulah and es-mack it on jor head! —contestó, amenazándome con la espátula y riendo. Ahora sé que su risa debía esconder algún tipo de sufrimiento, porque eso es lo que siento cuando pienso en aquellos intercambios.

Las burlas de Marty no eran graciosas. Eran un ataque a su identidad, a su herencia y a sus orígenes. Significaban: «Soy mejor que tú».

Lupe no preparaba comida dominicana a no ser que fuera para almorzar y cuando Marty no estaba en casa. Por desgracia, no heredó los genes cocineros de Abuela y solía cocinar sólo para ella, como si fuera un pecado o una traición darnos comida dominicana en nuestro propio hogar «gringo».

—¡Mami, aquí apesta a rayo! —solía decirle en el tono burlón que me había copiado de Marty, algo de lo que no me siento orgullosa, cada vez que hervía yuca.

Como una típica niña estadounidense de primera generación, en aquel momento rechazaba la otredad de mi madre, pero me aseguraba de ser la única que podía hacerlo; la defendía cuando Marty lo hacía o cuando alguien más la criticaba.

Mami también escuchaba música en español y cantaba las canciones sólo durante el día, cuando Marty no estaba en casa. Los días de verano, cuando ponía salsa, los niños bailábamos como locos en nuestra cocina abierta. Se quitó los rolos, dejó de usar pañoletas y dejó de ponerse el antes eterno pintalabios rojo. Incluso se compró un overol vaquero en la tienda de segunda mano, lo suficientemente grande como para que le cupiera la barriga (mi tercera hermanita) y fácil de lavar después de trabajar en el jardín frente a la casa con sus amadas, pero malditas flores. ¡Qué diferencia tan grande de sus conjuntos de falda hechos a la medida y sus hermosos zapatos de tacón! De no ser por el color marrón de su piel, el pelo rizo y el acento, la persona en que mi madre se convertía frente a Marty habría sido irreconocible.

Ésa fue la época en que decidí empezar a llamar a Marty «Papá». Alex nunca lo hizo (tampoco usó kétchup). Llamar «Papá» a Marty me permitía acortar la distancia entre la familia con la que vivía y crecía, y mi deseo cada vez mayor de ser un miembro oficial de ella. Nunca lo vi como tomar partido, sino más bien como querer encontrar un lugar al que pertenecer. Siempre sería la hija de Lupe, y ella, mi madre. Siempre sería china-dominicana con Papi, pero quería dejar de ser una hija «bastarda», como la iglesia nos decía a Alex y a mí. Para mí, era el último escalón para alcanzar el sueño americano: una familia «legítima» con un padre y una madre.

—¿Y él puede adoptarme? —le pregunté a mi madre acerca de Marty, Papá.

—No, mija.

—Pero ¿por qué? ¡Quiero tener el mismo apellido que las niñas y tú!

Había olvidado que hubo una época en la que eso era lo que más deseaba. Por un lado, me sentía presionada por mis compañeros de clase, mis maestras y el mundo, para quienes mi nombre y parentesco chino eran un espectáculo de circo; por otro, en casa sentía la presión de querer pertenecer a y ser parte de la familia. Me alegra que nunca pasara, pero comprendo por qué lo deseaba.

—Okey, dame el destornillador de estrías —me dijo Marty, Papá, mientras yo revoloteaba cerca del garaje un día de la semana. Había a nuestro alrededor tantas herramientas, madera y clavos que parecía que estábamos en el pasillo de una ferretería.

—Eh, ¿cuál es? —pregunté.

—El que tiene la cabeza como una estrella.

Fácil. Se lo alcancé. Aprendí tanto de construcción y otras destrezas en ese garaje con Papá, que luego fui capaz de colgar cortinas con un taladro eléctrico, pintar paredes y arreglar, lijar y teñir muebles, incluso abrir las cerraduras con las horquillas de mi madre cuando se le quedaban las llaves dentro de la casa (eso último lo aprendí yo sola, aunque inspirada por *MacGyver* y deseosa de comer algo después de clases).

Los veranos significaban ayudar a Papá a encender la barbacoa los fines de semana en las noches que le tocaba cocinar. Significaban jugar bádminton con él en el jardín; ese adulto no tenía piedad de mí y no me trataba de forma especial por ser una niña. Hacia el final del verano y comienzos del otoño, nos traían la leña para el invierno. La calefacción de nuestra casa consistía de una estufa de leña en el sótano. La leña que llegaba ocupaba la mitad del jardín y era como ocho árboles completos sin sus ramas, colocados uno sobre otro.

Papá se ponía una camisa de franela roja, jeans, guantes de

construcción y botas Timberland. Se subía encima de la pila con su estruendosa sierra eléctrica y cortaba los árboles en trozos de leña más manejables. Nosotros nos quedábamos dentro de la casa y lo observábamos desde la ventana lejos del peligro.

—¡Uf! Ya casi he terminado —decía Papá según entraba dando patadas en el salón para quitarse un poco de resina de las botas en la alfombrita de la entrada—. Lupe, ¿me das agua?

Mami le servía un gran vaso y él se lo bebía de una vez, parado, cubierto de serrín y sudor. El olor de la madera recién cortada mezclado con el salitre de su sudor llenaba la habitación.

Yo me unía a Marty y Alex en la segunda fase. Me enrollaba una de las camisas de franela de Papá —que en mi cuerpecito parecía más bien una batola maderera— y me ponía sus guantes de trabajo, que también me quedaban enormes, pero me protegían las manos de la salvia, las arañas y las astillas. Alex se encargaba de llevarle los troncos a Papá para que los cortara con el hacha. A mí me tocaba llevar los troncos cortados y apilarlos como piezas de un rompecabezas. ¡Qué espectáculo! Nada mal para un par de niños marrones de la ciudad.

Había estado buscando que Marty me aceptara desde la primera vez que les eché kétchup a los huevos, pero también sentía auténtica curiosidad por su cultura y sus hábitos, que me resultaban tan diferentes como si me hubiera ido a vivir a Fiyi. Aunque ambos habíamos nacido en el mismo país, nuestros mundos eran diferentes, en especial cuando se trataba del dinero.

Papi me expuso al dinero en efectivo y a su poder de adquirir Barbies. Marty me expuso al dinero de un modo que luego se convertiría en el fundamento de una carrera de veinte años dedicada a hablar o escribir sobre el dinero y ofrecer asesoría financiera en revistas internacionales y en la televisión. Aun si no se hubiera convertido en mi especialidad, él me mostró el mundo del dinero desde la perspectiva de los hombres trabajadores de cuello blanco en los Estados Unidos y sus familias. El dinero había que ahorrarlo, administrarlo e invertirlo, no sólo gastarlo. Esa introducción a su mundo fue un inmenso regalo y, en muchos sentidos, la clave de mi éxito.

—¡Hola! Estamos aquí para abrir una cuenta para esta chica, mi hija.

Me quedé cerca de Papá, un poco nerviosa, mientras se dirigía al representante de servicio al cliente en nuestro banco local. Casi nunca entrábamos en aquel edificio, yo iba al banco con Mami cuando salía a hacer mandados, pero casi siempre pasábamos por el autobanco con su sistema de aspiradoras. ¡La tecnología! Nos acercábamos y deteníamos el carro. La cajera nos enviaba un contenedor a través de un tubo para que mi madre metiera el cheque y lo enviara, *zuuum*. Luego nos devolvía en contenedor —*zuuum*— lleno de dinero en efectivo.

Pero había cumplido doce años y Marty dijo que era hora de que entrara con él y abriera una cuenta de ahorros.

—¡Estupendo! Vengan y comencemos —dijo el hombre vestido de chaqueta aquel sábado haciéndonos una seña con la mano desde su escritorio. Tuvimos que firmar varios papeles y contestar algunas preguntas sobre mi nombre (por supuesto, porque no era el mismo que el de Papá). Luego, el hombre estampó la libretita con mi primer depósito (curiosamente, dinero de Papi) y me la entregó. Tenía una cuenta de banco.

—Gracias —alcancé a decir.

De camino al carro de Papá, recuerdo abrir la libretita y observar las líneas donde ingresaría otros depósitos y luego los sumaría. Algo me decía que aquello era una iniciación. Yo era una niña marrón en los ochenta, y esto me parecía algo que sólo hacían los padres blancos con sus hijos varones, si acaso, en aquella época.

Pero el mayor regalo que me hizo Marty no fue la cultura

anglo, fue no tratarme de manera diferente de como trataba a Alex, un varón. Papá competía conmigo en los juegos de mesa igual que lo hacía con mi hermano. A veces hasta se aliaban contra mí hasta que yo me retiraba resoplando:

—¡No juego más!

—¡Rajada! —me gritaban.

Papá me dejaba meterme con él debajo su AMC Gremlin cuando necesitaba reparación y me mostraba el convertidor catalítico, y me enseñó a cambiar el aceite y las ruedas. Yo lo ayudaba a guardar en el congelador del sótano la media vaca que compraba, cortada y empacada, para alimentarnos en el invierno, y él me enseñaba los distintos cortes como *chuck* o *sirloin,* y por qué era sensato, en términos financieros, comprar la carne así. Cada mañana de camino a la escuela, me hacía correr a la tienda a comprar el *The Wall Street Journal,* con cincuenta centavos que me sonaban en el bolsillo. Cuando se perdía leyendo en las páginas del *Journal,* examinando el rendimiento del mercado de ese día, me respondía con entusiasmo cuando le preguntaba:

—¿Qué es una acción?

Sin embargo, hubo una pregunta que nunca me contestó como yo hubiera esperado. Una pregunta, un tema sobre el que tal vez Mami, Alex o yo podíamos enseñarle algo, pero le preguntaba de todos modos.

—Papá, los niños se la pasan preguntándome «¿Qué eres?» y no sé qué contestar.

—Eres estadounidense —respondió.

Puede que su respuesta fuera la fácil e inútil, la que borraba lo concerniente a la raza y la etnicidad, pero nunca me trató como inferior por mi género. A Mami, sí; pero a mí, no.

Pasarían décadas antes de que descubriera por qué.

CAPÍTULO 4

... PORQUE PERDIMOS EL RUMBO

En New Hampshire, lo único que veía y encontraba a mi alrededor era blanco. En la escuela; en el vecindario; en la caja de crayolas, el color «piel» era un melocotón pálido; en las modelos de las portadas de *Cosmopolitan* que estaban al lado de la caja registradora en el supermercado; en mis muñecas Barbie; en las películas que me encantaban, como *Indiana Jones y los cazadores del arca perdida*; en las series de televisión que veíamos en familia, como *La casa en la pradera* —un cambio marcado respecto a *Sanford and Son* y otros programas racialmente inclusivos de los setenta—, el detestable *Hee Haw* y los programas de Lawrence Welk, que a Marty le encantaba poner los fines de semana por la tarde cuando no había partidos de fútbol americano. No podía encontrarnos ni en el papel ni en la pantalla (con la excepción de Linda Carter, *La mujer maravilla*, que mi madre nos decía que era latina, pero seguía siendo una latina blanca). El mensaje era, a todas luces, que la blancura estadounidense era mejor; o, al menos, predeterminadamente mejor.

Puede que los medios me afectaran más porque me empapaba de todo tipo de contenido: desde el *Newsweek* tan pronto como aparecía en la mesa de la cocina hasta el texto escrito en cualquier tubo de pasta de dientes o caja de cereal que hubiera en la casa. Tenía avidez por las palabras y la información. Mi curiosidad innata, elevada a la máxima potencia, era sólo parte del asunto. Me gustaba nadar en la tibia y segura sopa de letras e imágenes que ingería compulsivamente. Desde el instante en que nos mudamos a Amherst, nuestra biblioteca local se convirtió en mi santuario; era el lugar donde me atragantaba de libros con la misma avidez con la que un chico de fraternidad se atraganta un litro de cerveza: glup, glup.

Se trataba de escapar. Sentada en el suelo de la biblioteca absorta en un libro o en mi otro escondite, el cine, no sentía la mirada de los otros juzgándome o preguntándome por qué estaba en su espacio: *¿Qué eres? ¿Por qué estás aquí? ¿De dónde vienes?*

Encontraba un respiro cuando viajaba a la ciudad, pero, aun allí, a los doce años, tristemente comencé a notar que estaba perdiendo mi color propio. Mi español estaba siendo desplazado por el francés, el único idioma que enseñaban en la escuela. Se me hacía cada vez más difícil entender a mi adorada abuela porque el inglés y el francés ocupaban demasiado espacio en mi cerebro; poco a poco, New Hampshire iba enterrando mi español. Mi pronunciación en inglés era como la de cualquier presentadora de noticias de la costa este, como quería mi madre, sin el acento dominicano de la ciudad de Nueva York como el de mi familia extendida, que se burlaba de mí diciéndome: «¡Tú hablas blanco!». Mi ropa era formal y decorosa, de «niña buena», en los colores pastel que se usaban en los ochenta. Parecía una contadora de cuarenta años, no me veía «cool» como mis primos. La alternancia de códigos se convirtió en mi destino, me gustara o no.

Ahora que lo pienso, transformarme en una cosplay de niña blanca de Nueva Inglaterra no sólo era cuestión de supervivencia. Quería disfrutar de todos los privilegios de los que disfrutaban las niñas blancas; no veía razón para no hacerlo. La única forma de lograrlo, y la única forma en que me permitirían moverme hacia adelante era parecer, hablar y representar el papel, contorsionarme para encajar en su imagen, seguir sus reglas, compartir sus gustos. Aprendí a detestar mi cabello «indómito» y me lo planchaba para que quedara tan lacio como podía, me lo cortaba en capas y me lo fijaba con Aqua Net y espuma. Me ponía la misma ropa y el mismo maquillaje que veía en las revistas de adolescentes blancas y que usaban mis amigas (pero el dinero escaseaba y, por más que me esforzara, se burlaban de mi ropa, y eso me rompía el corazón porque de veras me afanaba por estar a la moda con lo poquito que tenía). Colores pasteles de aspirante a niña fina, chaquetas de corte cuadrado, nada ceñido ni muy corto, algo que habría sido normal en mi casa en la ciudad, pero en mi nuevo hogar significaba caer en el estereotipo de latina fácil.

¡Cuánto anhelaba sentir que encajaba con mis primos en la ciudad! Pero eso no ocurriría porque, contrario a los de mis vecinos del norte, mucho más recatados y formales, el estilo y la forma de hablar de mis primos dominicanos empezaron a irritarme.

—¡Chini*, chini*, chiiiiiinoooo! —le dijo un primo a otro de mis primos chino-dominicanos estirándose los ojos.

—Oye, no hables así —dijo alguien y ahí mismo empezó el relajo de a quién Bruce Lee le daría una patada en el fondillo. Curiosamente, yo procesaba el lenguaje racista de mi familia de la ciudad de forma diferente. A veces ni me daba cuenta de que era racista: «Mulato», «pelo malo». Recuerdo que Alex y yo no nos dábamos por aludidos porque se trataba de la familia y no queríamos reconocer el poder dañino de esas palabras que provenían de nuestro propio círculo; tampoco queríamos causar problemas que pudieran distanciarnos aún más de nuestra familia.

En Amherst, todos los viernes íbamos a dormir en casa de alguna amiguita —fue un triunfo convencer a Mami de que me diera permiso para dormir en una casa ajena, algo impensable en la cultura latina, pero hasta en eso sucumbió a la asimilación—. Alquilábamos una película, nos maquillábamos y nos quedábamos despiertas toda la noche, el papá de la niña nos preguntaba qué tipo de comida queríamos que nos trajera, si queríamos pizza o comida de los chini*. Yo era una Wong y estaba ahí sentada, todo el mundo sabía que era china. Fue en New Hampshire que aprendí de los niños y los adultos que se usaban términos discriminatorios para referirse a los mexicanos, los judíos, las personas con diversidad funcional, los gais; en fin, cualquiera que no fuera blanco, heterosexual, cisgénero y que no tuviera diversidad funcional. Recuerdo en especial no entender los chistes sobre la gente blanca de otros países como Irlanda y Polonia. ¿Dónde estaba la gracia?

Así, pues, erigí mi propio muro protector. Aprendí que un amigo blanco —o, en el futuro, un amante o un esposo blanco— por más bueno y maravilloso que fuera, tarde o temprano podía caer ante mis ojos. Y que era posible que hubiera usado esas palabras entre las personas blancas de su vida, e inclusive si no, que las hubiera sentido o pensado respecto a mí. La desconfianza siempre estaba en el aire, aun si no era más que una leve bruma.

Si yo me sentía así, mi madre también debió sentirse así a la n potencia. Harta, según pasaban los años, empezó a portarse un poco mal cuando podía.

Un día de verano, estaba cuidando a mis hermanitas sentadas en la mesa de la cocina mientras leía y comíamos algo asqueroso que había preparado con lo que pude encontrar, como salami cocinado en el microondas nadando en una piscina de sirope de «arce» Aunt Jemima. Las niñas jugaban bastante tranquilas en sus puestos cuando Mami regresó de hacer los mandados. Entró en la cocina y todas dijimos «Hola, Mami», como de costumbre, y cada una siguió en lo suyo, pero yo le eché un segundo vistazo. En lugar del cabello negro estirado y recogido en un moño en la nuca, Mami tenía un afro. Un afro natural de dos pulgadas a la redonda ¡y rojo! Era más bien un color cobrizo, pero yo me quedé en shock. Se me erizó la piel. Aquello era una declaración.

Mi madre se movía por la cocina como si nada, sin decir palabra sobre el sorprendente cambio, hasta que le dije:

—¡Guao, Mami! ¡Tu cabello!

—¡Yo sé! —Se le iluminó el rostro como hacía tiempo no lo veía—. ¿Te gusta?

Asentí con la cabeza y sonreí:

—¡Sí!

—Es radical, ¿verdad? —dijo sonriendo.

Caramba, mi madre estaba tan contenta y orgullosa.

Asentí nuevamente y sonreí, emocionada, pero también un poco asustada por ella. Le pregunté dónde se lo había hecho («una señora nueva en Nashua»). Luego, cuando salió tras una bebita que se escapaba gateando, me puse triste y el erizamiento de la piel se convirtió en un retortijón de estómago. Este lugar no llevaba lo «diferente» muy bien que digamos. Siempre me dolieron los comentarios sobre mi cabello «encrespado» desde que nos mudamos a New Hampshire. Marty también los hacía: «¡Corre a pasarte un cepillo por esa cabeza!». Pero en la ciudad, mi familia dominicana celebraba mi pelo «bueno». «¡Tan manejable!», decían mi madre y mi tía. Aquí, cuando tenía doce años, todas las mañanas me pasaba casi una hora con unas tenazas ardientes y toneladas de espuma y laca, intentado estirarme el cabello para lograr el estilo pluma, que estaba de moda en aquella época.

Aquello resultaba muy extraño viniendo de mi madre, que se había entregado a la asimilación desde el momento en que se quitó los rolos y se deshizo de las pañoletas de colores. Ahora estaba siendo fiel a sí misma y a su cabello. El color tal vez no era exactamente natural, pero sí lo eran la forma y la textura africana. Era un acto de valentía. Yo estaba deslumbrada. Jamás olvidaré la expresión de su rostro. No hay nada como ese orgullo; el cabello es mucho más que cabello para una mujer latina negra. Tiene un peso. Y en el mar de blancura en que nos hallábamos, mi madre encontró un catalizador, uno que le dijo: «¡Sé tú misma!». Eso fue lo que hizo; y en su mirada y su sonrisa pude ver lo bien que se sentía de hacer sólo eso.

Pero no le duraría mucho.

Cuando Marty regresó del trabajo, yo seguía en la mesa leyendo mis revistas semanales y Mami estaba arriba en su habitación.

—Hola, Papá.

—Hola a todo el mundo. ¿Dónde está tu madre? —me preguntó.

Sonreí disimuladamente porque sabía que le aguardaba una sorpresa y yo esperaba que le agradara.

—Oh, está arriba.

Marty subió con su maletín y yo fingí leer. En verdad estaba concentrada en escuchar cualquier indicio de reacción de Marty, cualquier intercambio. No se oyó nada. Marty bajo primero, lo cual era extraño. Se había quitado el traje y la corbata como de costumbre y se había puesto una camiseta y unos jeans. Estaba callado y serio cuando bajó al comedor, del que se había apropiado y usaba de oficina: había piezas de computadora, revistas y periódicos de negocios apilados contra la pared. Se acercaba la hora de la cena.

Mami apareció en la cocina justo para preparar cualquier cosa. Levanté la vista de mis páginas con interés de ver su nuevo estilo y hasta había pensado en nuevos piropos con la esperanza de volver a ver la alegría dibujada en su rostro. Nada que ver. Y jamás volví a ver ese afro cobrizo, nunca. Lupe ahora llevaba una pañoleta que le cubría todo el cabello. Con el rostro caído, sin decir palabra, se desplazaba entre el refrigerador y el fregadero, la estufa y los gabinetes como un robot, realizando sus labores de ama de casa. Tenía la nariz colorada. Había estado llorando. Yo me quedé en shock. En muchas ocasiones, mi madre no me caía bien. Podía ser cruel y violenta, pero nunca le deseé aquello. Leí el lenguaje corporal de mis padres y comprendí la historia: a él no le gustó nada. Imaginé la excitación de Lupe al enseñarle a su esposo su nuevo peinado «cool». Después de todo, ¿no eran los Jones sus mejores amigos en Manhattan? Los Jones negros, ¿no lucían ambos un afro? No podía imaginar lo que sintió ante el espanto, el desprecio o el gesto de desaprobación de Marty por algo de lo que ella estaba tan orgullosa.

Eso no sólo tenía que ver con el cabello, hasta yo lo sabía. Tenía que ver con su identidad, con quién era como ser humano. Rechazar eso era rechazarla como persona.

Lupe y Marty apenas hablaron durante la cena; él se veía molesto y ella, derrotada. Mientras Mami y yo limpiábamos la cocina después de la cena y Marty veía televisión en la sala contigua, le susurré a mi madre:

—Mami, ¿qué pasó? Es tan bonito —me quedé mirando la pañoleta multicolor, sufriendo por lo que escondía debajo.

Mami no me miró, ni siquiera levantó la cabeza según fregaba una olla en el fregadero.

—No le gustó —dijo suavemente.

No sabía qué decirle. No me correspondía a mí cuestionar su relación, pero la dinámica era clara. Me llegó el mensaje: si a tu esposo no le gustaba tu cabello, debías esconderlo y cambiártelo; y, si es blanco y tú no, el asunto es más profundo. Así que, se lo pintó de negro otra vez con un tinte casero y luego pasó años dejándoselo crecer. Se puso una pañoleta todos los días hasta que se lo pudo recoger en un moño.

Mi preadolescencia fue testigo de los esfuerzos de mi madre por reafirmarse, como si, para respirar, estuviese intentando abrir a golpes agujeros en la tapa de un recipiente que la mantenía cautiva. A veces, los agujeros le permitían respirar mejor; otras veces, como con el afro, no lograba abrir el agujero.

Todos los domingos, nuestra familia de ocho, incluidas las chiquitinas, iba a misa en la parroquia católica situada en una colina del pueblo adyacente. Fue en la iglesia donde mi madre encontró un escape y a donde llevó su determinación y su ambición. En mi escuela se hacían concursos de quién vendía más tabletas de chocolate para recaudar fondos, muy necesarios. Mi madre se lo tomó como un reto excitante.

Al principio me horrorizaba su entusiasmo. El sistema de mi madre era meternos a las cinco niñas —a Alex lo eximían, como siempre— en la miniván y arrastrarnos de puerta en puerta vendiendo tabletas de chocolate. Estacionaba en la entrada de la casa y luego yo, temerosa de su ira, que me inspiraba más terror que acercarme a gente desconocida y pedirles dinero, tocaba a la puerta y les pedía a los vecinos que me compraran chocolates para apoyar a mi escuela. En esas ocasiones, también pude ver el interior de los hogares de otras personas y darme cuenta de que los anglos eran tan caóticos como mi familia de la ciudad. Había gente que acaparaba cosas, y niños sucios y gritones, pero también espacios impecables y decorados con esmero, y toda la gama entre estos dos extremos. Esos tours vinculados a la venta de chocolates me ayudaron también a desmitificar a los blancos.

Luego, mi madre tuvo una epifanía: ir de puerta en puerta no era suficiente. Así como las organizaciones sin fines de lucro trabajan en equipo para que todos ganen, a Lupe se le ocurrió vender tabletas de chocolate frente a la iglesia los domingos justo después de misa. Nos beneficiaríamos del tráfico a pie de nuestros parroquianos por tres domingos consecutivos. Gracias a Dios que estábamos en primavera porque Mami me obligó a estar de pie junto a ella tras la mesa plegadiza que instaló en la escalinata de la iglesia por donde todo el mundo tenía que pasar para regresar a sus carros. Pasamos horas ahí de pie y, alabado sea, mi madre y yo vendimos todas las cajas, pilas y pilas. Creo que ese año quedamos en el segundo lugar de toda la escuela en la recaudación de fondos. A Lupe no le gustó el segundo lugar, pero a mí me impresionaron (y me mortificaron un poco) su capacidad y su ingenio. Su determinación. Convenció a la parroquia de que nos permitiera hacer aquello, convenció a Papá de que cuidara a las bebés mientras lo hacíamos, se congració con los parroquianos sonriendo y vendiendo. Estaba resplandeciente. Lupe tenía una predisposición para ganar. ¡Vaya descubrimiento para mí! Es increíble cuando eres pequeña y descubres un lado interesante de uno de tus padres. Yo era la hija, no de uno, sino de dos padres emprendedores: Mami y Papi. Y eso me definiría sustancialmente en el futuro.

Entonces comprendí que mi madre era naturalmente ambiciosa. Recaudar fondos le permitía trabajar y triunfar de un modo aceptable para la sociedad (y para Marty). No es que Papá dijera explícitamente que quería que mi madre fuera de las esposas que se quedan siempre en casa, descalzas y embarazadas (bueno, tal vez se lo decía en privado, no lo sé, después de todo, cuando la conoció era una madre que trabajaba). Pero, al parecer, el rol que había tenido que asumir en aquel momento —pañales y ropa sucia por doquier— requería demasiado de ella; así que ese pequeño triunfo (una competencia de ventas, básicamente), al parecer satisfizo una parte de sí que había perdido al convertirse en madre de seis hijos a tiempo completo. En su lugar, empezó a canalizar sus energías y sus ideas a través de mi hermano y de mí.

Entre los doce y trece años, vi cómo mi madre mudó la piel de su vida anterior basada en el machismo y el marianismo dominicano (que dicta que las mujeres deben ser sumisas y sacrificadas). Un día, decidió desmantelar el machismo juvenil que ella misma había creado: el rol de mi hermano como Pequeño Emperador.

Según se convertía en un joven adulto, Alex era como una especie de fantasma en nuestro hogar. No ayudaba en nada, salvo al principio, que cortaba y guardaba la leña, una tarea aceptable para un macho; no tenía que hacerse responsable de nuestras cuatro hermanitas, ni siquiera cuando estaba en casa y nuestros padres no. Las niñas eran responsabilidad mía. Así que muchos días sólo lo veía en la cena y otra vez antes de acostarnos si necesitaba o quería que me aconsejara y me consolara, o si quería ejercer de hermanita entrometida. A él se le permitía estudiar, escuchar sus discos y quedarse en su enorme habitación con su equipo electrónico de los ochenta, su cama de dos plazas y sus estanterías de libros. La línea que nos separaba estaba dibujada con el pincel del género y el orden de nacimiento; la línea que lo separaba de la nueva familia de mi madre con Marty era clara: él era un Wong. Había sido el hombre de la casa y no iba a dejar que nadie, mucho menos un nuevo esposo, asumiera el rol de padre. Alex tenía un padre y, además, desempeñaba un rol con nuestra madre como su primogénito y único hijo varón.

Un día de verano, antes de que a Alex lo enviaran a pasar las vacaciones en la casa de Claremont y a trabajar en lo que fuera (desde vender helados frente al City Hall en el centro de Manhattan hasta mover cajas con Papi), todos los niños estábamos en casa y Marty, en el trabajo. Debíamos estar de vacaciones, pero Dios nos libre de disfrutar del descanso veraniego. Mami estaba de mal humor y había decidido que ese día tocaba limpieza. Cada una de las niñas teníamos nuestra lista de lo que nos tocaba hacer o limpiar en la casa, incluso las pequeñinas. Hay que recordar que mi madre nunca le pidió a mi hermano que limpiara más allá de su habitación y el muchacho mantenía su habitación limpia sólo porque era un perfeccionista innato. Aun así, Mami a veces le hacía la cama y le cambiaba las sábanas. No sé qué pudo haber pasado, aparte de que estuviera hastiada, que mi madre de repente cambió de opinión respecto a la «realeza» familiar. Tal vez estaba molesta con Papá. Tal vez estaba harta de ser un ama de casa y tenía que desquitarse con el patriarca más cercano, su hijo. Claro, yo también resentía la desigualdad.

Mami llevaba apenas uno o dos minutos barriendo el suelo de la cocina. Las demás revoloteábamos a su alrededor limpiando superficies, recogiendo juguetes de bebé, desempolvando cada rincón y rendija. De pronto, se enderezó, paró de barrer y gritó:

—¡ALEXANDER!

Las cinco chicas nos quedamos petrificadas. Alex, que estaba arriba, no emitió la más mínima respuesta. Probablemente estaba escuchando alguno de sus grupos de pop alternativo, como los Sparks, o leyendo alguno de sus libros de Isaac Asimov, que yo le robaba de la estantería y devoraba en una o dos noches antes de que se diera cuenta. Mami volvió a gritar su nombre y dio un golpe en el suelo con el palo de la escoba. Todas miramos para otra parte. No había que sostenerle la mirada a mi madre cuando se ponía iracunda. Al igual que los depredadores, interpretaba como un desafío que la miraran a los ojos, y la rabia provocada por cualquier otra cosa o persona podía caer sobre ti.

Alex bajó las escaleras en calcetines. Intentábamos no usar zapatos dentro de la casa, al igual que muchas familias inmigrantes. El flacucho de mi hermano se quedó en la puerta de la cocina esperando a que mi madre le explicara por qué lo había interrumpido.

Ella le entregó una escoba y le dijo que barriera.

Él se quedó de brazos caídos y respondió que no con la cabeza.

Mami volvió a hacerlo; esta vez, alzó la voz.

Alex no se movió. Con suavidad, pero con firmeza dijo:

—No.

Bueno. Ahora sí. A todas nos interesaba conocer el resultado. Mis hermanitas tal vez eran demasiado jóvenes para comprender las implicaciones de esa lucha de poder, pero yo sabía que había mucho en juego. Si mi madre lograba que mi hermano, que no había barrido un suelo en su vida, agarrara esa escoba y se pusiera a limpiar junto con sus hermanas y su madre, sería, pues, como la Enmienda de la Igualdad de Derechos.

Cruzó los brazos y se negó.

Esos brazos cruzados fueron como gasolina para mi madre. Se prendió. Soltó un grito estridente y alzó la escoba para pegarle a Alex. Él levantó la mano para detener el golpe y protegerse la cabeza.

—¿Cómo te atrevessss? —siseó Mami—. ¿Cómo te atreves a levantarme la mano?

—Mami —intervine —¡sólo estaba protegiéndose!

—¡No, no! ¡Juro que ningún hombre me golpeará otra vez! —aulló sosteniendo aún la escoba para pegarle de nuevo—. ¡Lo juro!

Entonces comenzaron los golpes. Mami le cayó encima con la escoba y empezó a golpearle los hombros; él se encogía para protegerse la cabeza y el cuello. Logró arrinconarlo entre el refrigerador y la alacena. Una de mis hermanitas empezó a llorar. Nuestra madre rugía con cada golpe. Entonces, Alex desapareció. Escapó a toda velocidad de la escoba de mi madre. Escuchamos el portazo en la puerta de la calle. La violencia había cesado y lo único que se escuchaba era nuestro silencio aturdido, el llanto reprimido de una de mis hermanitas aferrada a una de mis piernas y la respiración alterada de Mami. La observé por un instante para asegurarme de que no vendría hacia nosotras. Traje a mi otra hermanita hacia la pierna que tenía libre. Estaba dispuesta a proteger a esas bebitas si ella no se detenía. Me tendría que pasar por encima.

No había por qué preocuparse. El rápido acto de desaparición de Alex dejó a Lupe petrificada. Colocó la escoba en una esquina; estaba evidentemente confundida y sobrecogida por lo que acababa de suceder. Sin decir palabra, subió a su habitación y me dejó con las cuatro pequeñas. En silencio, nos asomamos a la ventana para buscar a Alex con la esperanza de que no se hubiera ido muy lejos y que estuviera bien. La minicorte del pequeño emperador.

Supuse que estaría en uno de los lugares en que solíamos escondernos detrás de un árbol caído o de unos arbustos. O que habría ido caminando hasta el final de la calle donde el autobús escolar solía recogerlo; la carretera podía verse a través del follaje. Pasó una media hora, tal vez más. Intenté distraer a mis hermanitas con un libro de colorear y unas crayolas frente al ventanal que daba al patio trasero, pero estaba preocupada.

Lupe bajó las escaleras, la rabia había dado paso a la angustia.

—¿A dónde se fue? —me preguntó.

—No sé, Mami —le respondí con frialdad.

Ella lo había obligado a irse. No lo culpaba en absoluto. Ella había creado la situación y reaccionado con violencia, pero ¿qué era aquello de que ningún hombre la golpearía «otra vez»? Era la primera vez que la escuchaba decir algo así y sabía de sobra que no se refería a Marty. Él no era capaz y su relación no era así. No quería pensar que se refiriera a Papi. Así que presumí e imaginé que se trataba de su padre, Abuelo, el que me daba paupau con un periódico enrollado, tal vez reviviendo lo que le hacía a mi madre.

Mami llamó a Marty al trabajo y le dio las quejas, lloriqueando su versión de madre preocupada sin mencionar que Alex «se escapó» porque ella le había pegado con una escoba. ¿Qué podía hacer Marty desde su oficina a cincuenta kilómetros? La llamada fue breve. Mami siguió llorando sobre un pañuelo. Yo me endurecí, indignada de ver debilidad en su falta de conciencia y crueldad en su falta de empatía por el dolor que había provocado en otros, sus hijos, que lo único que querían era sentirse seguros.

Al cabo de una hora, quizás más, todas saltamos al escuchar la puerta de la calle abrir y cerrarse. La escalera hacia los dormitorios en el segundo piso estaba justo en la entrada. Oímos a Alex subir los escalones de dos en dos hasta llegar a su habitación sin decir palabra. Me preparé por si Mami iba tras él para castigarlo. No lo hizo. Sabía que, si se excedía, perdería a su hijo favorito, su único varón. Alex se iría a la universidad en pocos años. Durante la cena nadie habló. Alex ni siquiera me pateó por debajo de la mesa como solía hacer, pero, más tarde esa noche, antes de acostarnos, cuando Mami y Papá, Marty, se metieron en su habitación, toqué a la puerta de mi hermano.

—¿A dónde fuiste? —le pregunté.

—Ah, estaba al pie de la ventana de la cocina. ¡Hasta me quedé dormido! —dijo y sonrió triunfal.

El ventanal de la cocina tras el que me había colocado para mirar hacia el bosque. Todo ese tiempo él había estado justo debajo de mí, sentado sobre una montañita de arena que nunca se había usado, con suficiente espacio para esconderse y que nadie pudiera verlo desde la casa. En calcetines.

Brillante.

Aquello fue un intento fallido por parte de Lupe de enderezar el barco de la igualdad de género en nuestro hogar, pero me alegró que lo intentara, aunque no me gustara la forma en que lo hizo. Alex nunca ayudó a limpiar y nunca pasó las vacaciones de verano en casa. Se pasaba los veranos en la ciudad, feliz de tener otro lugar a donde ir, cosas que hacer, dinero que ganar y estar rodeado de la familia. Lo extrañaba muchísimo, pero no podía culparlo por irse. Yo soñaba con hacerlo.

Al mismo tiempo que abrazaba el ideal americano de la igualdad de género, mi madre también se acogió al mito americano de la meritocracia. Era casi como una religión para ella. Nos empujaba a mi hermano y a mí hacia todo lo que creía que esta tierra podía ofrecerle a su descendencia. Mi preadolescencia estuvo llena de frases y alegorías con las que siempre respondía a cualquier historia o contratiempo que le contara. Estaba decidida a que Alex y yo triunfáramos. Si ella no podía hacer su vida fuera de la casa, por Dios que nosotros sí. La aspiración era su religión y ella, la suprema sacerdotisa.

—¿Quieres saber por qué no hacemos una fiesta con pizza como hacen los demás padres porque sacaste todas A? —me preguntaba—. ¡Porque esos padres tienen unas expectativas muy bajas de sus hijos! Yo espero que ustedes saquen todas A. No hay que premiarlos por hacer lo que deben hacer.

—Mami, alguien dijo que le sorprendía que yo fuera tan articulada —le decía.

Ella respondía inclinándose sobre mí con el dedo admonitorio:

—¡Los blancos no tienen el monopolio de hablar correctamente en inglés!

Si me quejaba de lo difícil que era la escuela, me contestaba cual filósofo furioso:

—Tu abuelo estuvo preso y ¿sabes lo que me decía? «Lupe, podrán arrebatarte tu libertad, tu familia, todo lo que tienes, pero no podrán arrebatarte lo que está dentro de tu cabeza, tu educación».

El encarcelamiento y la tortura de mi abuelo junto con la crianza estricta de mi madre daban color a sus lecciones de vida.

—¿Te obligó a hacerlo? ¿Te apuntó con una pistola a la cabeza? ¿Eh? ¿Eso hizo? ¡Nadie puede obligarte a hacer nada a menos que te apunte con una pistola a la cabeza!

Si no me llegaba el mensaje, doblaba los dedos en forma de pistola y me apuntaba a la sien haciendo presión según hablaba. Mensaje recibido.

Y aunque era estudiosa, las chicas inteligentes no me querían cerca por mi bocaza, mi aspereza al comunicarme y mi creciente inseguridad por mi aspecto (inseguridad que se basaba en los estándares de belleza a mi alrededor, que jamás podría alcanzar). Yo tampoco las quería cerca de mí. Me parecían buena gente, pero demasiado calladas y reservadas. Yo era una niña china-latina de la ciudad con unos padres pintorescos, Papi y Lupe, un padrastro y cuatro hermanitas. Cuando me quejaba con mi madre porque me sentía sola, rechazada e incomprendida en la escuela, su respuesta era más una maldición que un cumplido: «Los reyes y las reinas son gente solitaria». Sabía que se lo decía a sí misma más que a mí. Y, si eso era lo que se esperaba de nosotros, esa falsa monarquía no me interesaba en absoluto.

¿Dónde habría escuchado esas cosas? ¿Cómo era capaz de formular esas aseveraciones, cual motivadora de Instagram, que para bien o para mal me han acompañado toda la vida? Siempre me lo he preguntado. Sólo con el tiempo me he dado cuenta de lo inteligente y sensata que podía ser, a pesar de que su educación formal se interrumpió cuando apenas era una adolescente.

Ésos también fueron los años en los que mi madre desarrolló un aura rancia de resentimiento. Alex y yo empezamos a llamarla la Mujer Dragón. Yo me esforzaba en la escuela estudiando y, en casa, limpiando y cuidando a mis hermanitas, cuidando a otros niñitos del vecindario, pero era «vaga». También era «irrespetuosa», porque casi a diario tenía que sacar la cara por mí y por mis hermanitas cuando ella nos gritaba tan sólo porque estaba de mal humor o se sentía mal, no porque hubiéramos hecho algo malo.

Esas palabras, sus palabras, se convirtieron en una voz interior que, en los años venideros, no me dejaría tomarme ni un minuto de descanso. Una voz que me obligó a correr deprisa y con todas mis fuerzas en la carrera capitalista de los Estados Unidos de América.

Lo que me salvó fue ver que hombres como mi papá —Marty— sacaban tiempo para sentarse a leer y pensar; ver que a Alex se le permitía ocuparse sólo de sus asuntos y sentarse a leer y pensar. Yo quería eso, ¿y por qué no? Yo era igual de inteligente. Las mujeres eran igual de inteligentes y capaces. Las veces que me quejaba de que Alex no ayudara en la casa, le decía a mi madre: «¡Él también tiene dos brazos y dos piernas!».

Las diferencias de género no tenían ningún sentido para mí, no eran lógicas ni inteligentes. Me negaba a aceptarlas.

Unido al hecho de que Marty no me trataba diferente que a un hijo varón —me hacía trabajar al aire libre con él, conducir un carro de cambios y cambiarle el aceite, y me hablaba de inversiones y dinero—, más tarde en la vida me daría cuenta de que nunca internalicé las típicas normas de género. Las supuestas diferencias no se sostenían; aunque en lo relativo al trabajo doméstico Mami imponía sus ideas anticuadas, no las aplicaba al éxito académico y profesional. Todas su frases de empoderamiento y sus expectativas me llevaron a creer que yo valía tanto como un niño o un hombre blanco; que si trabajaba con empeño no había razón para que no alcanzara lo que ellos. Lupe me inculcó la misma sensación de superioridad del hombre blanco. Es mi *hardware*, no mi *software*.

Un día de verano, mientras bajaba los escalones del garaje hacia el caluroso exterior con una linda falda entallada, se me ocurrió: *Un momento. ¿Quiero ser un chico?* Me quedé helada a mitad de la escalera y me fijé en mis piernas desnudas y mis uñas largas, que me decoraba obsesivamente con piedrecitas adherentes. Me gustaba demasiado embellecerme, me gustaban las curvas que empezaban a redondear mi cuerpo y el poder que podían ejercer los cuerpos de las mujeres. *Claro que no. Me gusta todo lo que tiene que ver con ser una chica. Sólo deseo y merezco lo mismo que ellos.*

CAPÍTULO 5

... PORQUE VENÍAS DE CAMINO

Papi nunca regresó a New Hampshire después de aquella visita, cuando yo estaba en escuela primaria y se quedó en la entrada sin pasar a la casa, la casa de Marty. Pero Papi respondía en lo financiero. Tan pronto como nos fuimos de la ciudad, empezó a enviarle dinero a Mami para Alex y para mí. Sintió más presión cuando a mi hermano le dieron una beca parcial en Georgetown University, pero la cantidad de dinero que hacía falta era demasiado para Papi solo. Así pues, un sábado de verano nos despedimos de las últimas colecciones de mi madre traídas de Chinatown y Claremont. Mami hizo una venta de garaje para recaudar fondos para la educación universitaria de mi hermano.

Una vez más, me sentía al mismo tiempo avergonzada y admirada de su ingenio. Como con la venta de chocolates para recaudar fondos, Lupe se entregó de lleno. Hizo letreros que colocó por todo el vecindario y regó la voz de que estaba vendiendo cosas maravillosas. Eso era lo que hacía y a mí me entristecía. Tapices bordados con exquisitos paisajes chinos y aves exóticas —el pavo real, mi favorito—, que para algunos eran arte comercial de mal gusto, pero para nosotros eran fabulosos, al igual que para quienes pagaron una cantidad decente por ellos. Mami tenía algunos pequeños y uno grande, que estaba colgado en mi habitación, bordado en hilos de colores relucientes, un trabajo hecho a mano, que podía pasar horas contemplando, perdida en las intrincadas plumas confeccionadas con hilos de seda, que me hablaban y me recordaban mis orígenes. Mi sensibilidad artística cambiaría con el tiempo, pero mi admiración y conexión con aquellas piezas iba más allá de la estética y el gusto. Esos tapices nos conectaban con nuestro pasado y con un padre de otra tierra. Mami los puso todos a la venta —excepto mi pequeño pavo real, que le supliqué que conserváramos— y obtuvo, a juzgar por la expresión de su rostro, una suma satisfactoria para la educación de Alex. Yo no me atrevía a protestar mucho por aquel desprendimiento de nuestras pertenencias traídas de la ciudad. En su lucha entre ayudar a mi hermano y complacerme a mí, mi madre siempre escogía a Alex; y a mí no me importaba tanto porque mi hermano estaba abriendo el camino. A donde él fuera, yo también iría. Así que me interesaba ayudarlo a volar tan lejos como pudiera.

Recuerdo observar a Marty durante ese proceso. Se mantuvo apartado con los brazos cruzados o las manos en los bolsillos, conversando con algún vecino mientras mi madre se encargaba de la transacción y el dinero. Me preguntaba si no le estaría yendo bien económicamente o si le avergonzaba o preocupaba ver a mi madre vender sus hermosas pertenencias para pagar la educación de Alex. Le pregunté a Mami directamente, pero con mucho tacto.

—¿Por qué tienes que vender tantas cosas? ¿No tenemos suficiente dinero?

—Marty no paga lo tuyo ni lo de Alex. Peter es su padre, así que él paga sus estudios y sus gastos.

Su respuesta me sorprendió mucho. Yo pensaba que todos

los que vivíamos bajo el mismo techo éramos una familia, la familia de Marty, con mis hermanitas. Mas no, pensé mal. Yo no era su hija. Era la hija de Papi.

—¿Papi no envía suficiente dinero? —pregunté. Comenzaba a ponerme nerviosa, no por mi hermano, sino por mí y por mi futuro.

—Ahora mismo está en Venezuela, así que no puede enviar mucho —respondió Mami y luego siguió contando las ganancias del día. No creyó que tuviera que darme más explicaciones.

¿Papi estaba en Venezuela? ¿Qué hacía un chino de Nueva York en Suramérica? Eso explicaba por qué últimamente Papi no llamaba con tanta frecuencia. Supongo que esto también explicaba la venta de garaje.

Una vez más me pregunté cómo encajaba Marty en todo aquello. Me preocupaba y me obligaba a cuestionar mi lugar en la familia: vivía con Marty desde que tenía cuatro años y lo llamaba «Papá». Nunca había vivido con Papi. Lo veía menos cuando nuestros viajes a casa se redujeron de cuatro al año a dos durante mi adolescencia. Si Marty, Papá, no se ocupaba de mí económicamente y Papi desaparecía o dejaba de enviar dinero, ¿qué sería de mí? ¿Cómo saldría de ahí? Tenía que irme de aquella casa tan pronto como me graduara de la secundaria y estaba decidida a hacerlo, pero eso requeriría dinero. Mami todavía tenía bebés que criar y ellas necesitaban que las alimentaran. ¿De dónde saldrían los fondos para que yo pudiera despegar?

Eso tal vez explique el arreglo de explotación que mi madre me impuso un verano cuando tenía casi doce años: trabajar de 7:00 a. m. a 5:00 p. m. cuidando los niños (malcriados) de la casa de al lado, una niña y un niño de cinco y siete años, de lunes a viernes por —no se lo pierdan— por setenta y cinco dólares. Semanales. Eso era un dólar, cincuenta centavos por hora. El cheque que me entregaban al final del día los viernes iba directamente a las manos de mi madre. Fue una experiencia dolorosa y enloquecedora para alguien tan joven. Ninguna persona en edad escolar debería tener que trabajar cincuenta horas semanales, pero a esa edad, no me quedaba más remedio que obedecer.

Sin embargo, una vez tuve edad suficiente para que el dinero se quedara en mis manos, jamás dije que *no* a un trabajo de niñera, aun cuando eso significara no poder reunirme con mis amigos o tener que trabajar con un dolor tremendo porque acababan de extraerme las muelas del juicio o llegar tarde a casa y quedarme estudiando hasta las dos de la mañana para un examen al día siguiente. Poco después, el dinero que llegaba de Papi, que era cada vez menos, fue a parar exclusivamente a los estudios de Alex, así que no había dinero para mi ropa o mis necesidades. Con el dinero que ganaba cuidando niños compraba todo lo que me ponía, la ropa, los zapatos, los productos para el cabello, la piel y las uñas, el cine y todo lo que no fueran las comidas en casa y el techo.

Marty era frugal y además reservaba un dinero para inversiones, lo que reducía las finanzas familiares. Cuando Mami quería gastar en algo (aunque no puedo recordar en qué, tal vez en construir la terraza) o cuando los niños nos antojábamos de algo que veíamos en un anuncio en la televisión, la respuesta era: «Cuesta demasiado» y «No vale lo que cuesta». Marty tenía un trabajo de cuello blanco estable y, al parecer, vivíamos como gente de clase media. Entonces, ¿por qué la austeridad? La respuesta coincidía con el creciente número de puestos en nuestra mesa. Recuerdo que, aun siendo tan joven, me daba cuenta de que, con el nacimiento de cada nueva hermanita, el presupuesto se reducía o, mejor dicho, había que estirar el mismo presupuesto. Con cuatro hermanitas y las cinco estudiando en la escuela parroquial, fue la época en que tuve que remendar tantas veces los tres pares de calcetines raídos de mi uniforme escolar que se les borró la costura de los dedos. Fue la época en la que Mami y Papá se sentaban en la mesa de la cocina todos los domingos después de misa rodeados de periódicos y anuncios de especiales y pasaban horas, incluso en los días en los que hacía un tiempo maravilloso, recortando y ordenando todos los cupones que pudieran encontrar. Uno de los supermercados locales tenía un día en que los cupones valían el doble y nos las arreglábamos para comprar suficientes suministros para una familia de ocho para una semana con cincuenta dólares, en vez de más de doscientos. Eso me ponía en mi estado habitual de disonancia entre la admiración por sacarle ventaja al sistema y el desdén por las horas perdidas los domingos.

A los quince años empecé a trabajar de empaquetadora en el supermercado local. Antes, Marty me había preguntado si quería trabajar en su oficina como interna pagada durante el verano, a tiempo completo, yendo y viniendo del trabajo con él. La paga por hora era mejor, pero levantarme a las seis de la mañana en el verano, viajar cincuenta minutos en carro para llegar a la oficina y sentarme bajo una lámpara fluorescente a ordenarles los papeles a unos hombres blancos engabanados, no gracias. Por Dios, no. Algunos sábados al año, Papá nos llevaba a su oficina cuando tenía que trabajar los fines de semana. Yo me ocupaba de entretener a mis hermanitas, principalmente con la pizarra blanca de la sala de conferencias. Esos fines de semana bajo aquellas luces que te chupaban la vida, las paredes y el mobiliario sin un adorno o algo que denotara vitalidad, me provocaron alergia al trabajo de oficina. Haber optado por rechazar un trabajo de verano más lucrativo me hizo consciente de que, por más que lo necesitara, el dinero no lo era todo; valoraba más los escenarios interesantes y la interacción con otras personas que un par de dólares más por hora. Marty se sintió un poco ofendido, pues estoy segura de que tuvo que mover algunos hilos para conseguirme el trabajo, pero yo no estaba dispuesta a entrar en su mundo de cuello blanco. Después de todo, Lupe me había dicho que podría lograr todo lo que quisiera si me esforzaba lo suficiente. Y yo escogí creerle.

Así que empaqueté compras en el supermercado. Parecería un retroceso, pero fue un cambio importante en mi vida. Ese enorme supermercado me abrió las puertas a amistades fuera de mi reducida escuela. Había gente blanca, por supuesto, pero también una mezcla de trasfondos, estilos, edades y, sobre todo, géneros. El haber ido a una escuela de niñas desde el tercer grado había limitado mis interacciones sociales con otros hombres y niños aparte de mi hermano y Marty. Lo más destacado de aquel emocionante verano fue que, a los quince años, me quitaron los ganchos de los dientes, sustituí los espejuelos gruesos con lentes de contacto y me dejé el cabello al natural, no volví a alisármelo. Mi nuevo peinado era una cascada de rizos negros. Fue una transformación sorprendente para mí, lo que los niños hoy llaman una transformación personal positiva. Janet Jackson, Jennifer Beals y Lisa Bonet habían irrumpido en la cultura popular con su glorioso cabello al natural, que ahora yo también podía lucir con el «permiso» de esas grandes figuras. Dejé de parecer una contadora de cuarenta años con un mal alisado para parecer una chica de MTV. Claro que una madre dominicana respetable no le permitía a su hija de quince años salir con chicos, pero a mí lo que me encantaba era el poder recién adquirido de lucirles «linda» y «exótica» a mis compañeros de trabajo. No confiaba, pero disfrutaba de la atención (sin embargo, jamás lograría deshacerme de la imagen de mí misma durante aquella etapa de contadora tiesa).

Mi madre siguió haciendo esfuerzos por producir dinero, pero no todos rindieron fruto. La sala de nuestra casa se convirtió en el almacén de sus intentos de forjar un capital. Era espaciosa, tenía el tamaño de un apartamento tipo estudio grande, y había sido originalmente diseñada para recibir visitas formales con una chimenea de ladrillos rojos, pero terminó convertida en una habitación de juegos y un estudio de danza para las niñas. Apiladas al fondo de la sala había cajas y cajas de cosméticos Mary Kay. Lupe estaba muy emocionada cuando empezó con Mary Kay, una marca de cosméticos de diversos niveles cuya ostentosa fundadora, Mary Kay Ash, era una señora de un cabello blanco platinado, que parecía algodón de azúcar, que siempre vestía de rosado. Me parecía cursi, no en el buen sentido, como Dolly Parton, sino al estilo de los astutos predicadores ante los que mi madre solía rendirse. Yo quería que Mami alcanzara su sueño de ganar lo suficiente como para tener su propio Cadillac rosado, con los que la compañía premiaba a las vendedoras que llegaban a cierto nivel. Pero el MLM —mercadeo multinivel, por sus siglas en inglés, y al que yo llamo «esquema piramidal de explotación»— requiere de una red social amplia e influyente, y de solvencia para comprar un montón de productos por adelantado. Hasta yo, que era una niña, me daba cuenta de que era una apuesta perdida.

No sé si Marty le dio a mi madre el dinero para la compra inicial de los maquillajes o si ella lo sacó de los fondos que nos enviaba Papi, pero al cabo de unos meses, las cajas seguían allí, llenas de polvo, la mayoría sin abrir. Mami tenía talento para maquillar y organizó una sesión con las señoras del vecindario y la iglesia, tal vez tres de ellas, pero no tenía las conexiones ni pertenecía oficialmente a esa sociedad como hubiera deseado. Una cosa era sentarse a la salida de la iglesia y ofrecerle golosinas a una multitud de parroquianos hambrientos que no podía evadirte, y otra muy distinta —antes de las redes sociales— era llegar a las personas directamente en sus hogares. Esto requería de unas conexiones y un tiempo del que ella no disponía.

Sin embargo, mi madre sí alcanzó una de sus grandes metas: su primogénito y único varón asistió a una buena universidad. Feliz de independizarse y asistir a la misma universidad que su mejor amigo, Alex no padeció la soledad de no conocer a un alma en Washington, D.C. Nuestra relación mejoró mucho también según dejábamos atrás el dolor de nuestra pérdida ambigua, la competitividad rabiosa y triste de nuestra adolescencia. A Alex le entristecía abandonarnos a las pequeñas y a mí, pero también le emocionaba seguir adelante. La tensión entre nuestros padres seguía en aumento y las que nos quedamos en casa la sufríamos. También me daba pena con mis hermanitas. Nuestra vida giraba alrededor de esos dos adultos: teníamos que adivinar su estado de ánimo, tratar de no herir sus sensibilidades. Era mucho y cada una tuvo que lidiar como mejor pudo.

De mayor, me instalé en el rol de Segunda Mami, tanto por la tradición latina como por la salud mental de mi madre, que se deterioraba y a veces no le permitía salir de la cama por días, le provocaba brotes de urticaria o la dejaba sentada en la mesa de la cocina abriendo montañas de correo basura, pegando las pegatinas de Publishers Clearing House en su justo lugar para ganarse la lotería. Papá casi no hablaba en esas ocasiones. Una tarde, que Mami se había metido en la cama después de recogernos en la escuela, Papá llegó del trabajo e insistió en que yo preparara la cena para todos ya que ella no iba a salir de la habitación. Yo tenía apenas trece años; no podía creerlo y protesté cuando se sentó en su puesto en la mesa, abrió el periódico y esperó a que le sirvieran. Yo nunca había cocinado. Era una niña y él era un adulto. ¿Por qué no cocinaba él? ¿No bastaba con que yo hiciera mis tareas y cuidara de cuatro niñas? Subí a buscar a mi madre, que estaba acostada en la cama, y le dije que Papá insistía en que yo preparara la cena, pero yo no sabía cocinar más que macarrones con queso de cajita. Estaba asustada y me sentía atrapada entre dos adultos. Finalmente, Mami bajó y nos preparó algo de comer, aún en bata y en silencio.

Me daba cuenta de la tristeza de mi madre. Aunque deseaba simpatizar con ella, nuestros conflictos sólo empeoraban porque cuando Lupe se ponía triste, también podía ponerse iracunda en un instante. Esa mamá que se sentaba al lado de mi cama toda la noche cuando tenía pesadillas era la misma que ahora se inclinaba sobre mi cama y me gritaba que era una vaga, una malagradecida y tantas cosas más, que todo se convertía en un sancocho de frases hirientes que ya no podía escuchar; sólo meterlas en una caja, taparlas bien y esconderlas en algún lugar herméticamente sellado al fondo de mi mente. En el pasado, después de esas sesiones de gritos, esperaba a que mi madre se metiera en su habitación o bajara, y le tocaba a la puerta a mi hermano, sabiendo que él lo había escuchado todo. Alex me permitía quedarme un rato en su habitación y me hablaba de alguna película que hubiera visto o de algún libro nuevo que estuviera leyendo o del grupo que estuviera escuchando en su tocadiscos. Era un ritual reconfortante. Pero a mis trece años, Alex se había ido.

Pude esconder la caja del miedo y el dolor en mi mente, pero la conmoción que provocaban desde su escondite se manifestaba en constantes ataques de ansiedad y daño autoinfligido: me pinchaba una y otra vez la abultada piel de mis brazos de adolescente, un ritual que me permitía salirme de mi cuerpo momentáneamente. Llegué al punto de tener que usar camisas de manga larga aun en el calor del verano. Por desgracia, mi piel caribeña no perdonaba, aunque se sanara. La hiperpigmentación dejaba manchas marrón oscuro sobre la piel más clara. Hasta tuve que comprarme un vestido de mangas largas tanto para el baile de graduación como para el baile de fin de curso en mi tercer año. Cuando saqué la licencia de conducir a los quince años y Marty me regaló su carro viejo —otro carro de tres puertas como el Gremlin—, la sensación de independencia, triunfo y libertad que experimenté me brindó el alivio que tanto necesitaba. Podía salir de la casa y limitar el contacto con todos ellos. Podía respirar un poco.

Según maduraba y demostraba que tenía la capacidad de escuchar, Mami y Papá empezaron a darme quejas uno del otro. Mami despotricaba y Papá lloriqueaba. Yo quería estar de buenas con los dos, así que escuchaba y, a veces, les daba la razón a ambos; pero la naturaleza autoritaria, estricta y controladora de mi madre chocaba con mis recién descubiertas libertades juveniles, así que hablaba más con Marty. Él fue el primero en enseñarme a conducir (antes de matricularme en la autoescuela) un carro de cambios y, cuando se metía en el garaje o debajo del carro a arreglar algo, yo me sentaba a su lado para aprender. No obstante, me sentía incómoda cuando me hablaba mal de mi madre, aunque yo no la soportara (era un sentimiento mutuo. Ella me decía entre dientes: «Te quiero, pero no te soporto»). En esas ocasiones intentaba disuadirlo o buscaba alguna excusa para irme. El lloriqueo me irritaba, sobre todo viniendo de un adulto. A menos, por supuesto, que necesitara algo de él, como permiso para usar su carro nuevo, que era mucho más lindo que el mío viejo. Lidiar con personalidades difíciles se convirtió en una destreza que hubiera preferido no tener que aprender de pequeña, pero lo hice.

Puesto que Alex no pasaba mucho tiempo en casa y que la menor había nacido cuando él tenía diecisiete años, para nuestras hermanitas, mi hermano era como un tío que venía de visita y, para mi madre, como un hijo pródigo. A todos nos emocionaba que Alex viniera de visita. En una de las vacaciones de la universidad, Alex llegó a casa con su novia, Belinda. Me quedé en shock, pero no como los demás, que se escandalizaron porque Belinda era negra, guyanesa-estadounidense, sino porque mi hermano —el *nerd* que alguna vez tuvo la cara llena de granitos— había traído a casa una novia de verdad. ¡Y era bellísima! A mi madre no le gustaba que tuviera novia (como tampoco le gustó cuando yo tuve novio) y le aterrorizaba que preñara a alguien. Aunque creo que era más bien que Lupe era posesiva y controladora, pues, si hubiera conocido bien a sus Wong, habría sabido que no tenía que preocuparse en absoluto de que alguno de los dos tuviera que lidiar con un embarazo antes de terminar la universidad y casarse. Ambos deseábamos con todas nuestras ansias escapar de New Hampshire para ser independientes.

La novia de Alex me impresionó y también me provocó un poco de envidia. En primer lugar, porque irradiaba la tranquilidad y seguridad en sí misma que yo deseaba para mí; en segundo lugar, porque ambos vivían y estudiaban en Washington, D.C., una ciudad llena de gente que se parecía a ella y a nosotros. Yo quería poder escoger a mis amigos y a mis amantes como ella. Por desgracia, la familia de Mami, nuestra familia dominicana, no compartía mi opinión acerca de la persona inteligente, dulce y hermosa que Alex había traído a casa.

Éramos la segunda parada del viaje de presentación de la novia de Alex aquella primavera. La pareja visitó a nuestra familia en Manhattan antes de venir a Amherst. Después de cenar, la noche que llegaron (a Belinda le tocó dormir sin Alex en mi habitación, por supuesto), escuché a Mami susurrar en español en un tono tenso. Me resultó extraño que recibiera una llamada de la familia tan tarde. Me dispuse a acostar a mis hermanitas y luego gateé hasta la escalera que estaba al lado del cuarto, donde me tocó compartir la cama de abajo de la litera con la más pequeña, para saber si Mami ya había colgado. En efecto, había colgado, así que bajé de puntillas para ver si podía hablar con ella. Parecía callada, pero receptiva.

—Mami, ¿qué fue eso? ¿Qué pasó?

—Oh, ya sabes, Mama y Abuelo están muy disgustados porque la novia de Alex es negra —dijo meneando la mano derecha en el aire como si sacudiera la tontería.

—¡¿Qué?! —dije en shock. Abuelo era sin duda un hombre de

ascendencia africana, negro, y mi madre tenía primos de piel oscura como Belinda (claro que tenían los ojos azules o verdes), que solían ir de visita al apartamento—. ¿Incluso Mama? —pregunté. Saber que Abuela, Mama, era racista fue una gran decepción; para mí era tan importante tener su aceptación y su amor.

—Sí, pero les dije que estamos en los Estados Unidos. Es su compañera de universidad, una mujer inteligente y el color de su piel no importa. Lo importante es el esfuerzo y la educación.

Se sopló la nariz y me di cuenta de que mi madre había defendido a Alex y a su novia. Hizo frente al racismo de su familia dominicana, la familia que huyó junta de un genocidio avivado por el odio hacia los vecinos haitianos negros. Había evolucionado mucho desde el día en que me hizo participar en un concurso de belleza a los ocho años (me gané el premio de Miss Simpatía. ¡Ja!) y una mujer negra, la madre de una de las concursantes, se le acercó para invitarla a unirse a Jack and Jill. Vi a Lupe rechazar la membresía de una organización histórica de madres negras de la alta sociedad y sus hijos, que le ofrecía tal vez la segunda persona negra que había visto desde que nos fuimos de la ciudad; un rechazo de su —nuestra— negritud. Tal vez en aquel momento fue eso, tal vez no, pero la noche en que mi hermano llegó a casa con su novia, se atrevió a defenderlos y contrariar a sus padres. Si consideramos la brutalidad bajo la que vivió con su padre, fue un acto de valentía de su parte, que la separó aún más de su familia.

También tuvo que ver que no me hicieran una fiesta de quinceañera. Mi madre nunca habló del tema, no era algo que hicieran las niñas «americanas» y, a fin de cuentas, nosotros éramos «americanos». (En aquel tiempo pensé que era idea de Marty, quien, a mi entender, había asumido el papel de policía de asimilación). Yo ni siquiera había pensado en la típica fiesta latina para celebrar los quince años hasta que mi madre recibió una carta con fotos de los quince de una prima. Me sorprendió el vestido que lucía: capas y capas de vuelos azules hasta el suelo y una corona. ¡Una corona!

—Ay, mira a tu prima. ¡Mira qué linda! —dijo Mami.

—¿Por qué está tan vestida? —pregunté. Supuse que no se trataba de una fiesta de graduación, pues no era la época del año y, además, estaba sola en la foto.

—Por su quinceañera. La fiesta cuando cumples quince —respondió Mami como si yo conociera todas esas tradiciones latinas. *¿Cómo? ¿Por telepatía?* ¿Quién diablos me las iba a enseñar?

—¿Y a mí también me van a hacer una fiesta? —pregunté, aunque para mi ojo entrenado por las revistas *Vogue* y los medios anglos aquel exceso de volantes rayaba en el mal gusto.

—Oh, no. Tu dinero es para tu educación —respondió Mami y metió las fotos dentro del sobre.

—Fiesta o universidad. Boda o universidad —intervino Marty desde la otra habitación—. Esas son tus opciones y sólo vamos a pagar por una.

Comprendí que se trataba de una regla de familia mixta, aunque Papá no pagara por ninguna de mis cosas. Claro que escogería ir a la universidad; pero, a pesar de que el vestido me intimidaba, el hecho de que no me hicieran una fiesta como a mis primas y a las demás niñas marrones me entristeció. ¿Una fiesta específicamente dominicana en mi honor? ¿Como los *Sweet Sixteen* de las niñas blancas? Otro ítem de nuestra larga lista de pérdidas culturales, aunque nunca dudé en escoger siempre la universidad. Mami no opuso resistencia en ese sentido, apostaba todo por que sus hijos triunfaran en los Estados Unidos.

Sin Alex en casa, trataba de satisfacer las necesidades, expectativas y temperamentos de todo el mundo; me esforzaba por mantener

la paz entre mis hermanas y mis padres, por que mi madre no
les pegara a las niñas, por no enloquecer a causa de toda la presión sabiendo que mis hermanitas crecían resintiéndome cada
día más. Que me pusieran a mí, una niña, a cargo de otras niñas
me obligó a convertirme en adulta antes de tiempo y me privó
de tener una relación de hermanas con ellas. Aunque lo intenté.
Siempre que podía, las llevaba a hacer cosas de hermanas como
jugar al Twister, saltar la cuerda o bailar como locas delante del
espejo de mi habitación. Incluso, agarré una cuerda gruesa del
garaje y la amarré a una rama segura del árbol enorme que había
frente a la casa para hacerles un columpio, hasta que me senté en
él y se rompió y me di un golpe en la rabadilla.

En busca de una cooperación placentera entre las hermanas, se me ocurrió que todas las niñas sorprendiéramos a
Mami el día de su cumpleaños con un bizcocho hecho por
nosotras mientras ella andaba en la calle haciendo diligencias.
Por primera vez trabajamos juntas en armonía y decoramos un
hermoso bizcocho blanco de cajita. Nos sentíamos orgullosas
porque todas habíamos contribuido de una forma u otra. Le
pedí a una que rompiera los huevos, a otra que midiera los
ingredientes, a otra que los batiera en la mezcladora, etc. Después, Mami llegó a casa de mal humor. Tenía el ceño fruncido,
las dos arrugas entre las cejas se volvían más profundas cada
año. Empezó a gritarnos Dios sabe por qué cuando sus cinco
hijas nos reunimos alrededor suyo en la cocina para mostrarle
el bizcocho que le habíamos horneado. Pero la diatriba de mi
madre no tenía fin.

—¡Mami! ¡Para! ¡Hoy es tu cumpleaños y las niñas y yo te
hicimos un bizcocho! —la regañé al tiempo que la más pequeña
se me agarraba a la pierna. Todas nos quedamos inmóviles.

—No me importa el maldito bizcocho, ¡coño! —chilló
Lupe. Agarró el plato con el bizcocho, lo alzó en el aire y lo tiró

al suelo. Una explosión: el bizcocho, la cubierta y el plato de cristal cayeron en pedazos alrededor de nuestros pies descalzos.

Yo estaba furiosa y dolida.

Lupe agarró la cartera que había puesto en la encimera de la cocina y me pasó por el lado como una exhalación de camino a su habitación diciendo: «Ahora límpienlo».

Todos los cumpleaños, fueran los míos, los suyos o los de alguna de mis hermanitas, eran como echarle leña al fuego; no hubo uno que Mami no estropeara de una forma u otra. Lo mismo con las confirmaciones, graduaciones o cualquier ocasión en que se celebrara a otra persona, incluso las Navidades. Nuestro hogar se tornaba muy amargo muy deprisa. En aquel momento no entendía por qué se ponía tan antipática y regañona, especialmente los días que debían ser felices, los días en que nosotros debíamos ser los protagonistas, no ella. Para mí era como una traición, ¿por qué una madre le arruinaría el cumpleaños a un hijo? ¿Cómo podía? Sí, yo sabía que siempre vivía frustrada y molesta por casi todo, sabía que estaba harta de ese lugar, pero también sabía que no era justo para nosotras, que éramos sólo niñas. Sólo niñas.

Y como no se nos permitía estar tristes o quejarnos o cansarnos o asustarnos o enfadarnos o ponernos melancólicas, cualquier emoción que manifestáramos las niñas era vista como una debilidad. Las emociones te convierten en blanco seguro; eso significaba que, aunque las cinco niñas debíamos haber sido muy unidas, aliarnos en el amor de hermanas y apoyarnos, no podíamos evitar delatarnos unas a otras. Imitábamos el disgusto de nuestra madre entre nosotras, pero, niñas al fin, deseábamos amar y ser amadas.

La escuela tampoco era un lugar seguro para mí. Había las típicas adolescentes y preadolescentes antipáticas, pero, además, estaban las bajas expectativas que los maestros y administradores tenían de mí, y que disminuían cada día más. En una reunión social de la escuela, en la que cargaba a mi hermanita sobre la cadera por todo el gimnasio, una monja se me acercó y me dijo: «Oh, que linda. ¿Cuándo la tuviste?».Yo tenía catorce años y llevaba suficiente tiempo en New Hampshire escuchando «Lo único que hacen esos *sp*cs* es tener bebés», como para saber que era normal que me hiciera esa pregunta a mí y sólo a mí. Por dentro despotriqué de ella y de todas las monjas que se molestaban porque les hacía preguntas y sacaba buenas notas. Mi desempeño académico irritaba a mis maestros y yo sabía por qué: querían que permaneciera en mi lugar, el lugar que me correspondía como persona marrón; inferior conforme a sus expectativas. Debía ser tonta, fácil y complaciente; yo no era ninguna de esas cosas y amenazaba sus creencias de superioridad.Tan pronto como comprendí que esa era la dinámica en juego, me contentaba con mortificarlas. El resentimiento se convirtió en uno de mis motores.

Me lo pusieron fácil. Me reprendían por las cosas más insignificantes para bajarme de posición en la clase. El pelo me caía en la cara demasiado a menudo: un demérito de «decoro».Tenía una expresión irrespetuosa: un demérito y expulsión de la Sociedad Nacional de Honor por actitud. Se me olvidó una coma en una oración en el examen de historia: me quitaban tantos puntos que no podía sacar la nota perfecta que merecía. Les pregunté a mis amigas si les quitaban puntos por las comas. No se los quitaban.

Mis nuevos amigos en el supermercado expandieron mis parámetros de mojigatería al enseñarme infamias que salían disparadas de su boca como quien dice «Qué buen tiempo hace, ¿verdad?». Me opuse y lo que escuché fue: «Bueno, a mí me pareces blanca». Cuando les dije que no lo era en absoluto, como era evidente, se encogieron de hombros, sin disculparse. ¡Qué lugarcito este! Mi hogar, la escuela, el trabajo. Me negaba a verme atrapada en el estereotipo de la mujer «hispana»: joven, descalza y embarazada. No quería ser como mi madre —que parecía detestar cada vez más su vida—, una mujer inteligente (aunque desorganizada), prisionera de sus bebés. Oh, no, yo no. No tendría niños hasta que terminara de estudiar, tuviera una carrera y me casara, como hacía la gente blanca, pero, ciertamente, tendría sexo tan pronto como pudiera. De algún modo tenía que rebelarme.

Cuando llegué a la secundaria, me volví anticatólica con la misma convicción con que fui católica en la elemental. Un cambio radical respecto a la época en que construí mi pequeño altar en mi habitación e imploraba los estigmas de los santos. El altar seguía ahí, en una esquina de mi habitación, pero estaba lleno de polvo y lo mantenía más por superstición y vagancia que por devoción. Lo que más influyó en mi rechazo al dogma fue, como era de esperar, el patriarcado: las monjas no podían oficiar como los sacerdotes, no tenían acceso a los beneficios del progreso porque sólo eran las esposas de Jesús. Receptáculos y siervas. También influyó la falta de respuesta por parte de la Iglesia ante la crisis del SIDA; que a Eva se le atribuía la culpa de nuestro pecado original —mi madre decía: «Y es por eso por lo que el parto es tan doloroso»—; el sonsonete de virginidad, virginidad, virginidad a las mujeres jóvenes, pero no a los hombres; el desprecio por el control de la natalidad. Se me abrieron los ojos ante la situación en la que estaba mi madre, la irritación constante por su estado. Todo era muy injusto.

Hay que recordar que yo quería lo que tenían los hombres. Deseaba todas las oportunidades y el respeto de los que gozaba el género masculino: toda la compasión, la libertad, el tiempo y la presunción de sus capacidades. Todo. Detestaba lo que no se inclinara hacia la igualdad, y hablaba de ello. Incluso cuando se trataba de tonterías, como que Elizabeth Taylor se casara por enésima vez. En el patio de la escuela, las niñas le ponían sobrenombres y decían que iría al infierno, y yo preguntaba: «¿Por qué no puede

casarse todas las veces que le dé la gana? Los hombres lo hacen».
O cuando en la clase de religión la monja dijo que todos los que
no se bautizaran irían al infierno y yo levanté la mano y pregunté:
«Si mi papá es de China y allí casi todo el mundo es budista, ¿eso
significa que mil millones de personas irán al infierno?». No recuerdo su respuesta, sólo su mirada fulminante.

Tuve que esperar a cumplir dieciséis años para rebelarme
de verdad. Fue entonces que me permitieron salir con chicos,
así que, por supuesto, mi primera cita fue el día que cumplí los
dieciséis. Fue con un cajero del supermercado, un chico alto,
delgado y blanco, que era lo más parecido a los modelos de los
afiches de Europop que pude encontrar en aquel lugar. Me dijo
que yo me parecía a un personaje indígena de *Bonanza*. No tenía
idea de quién era, pero al menos no era «¡Flashdance!» o «¡Chica
Cosby!», como me llamaban a diario los clientes y los chicos
en el almacén. Me sentía tan nerviosa e inepta la noche de mi
primera cita que las manos me temblaron sin parar por una hora.
Fuimos a Pizza Hut y me regaló unos lápices de colorear. El
sello se había roto. Iba a salir como una loca. Y lo hice. Después
de todo, tenía el carro viejo de Papá y pagaba la gasolina y el
seguro. Era responsable; llevaba a mis hermanitas a la escuela y
las recogía todos los días escuchando a Depeche Mode y Tracy
Chapman a todo volumen, y les pedía que me ayudaran a mantenerme despierta, como había hecho Papi conmigo en Florida.
Yo también estaba trasnochada, pero era por estudiar y trabajar
treinta horas a la semana, no por jugar a las apuestas.

Varios meses después de mi primer beso el día que cumplí
dieciséis años, decidí que había llegado el momento de perder
eso que las monjas y mi madre valoraban tanto, pero sólo en las
mujeres: la virginidad. No tenía un novio oficial, así que, literalmente, me acerqué al chico más guapo del pueblo (no era muy
listo, pero eso no importaba), con el pelo negro, los ojos azules

y la piel blanca, como una versión masculina de Blanca Nieves, y le pregunté si lo haría. Accedió. Mis amigas, igualmente rebeldes, concertaron el encuentro después de la escuela en una de las casas cuando los padres estaban fuera trabajando. Listo; otro asunto atendido en mi lista de cosas por hacer. No sentí nada de lo que el sexo debería hacernos sentir: amada, importante y complacida; pero ése no era el objetivo. Me estaba librando de un peso. Usé múltiples métodos anticonceptivos y tenía un plan por si tenía que hacerme un aborto: los fondos necesarios para pagarlo todo, el viaje de ida y vuelta, y la mentira para ocultarlo. No voy a negar que era una hija desobediente, pero lo cierto es que me convertí en una gerente de operaciones para proteger mis recursos para ir a la universidad y hacerme de una carrera. Pronto habría mucho más en juego.

Cuando estaba en secundaria, llegaron los ochenta de los yupis y, de pronto, por un año, Marty estuvo boyante. En casa, Papá era muy estricto con el dinero. Apartaba una parte sustancial de su paga y la invertía en el mercado de valores. Pero, de repente, todos los domingos temprano en la noche empezó a llevar a toda la familia (cinco niñas y dos adultos) a cenar en un restaurante de manteles de tela blanca. Era algo descabellado para mí y una novedad para todos. No cenaba en un restaurante de manteles blancos desde que íbamos con Papi a Chinatown. La razón por la que Marty me regaló su carro viejo de tres puertas fue porque él se compró un carro deportivo rojo de dos asientos. Lupe se puso furiosa, lo llamó egoísta y le dijo que estaba atravesando la crisis de los cuarenta. Él respondió que se lo había ganado y que le había comprado a ella un carro nuevo más o menos cada dos años, así que ¿de qué se quejaba? Fue el periodo de boom en la economía estadounidense en general y nosotros lo experimentamos directamente como familia.

Hasta un día, después de la escuela, cuando las niñas estábamos preparando la mesa de la cocina para hacer las tareas y sonó el teléfono. Yo contesté. Era Marty. Nunca llamaba a casa desde el trabajo.

—¿Papá?

—Sí, ¿me pones con tu madre? —preguntó.

—No ha llegado a casa todavía. —Seguramente andaba haciendo diligencias. Lo visualicé en su traje de trabajo y su corbata. Sonaba tenso y nervioso.

—Okey. ¿Puedes decirle que llegaré temprano hoy?

—Claro, pero ¿por qué?

—La bolsa cayó. Perdí el trabajo —me dijo con tanta naturalidad que parecía un robot.

Se me congeló la sangre. ¿Había perdido el trabajo? La única persona que mantenía a una familia de seis, siete contándome a mí. Fue en octubre de 1987, el día en que cayó la bolsa de valores, conocido como el Lunes Negro.

Sobrecogida (repito, era sólo una niña) con la alarmante noticia, les dije a mis hermanitas que Papá regresaría temprano a casa porque había perdido el trabajo. Por supuesto, ahora que lo pienso, no me correspondía a mí decírselo.

Papá llegó a casa antes que Mami. Yo estaba en la cocina leyendo, mis hermanas habían terminado sus tareas y estaban frente al televisor mirando *3-2-1 Contact* en PBS. No supe qué decirle, salvo «Hola». Me devolvió el saludo y luego cada una de mis hermanitas le dijo en voz baja: «Hola, papito» sin levantarse de sus asientos. Marty nos pasó por el lado y fue directo a su habitación. Cuando Mami llegó a casa, preguntó qué hacía el carro de Marty en la entrada. Yo tuve la sensatez de ir donde ella, ayudarla con las bolsas de la compra y decirle suavemente:

—Perdió el trabajo. Está arriba.

A Lupe se le cayó la quijada y se puso pálida. Yo llevé las bolsas que quedaban a la cocina para que ella fuera a ver a su esposo, quien, de seguro, no estaba bien.

Al día siguiente devoré el periódico y luego las revistas semanales que llegaron después para averiguar qué había pasado. Lo que leí no pintaba bien para que Marty consiguiera un trabajo nuevo pronto, pero le había ido tan bien, sobre todo el último año, que estaba segura de que no permanecería sin trabajo por mucho tiempo. Me equivocaba y mucho.

De la noche a la mañana, Papá estaba siempre en casa. Al principio, se levantaba como todos los días y se metía en el cuarto de la computadora, al que llamaba «la oficina» y que había montado en lo que solía ser el comedor formal en la parte del frente de la casa. Se había pasado de la banca a la tecnología cuando nos mudamos a New Hampshire, un campo nuevo en aquel momento, que se forjaba en lo que se conoció brevemente como el «Silicon Valley de la Costa Este»: Route 128 en Massachusetts. Marty construyó su propia computadora de piezas descartadas de la oficina. La habitación también tenía estibas de periódicos y revistas financieras: *Barron's, Money, Fortune*. El sonido del pasar de páginas de revistas y periódicos se convirtió en nuestra banda sonora cuando regresábamos a casa de la escuela. Al principio, Mami parecía apoyarlo, al menos delante de nosotras, y se mantenía ocupada con las tareas del hogar. Luego llegó otra llamada que cambió mi vida por completo.

Estaba en la cama, leyendo después de cenar, cuando sentí que tocaron suavemente a mi puerta.

—Pasa —dije y mi madre entró con un pañuelo en la mano y una expresión rara en el rostro.

—Tengo que hablar contigo —dijo y yo le hice espacio para que se sentara en la cama, que aún tenía la colcha bordada color amarillo sol a juego con el dosel y las cortinas de cuando nos mudamos a la casa—. Cierra la puerta —ella estaba más cerca de la puerta, pero hice lo que me ordenó.

—Es tu hermano y Peter —dijo.

Alex se había graduado de la universidad y vivía en un pequeño cuarto en la parte trasera de nuestro apartamento en Claremont mientras conseguía un trabajo en la banca, y por la noche ayudaba a Papi con el negocio de entregas cuando terminaba su trabajo de oficina. Según yo tenía entendido, Papi tenía un negocio de venta de joyería de fantasía al por mayor.

—Yo consigo las cuentecitas y les pago a unas señoras chinas para que las ensarten, unas señoras de Queens, luego las llevo a la tienda por departamentos y las vendo —me explicó.

Lo que me parecía más «cool» cuando íbamos a la ciudad era que, además de mi billete de cien dólares, me daba una caja de cartón llena de joyería de fantasía; cosas como las que les vendía a las grandes tiendas por departamento. Lo que mis hermanas y yo no queríamos, se lo regalaba a mis amigas de la escuela.

—A tu padre lo arrestaron anoche —dijo Mami.

—¿Qué?

—Y tu hermano estaba con él.

—¿Alex? ¿Arrestaron a Alex? ¿Qué diablos hizo? —No podía imaginar que mi hermano, recién graduado de la universidad, se hubiera pasado al lado oscuro de la ley. Era demasiado listo, aunque, por lo visto, no tanto. Yo lo regañaba por ver las películas pirateadas que Papi le conseguía, pero ¿arrestado? ¿Por piratear películas?

—Sabes que tu hermano ha estado ayudando a Peter con el negocio, haciendo entregas de noche —dijo y yo asentí con la cabeza—. Pues tu padre —¿por qué diría tanto «tu padre»?— estaba transportando drogas.

—¿Drogas? ¿Qué tipo de drogas? —pregunté.

—No lo sé. Pero tu hermano estaba con él —dijo. Sentí terror por él. Lupe se tomaba su tiempo para hablar.

—¿Así que Alex está en la cárcel? —pregunté obviamente más preocupada por él que por Papi.

—No. Le dijo a la policía que acababa de graduarse de la universidad, que ése era su padre y que él lo estaba ayudando, pero no sabía nada del contenido de las cajas. Peter les dijo que Alex no sabía nada, que no tenía nada que ver con el asunto —pausó—, así que lo dejaron en libertad.

—Ay, Dios mío, debía estar muerto del miedo.

—Sí, la policía lo vio también. Estaba asustadísimo y lloraba. Se dieron cuenta de que decía la verdad.

—¿Y hoy te enteraste de esto? —pregunté.

—Sí, tu hermano me llamó —dijo. Me moría de ganas de hablar con él, pero también sabía que debía de sentirse muy herido y avergonzado, y probablemente necesitaba espacio antes de que habláramos.

—Tu padre está en la cárcel por el momento. Parece que se va a quedar ahí por buen rato —dijo Mami. Abrí los ojos. Debió ser un montón de drogas.

—¿Le van a abrir un expediente a Alex? ¡Está buscando trabajo!

—No. No lo acusaron de nada —dijo mi madre y yo me sentí aliviada—. El problema es que… eso significa que Peter no podrá ayudar a pagar por tus estudios universitarios.

Yo me estaba preparando, viendo universidades, y dependía de que Papi contribuyera a mi educación, como lo había hecho por Alex.

—Okey. Yo… ya me las arreglaré.

Necesitaría becas, donaciones y préstamos. Tendría que ahorrar para comprarme ropa normal, de la que tenía muy poca, porque iba en uniforme a la escuela los cinco días de la semana, además de las cosas para la habitación. Llevaba diez años durmiendo sobre las mismas sábanas desgastadas. Me las arreglaría. No tenía más remedio.

Lo que no podía quitarme de la cabeza era la imagen de mi

hermano interrogado por la policía, solo y asustado. Su graduación de Georgetown había sido todo un logro familiar. Era el
primero de los dos lados de la familia que iba a la universidad y
se graduaba. Hasta recogimos a Abuela y Abuelo en Nueva York
y los llevamos en carro a Washington, D.C. para la ceremonia de
graduación. Papi también fue en su carro. Éramos diez personas
sentadas bajo el sol en sillas plegadizas aplaudiéndole a nuestro
primer graduado de universidad. Estábamos tan orgullosos. Y
diez meses después, ¿esposado? No podía creerlo.

Luego pensé en el culpable de todo aquello: Papi. Las cosas
empezaron a caer en su lugar: los jefes en los *dais* de los restaurantes; la forma ostentosa en que llevaba el dinero, siempre tanto
dinero en efectivo; la mudanza a Venezuela; la historia que me
contó mi madre de cuando Papi le pegó con la culata de la pistola
el día que ella decidió dejarlo; y nuestra experiencia en la pista de
carreras en Miami. Y yo creía que el problema era el juego.

Me dije a mí misma que era sólo marihuana. No era tan grave, pensé. No mataba a la gente como las drogas duras, ¿verdad?

Mi madre nunca me confirmó los detalles del arresto, las
drogas que transportaba, cuánto tiempo estuvo encarcelado, etc.
No fue hasta hace poco que los pormenores de esa noche salieron a relucir, treinta años después.

En 2019, durante una visita típica al apartamento de una
habitación que le había concedido el sistema de viviendas de
la Catholic Charities of NY, Papi decidió, a sus ochenta y ocho
años y con un cáncer en estadio cuatro, que iba a deshacerse, en
la medida de lo posible, de sus pertenencias.

—Toma. Toma. Llévate esto. Y este papel —decía según me
entregaba unos papeles muy viejos que parecían muy frágiles.
Los abrí y vi su documento de empleo en el barco noruego en
el que había viajado hacía tantos años. Los papeles del divorcio
de mi madre.

—Y llévate esto… Oh, no. Ése no —dijo sacando un papel doblado de la estiba que crecía en mis manos.

—¿Por qué? ¿Qué es? —pregunté.

Suspiró y me lo devolvió.

—Okey, okey, está bien. Llévate ese también.

Lo abrí. Era el expediente de la noche que lo arrestaron con Alex. Escrita en una letra burocrática oscura estaba la palabra: «Heroína». Papi estaba traficando heroína aquella noche. A eso se debió la sentencia de prisión tan larga y luego los años en la residencia de rehabilitación.

Unos meses antes de esa visita a Papi, me había enterado de algunos detalles, esta vez por mi hermano. Iba conversando por teléfono con Alex de camino a casa desde Chinatown, cuando de pronto me hallé bajo el pasadizo de la «House of D» (casa de detención), donde días antes un depredador y traficante sexual, que servía a los ricos y era conocido internacionalmente, había aparecido colgado en su celda, muerto.

—¡Aldo! (su apodo desde la universidad). Adivina dónde estoy —sabía que le interesaría. Éramos consumidores ávidos de noticias y comentábamos los titulares casi todos los días—. ¡En la Manhattan House of D, hermanito! ¡Epstein! Ahí mismo. Guao —dije al pasar por debajo de las ventanas mirando hacia arriba e imaginando el desmadre que se había formado en aquel lugar hacía unos días.

—Oh, sí, conozco ese lugar. He estado adentro —dijo.

—¿Qué? —Por poco se me cae el teléfono.

—Sí, ahí fue donde fui a visitar a Peter antes de que lo encarcelaran aquella vez… después de que salí de la universidad.

—¡Ay, Dios mío! ¡Nunca me lo contaste!

Alex describió una escena llena de color:

—Recuerdo que nos sentaron a todos en un semicírculo a esperar a que salieran y, cuando salieron, todos vestidos de anaranjado, los sentaron frente a nosotros. No podíamos llevar nada y nos chequearon completos.

—Ay, Alex. Esa vez. No puedo imaginar lo que habrás pasado.

—Sí, sí. Fue una locura —dijo.

Por decirlo de algún modo.

Años atrás, la noche que mi madre se sentó en el borde de mi cama y me dijo que por culpa de Papi habían arrestado a mi hermano fue catalítica. Comencé a cuestionarme todo lo que me habían dicho mis padres, todos ellos. Vi cómo Alex encajaba perfectamente con Peter, a pesar de las diferencias en su ejecución del sueño americano. Pero algo no encajaba con Papi. Al principio, no era tanto que yo no pareciera china. Mis primos, que tenían la misma mezcla, no parecían dominicanos, así que no le presté mucha atención. Pero había algo más. Era como si me estuviera distanciando de él. Como una fase. Definitivamente lejos de él, en especial ahora. Quizás no deseaba tener nada que ver con un padre gánster y delincuente que traficaba drogas. Tenía a «Papá», a Marty, que había ido a la universidad, aunque era cómplice de Papi porque aceptaba sus regalos y su dinero sucio. ¿O no? Yo era sólo una niña. Y amaba a mis padres, a los tres.

Esa noche apenas dormí. Empecé a escuchar una voz dentro de mí. No entendía las palabras, pero sabía que me hablaba de Papi y de mí. No quería escucharla, pero no podía deshacerme de ella.

Era la duda.

CAPÍTULO 6

... PORQUE NOS HABÍAMOS ESTABLECIDO

Quería ir a la universidad por tres razones: la primera, para salir de aquella casa y aquel pueblo; la segunda, para iniciar mi ruta hacia la independencia y el éxito; y la tercera, para conocer y mezclarme con gente más diversa.

No tengo excusa para no haber ido a una escuela que se ajustara mejor a mí y a mis aptitudes, excepto que Lupe no me permitió regresar a la ciudad de Nueva York, donde me moría por vivir. («Demasiadas drogas», dijo pensando que la ciudad era como Sodoma y Gomorra, como si las escuelas privadas suburbanas fueran mejores). Ahora me pregunto también si no sentiría algo de envidia de que yo pudiera escapar al lugar al que ella no podía regresar. Con la presión en casa para que ayudara con las niñas, limpiara y sacara las mejores notas, sumada a los dos turnos de trabajo los fines de semana y después de la escuela, anhelaba tener tiempo para hacer las tareas y estudiar. Estaba demasiado agotada como para ponerme a escribir múltiples solicitudes y ensayos. Además, estaba el costo de cada solicitud, eran muy caras y yo las tenía que pagar todas. No recibí ayuda financiera o consejo de mis padres más allá de que me dijeran a dónde no

podía ir, hice sola todo el proceso de solicitud a las universidades. Pensé que la consejera de la escuela me daría alguna guía,
pero lo único que recibí de ella fueron sus bajas expectativas de
la «hispana» de la escuela y el consejo de que solicitara a «más
universidades seguras», a pesar de que tenía uno de los índices
académicos más altos de la clase. A una de mis amigas (blanca,
por supuesto) no le dijo eso. Le dijo que solicitara a las universidades de la Ivy League, aunque su índice académico era más
bajo que el mío.

Accedí por agotamiento. La universidad a la que finalmente fui era una réplica de mi vida en New Hampshire, incluso
peor, con más problemas de clase y conservadurismo. Tal vez
capitulé por congraciarme con Marty y fui a una universidad
jesuita, como él y Alex. Incluso cometí la estupidez de aceptar
una oferta temprana para acabar de una vez con el proceso. No
me di opciones. Agarré el primer bote salvavidas que pude, pero
algo tenía sentido: la universidad estaba a una hora y media en
tren al norte de Manhattan. A lo mejor tendría la posibilidad de
disfrutar de lo que la ciudad podía ofrecerle a una chica que había vivido en ella. Pero antes tenía que mudarme a Connecticut.

Nuestra minivan familiar, repleta de cajas y gente cual carre-
tón de circo, dobló la esquina al entrar por uno de los portones
del campus. Había verdor por doquier, colinas y árboles. Era un
lugar cuidado con esmero, que parecía saludable. Se me hizo un
nudo en el estómago por la ansiedad y la excitación. Psicológicamente, ya tenía un pie fuera del vehículo, deseosa de comenzar
mi nueva vida independiente. Pero todavía no. Estábamos en una
larga fila de carros de padres y parientes que dejaban a sus hijos
que empezaban el primer año. Mi madre iba al volante, mis hermanitas en el asiento de atrás, excepto una, que estaba sentada
en el asiento delantero entre Mami y mi abuela, Mama, a quien
habíamos recogido en Claremont. Aunque fue una pesadez viajar

hacia el sur hasta Manhattan sólo para dar media vuelta y volver a conducir hacia el norte hasta Connecticut, me sentí honrada de que estuviera ahí por mí. Yo era la primera mujer de la familia que se graduaba de la secundaria e iba a la universidad. Papá no vino. Dijo que tenía que trabajar.

Mientras avanzábamos lentamente, las banderas rojas y blancas de la universidad ondulaban al viento, vi que unas personas vestidas de blanco y rojo se nos acercaron. Eran las porristas, todas blancas y en su mayoría rubias, saltaban, hacían volteretas y vitoreaban. Yo era una adolescente marrón, del tipo artístico, emo-pop, amante de las revistas de moda, y fanática tanto de Janet Jackson como del grupo New Order. Las porristas me daban alergia. *¿Qué había hecho?* Cuando un par de ellas se acercó hasta la ventana de nuestro carro sacudiendo los pompones (¡Yaaaaay! ¡Bienvenida!), con los moñitos dorados flotando en el aire, vi la cara de mi abuela. Tenía la misma expresión de aprehensión nerviosa que yo.

Poco después, estábamos caminando por el pasillo hacia mi dormitorio. Ahí estaba, con las paredes de ladrillo pintadas de un color crema purulento, el marco de metal de la cama oxidado, el colchón aplanado de tanto uso. Oí que Abuela le susurraba algo a mi madre.

—Mami, ¿qué dijo Mama? —pregunté.

—Dice que parece una cárcel —respondió Mami. No estaba muy lejos de la verdad.

En unas semanas ya había decorado las paredes con páginas arrancadas de las revistas de moda que había llevado. Y ya después de la cena, en la orientación, me había hecho amiga de una chica que vivía unas puertas más abajo de la mía. Nos preparábamos para pasear por el campus esa noche. A la hora en punto, se presentó en la puerta de mi habitación, que estaba abierta como la de todo el mundo. Detrás de ella, había dos chicos de primer año que acababa de conocer; ambos llevaban sudadera y gorra de béisbol, el uniforme local que empezaba a descubrir. Nos saludamos y uno de ellos se quedó mirando mi pared, eran imágenes de modelos y de Madonna, y, tal vez contrario a la mayoría de los estudiantes de la universidad, yo amaba y pegaba en la pared anuncios de revistas de moda con modelos de color. A fines de los ochenta había pocas modelos de piel oscura y tenía a una de ellas en la pared. Era un anuncio de Ralph Lauren. Una estética «preppy» que no me interesaba, pero la modelo era espectacular y yo me sentía muy orgullosa de que su piel oscura y su cabello al natural hubieran llegado a esa página.

—Guao. Tantas fotos.

—Sí, me encanta todo lo que tiene que ver con la moda —respondí.

—¿Por qué tienes una *n** en la pared? —dijo usando la palabra despectiva y ofensiva en inglés para referirse a los negros. Vaya, así iba a ser la cosa.

—¿Perdón? Mi madre es negra —dije—. Yo soy negra.

—¿Oh? Pues a mí me pareces blanca —dijo encogiéndose de hombros, satisfecho consigo mismo, como si estuviera haciéndome un honor, como si estuviera diciéndome un cumplido. Mi nueva amiga sacó rápidamente a los chicos de mi habitación con cualquier excusa. ¿Qué había hecho, en serio?

Lo que hice fue perder la cabeza ese primer año. Me volví completamente loca. No tenía un trabajo de treinta horas semanales encima de una carga académica completa. No tenía hermanitas que cuidar ni una casa que limpiar. No tenía unos padres a quienes servir de árbitro y no incomodar. ¿Qué diablos iba a hacer conmigo misma? Me emborraché casi todas las noches y me metí de lleno en la cultura del sexo casual heterosexual. (Me enamoré platónicamente de una chica, pero mantuve esa posibilidad —e identidad— en el único lugar que me parecía aceptable: mi cabeza). En pocas palabras, era un desastre. Cuando llegué a casa en las primeras vacaciones, mis notas ya habían llegado por correo y mis padres habían interceptado el sobre. Mami dijo: «No estamos pagando para que saques C en las clases» (aunque no había un nosotros, sólo ella, que trabajaba de mesera para ayudar a pagar mi matrícula, Mami siempre presentaba un frente unido con Marty). Era la primera vez en la vida que sacaba notas tan bajas. Lupe tenía razón. Dejaba a mis hermanitas en casa con un padre desentendido y cada vez más deprimido para servirles comida previamente congelada a unos desconocidos con la esperanza de que le dejaran un par de dólares al lado del montón de huesos de pollo chupados. Tenía que espabilarme.

Hay que tomar en cuenta con qué o con quién mi madre pensó que se había casado: un hombre blanco exitoso, con estudios universitarios, que le construyó una casa grande a la que sólo le faltaba la verjita blanca; por otra parte, estaba su exmarido que le enviaba dinero para mantener a sus dos hijos mayores. Luego, con el pasar del tiempo, ambas circunstancias, así como las fortunas de ambos hombres cambiaron. Ahora pienso que el resentimiento de mi madre hacia Marty por no conseguir otro trabajo en varios años no sólo tenía que ver con la decepción por el «caballero blanco» con el que creyó casarse: era una irritación consigo misma que la corroía. Decidió abandonar su vida —nuestra vida— en la ciudad para seguir a ese hombre a un lugar donde no conocía a nadie y donde tendría que soportar un aislamiento y un racismo humillantes. Decidió convertirse en ese tipo de esposa: la que pare bebés y cocina. Echó a un lado sus necesidades porque presumió que Marty le daría una vida estable y cada vez más próspera. Contaba con ello. Apostó por ello. El sacrificio de no estar con su familia y su gente tendría una recompensa. A la larga, Marty no pudo recompensarla. Pero eso fue por lo que apostó. Y en lugar de apoyarlo y trabajar en equipo con él, optó por el desprecio; él, por el distanciamiento (mental). Francamente, no puedo asegurar que yo no hubiera sentido lo mismo. La decepción de ambos debió de ser aplastante.

Pasé los tres años siguientes esforzándome como una loca en la universidad para subir mi índice académico acumulativo. Además del montón de clases que estaba tomando, me apunté en el programa de estudio y trabajo. Lupe se sintió aliviada de ver cómo me aplicaba y cómo mejoraban mis notas, pero no estuvo de acuerdo con mi cambio de una concentración en Premedicina a una doble concentración en Psicología e Historia del Arte. Mi concentración inicial en Premedicina me abriría las puertas para estudiar Medicina y especializarme en Psiquiatría. Entre la lucha de mi tío Lou con su salud mental, la depresión de mi madre y quizás otros desórdenes de personalidad que me rodeaban, estudiar Psiquiatría tenía mucho sentido y satisfacía mi necesidad de hacer sanar las mentes una profesión. Sin embargo, bastó una clase de Historia del Arte para volarme la cabeza. Me confirmó la sensación que experimenté al contemplar y absorber el *Guernica* de Picasso en nuestra *Enciclopedia Británica* cuando estaba quizás en segundo grado. A los siete años mi percepción y comprensión de los límites y parámetros del mundo se alteró para siempre. No había límites.

El arte para mí es psicología. Es la expresión de la mente, del estado interno. Las dos concentraciones juntas me parecían un matrimonio perfecto. Para mi madre inmigrante, sin embargo, sus hijos debían ser médicos, abogados o banqueros. Sólo Alex, que hizo la concentración en Administración de Empresas y luego completó una maestría en Administración de Empresas, siguió ese camino. Mis estudios fueron una decepción para ella. Marty decía que no importaba la carrera que escogiera, los jesuitas ofrecían una «educación sólida en artes liberales» de la cual él era fanático y producto. Su actitud hacia mí durante esos años y hasta hoy siempre ha sido «Tú no necesitas ayuda». Eso podría tomarse como un cumplido o como una actitud *laissez-faire*, pero yo lo sentía como incomprensión y abandono. Yo quería ayuda. Deseaba con todas mis fuerzas que alguien me ayudara, del modo que fuera. Incluso las personas más fuertes y capaces necesitan ayuda de vez en cuando.

Regresé a casa en New Hampshire cada vez que las vacaciones de la universidad se extendían por más de un fin de semana. Pedí préstamos y Mami me ayudaba económicamente, pero todo lo demás —comida, ropa, libros y cualquier otro gasto— tenía que pagarlo yo. Pasaba las vacaciones de primavera, verano, Acción de Gracias y Navidades trabajando en el restaurante en el que mi madre también trabajaba. La Víspera de Año Nuevo mi madre y yo entrábamos por la puerta de la casa después de una larga jornada de trabajo justo cuando la bola caía en Times Square. Marty estaba viéndola a oscuras en la televisión mientras las niñas dormían en el sofá y nos susurraba: «¡Feliz Año Nuevo!». Dos veces consecutivas, recibí el año nuevo muerta de cansancio y apestosa a carne barata, grasa de freír y limpiador. Mami le pasaba por el lado a su esposo sin mirarlo y sólo dejaba un rastro de amargura tras de sí. No los veía tocarse desde hacía más tiempo del que podía esforzarme por recordar.

Un verano en que trabajaba en el restaurante, sucedió algo que me enseñó una lección sobre cómo me veía alguna gente, por más inteligente o exitosa que llegara a ser. Nuestra franquicia pertenecía a un hombre que vivía en Bedford, el pueblo de la gente rica que quedaba al lado del nuestro. Era un hombre alto, de cabello rubio cenizo, que parecía un exjugador de fútbol y pasaba por el restaurante una vez cada dos semanas para ver cómo iban las cosas. Era jovial y a Mami le gustaba coquetear

con él. Se mostraba tan encantadora con él como Papi con los
jefes en su *dais*. Luego el hijo del dueño comenzó a acompañar
a su padre en las visitas. Estudiaba en la universidad como yo,
pasaba el verano en casa y, de tal palo tal astilla, era sin duda un
machito alfa. De tanto correr en los turnos de diez horas en el
trabajo, había perdido los nueve kilos que aumenté en mi primer
año. Me veía bien. Chad —lo llamaré así— se dio cuenta y, en
la tercera visita, me invitó a salir. Ese día, o en esos días, era mi
cumpleaños, así que planificó que cenáramos en un restaurante
bonito (o sea, no en una franquicia) en Bedford, pero antes me
recogería y me llevaría a su casa para presentarme a sus padres.
Me pareció un poco demasiado, como si yo fuera una nueva
adquisición, pero accedí porque todo el mundo hablaba de su
mansión y yo quería ver cómo vivían. Incluso me compré un
vestido nuevo para esa noche, que siempre recordaré. Era un
vestido entallado blanco con cuello en V, que se amarraba al
medio acentuando mi figura, pero por supuesto, para que fuera
más elegante, me cubría los hombros y no era muy corto. Era la
prenda de vestir más costosa que me había comprado desde mi
fiesta de graduación.

Chad me recogió en su brilloso carro rojo. Fuimos hasta
su casa y, sí, era enorme, sobre todo para una familia de tres.
Su madre, una rubia guapa, sonrió y me miró de pies a cabeza.
Luego fuimos a cenar y me entregó una cajita de regalo como
del mostrador de perfumes o cosméticos de una tienda por departamentos. Me sentí genuinamente halagada, después de mis
experiencias recién comenzando en la universidad con chicos
borrachos que me metían mano después de intercambiar dos
palabras en alguna de esas fiestas en las que se toma cerveza
de barril. Chad debió gastarse unos setenta u ochenta dólares
aquella noche, una fortuna para mí en aquel momento. Después de cenar, cuando nos montamos en el carro rumbo a casa,

intentó besarme. Bien. Eso estaba bien. Luego, según íbamos de camino, fue como si se hubiera convertido en otra persona. El joven educado y dulce que me abrió la puerta, me acercó la silla cuando fui a sentarme y me trajo un regalo en nuestra primera cita había desaparecido. Con la mano izquierda sujetaba el volante y, con la derecha, me apretujaba el muslo que le quedaba más próximo y se acercaba a la entrepierna. Me reí para salir del paso; ¿qué había sido del chico tan educado de hacía unos minutos? Yo no era ninguna santurrona, en especial después de mi primer año en la universidad, pero tantos aspavientos y delicadezas me habían hecho creer que el chico estaba realmente interesado en conocerme y hasta respetarme.

De pronto, Chad detuvo el carro a un lado de la carretera en un pequeño claro cubierto de gravilla. Yo no conocía Bedford, así que no reconocía dónde estábamos. No había más carros en la carretera, sólo árboles a nuestro alrededor. Le pregunté qué hacía, el corazón me latía tan fuerte que podía escucharlo y empecé a sudar. Recuerdo que el regalo que tenía en la falda terminó en el suelo. Recuerdo que me sentí aplastada y le pedí por favor que se detuviera. Lo hizo. Por un instante. Sólo para decir: «¿Después de todo lo que he hecho por ti esta noche? Me lo debes», y siguió intentando metérseme dentro de la ropa interior al tiempo que con la lengua babosa me hacía quién sabe qué en el cuello y el rostro. Era grande y fuerte. Me tenía las manos sujetas a la espalda. Cuando me introdujo los dedos, en un arranque de furia hice acopio de todas mis fuerzas, lo empujé por el pecho y le grité con un rugido gutural:

—¡Quítateme de encima AHORA!

Mi tono lo tomó por sorpresa. Fue una furia que había dejado escapar muy pocas veces en la vida, una furia salvaje que me hizo recordar cuando mi madre se enfurecía de tal modo que parecía que podía desbaratar el mundo con las manos. Cuando se despegó, lo miré a los ojos y en una voz más baja, pero en el mismo tono, le dije:

—Llévame. A. Casa.

Arrancó el carro y condujo en silencio. Yo sudaba y temblaba. No podía pensar en otra cosa que en el esfuerzo que había hecho por lucir bien y encantadora ante sus padres, y lo contenta que estaba de que alguien me invitara a salir en serio. Me sentí estúpida.

Eso me pasaba por creerme que era como esa gente. Lo había hecho todo bien, pensé, y no importó. Yo era alguien a quien se usaba. No era un ser humano igual, sino una función. Estúpida, estúpida, pensé, qué estúpida. ¿Cómo me atreví a pensar que un blanquito rico querría algo serio y respetable con una chica marrón como yo? No podía ser una persona interesante y, sí, atractiva, a la que alguien quisiera conocer, digna de una relación, no un escape para la lujuria —excepto cuando planifiqué perder la virginidad a los dieciséis, que quise ser y comunicar eso.

Cuando llegué a casa, Lupe estaba despierta, esperando a que le contara de la cita. Yo estaba hecha un desastre, tenía el cabello pegado al cuello por el sudor. Fui directo a la cocina y tiré el regalo en la basura. Mami se quedó mirándome.

—¿Qué? ¿Por qué hiciste eso? —Mi madre latina, que no desperdiciaba nada, se quedó en shock por mi gesto.

Lupe quiso que le diera todos los detalles. Antes de esa noche, nunca le había contado nada de mis citas, pero ella conocía a ese chico y conocía a su padre, que era nuestro jefe. Creo que también me complació romperle la burbuja que había construido en torno al combo del padre rico y su hijo (nunca me importó que fuera todo dulzura y simpatía con los demás y que reservara la antipatía para la familia en la casa). Omití los detalles escabrosos de la agresión, pero le dejé muy claro que se había comportado como un cerdo. Mi madre había compartido inicialmente mi fantasía y alegría por esa cita tan maravillosa. Se quedó callada. No dijo lo que yo necesitaba oír: «Cuánto siento que te haya pasado algo así». Sólo me dijo que subiera a lavarme. En ese instante me arrepentí de habérselo contado.

Al día siguiente, según terminábamos nuestro turno en el restaurante, Mami se me acercó un momento y me dijo:

—Hablé con su padre.

—¿Que hiciste qué? —No podía imaginar que se hubiera atrevido a hacer algo tan arriesgado.

—Lo llamé y le conté todo lo que había pasado y le dije que era una falta de respeto que se tratara a mi hija de esa forma. Y que, si alguna vez veía a ese muchachito, se iba a enterar.

Me quedé impresionada, horrorizada y avergonzada, pero también temí por nuestros empleos. Pasó una semana y, al ver que no nos habían despedido, respiré y comprendí que mi madre había sacado la cara por mí ante nuestro jefe. Confrontó al padre de mi agresor —porque eso era—, lo responsabilizó y se arriesgó. Salió victoriosa. Su reacción me sorprendió. Por un instante, por un día, hasta que volvió a gruñirme, sentí guao, se preocupa por mí. ¿Tal vez? Pero luego recordé el verano antes de que Marty perdiera el trabajo y Mami empezara a trabajar. Se había inventado un negocio de una línea de accesorios de cocina, tales como manoplas y delantales. Había conseguido un dinero para iniciar el negocio (supongo que de Papá, pero tal vez de Peter) y un diseñador gráfico que le hizo un logo de frutas, vegetales y nueces: Fru-gee-nuts, —algo como fru-ge-nueces, en español— y alquiló un puesto en la expo de cocina en el Javits Center en Manhattan. Nos exigió a Alex y a mí que fuéramos a ayudarla en el puesto, aunque ambos protestamos. (Alex y yo no le veíamos futuro a la idea, y en cuanto a mí, ¿a qué adolescente podía interesarle un trabajo así en el verano?). Dos hombres cuarentones de piel marrón, que me parecieron del Medio Oriente, pasaron por nuestro puesto. Noté que fingían mirar la mercancía, pero en realidad me miraban a mí de un modo inquietante. Mami se les acercó, toda sonrisas, y conversó un rato con ellos. Yo fruncí el ceño al verla coquetear sin pudor. No me gustaba aquello. Cuando se fueron, le pregunté qué había sido todo eso. Me dijo:

—Dijeron que comprarían toda la mercancía a cambio de ti.

—¿De mí?

Mami hizo un gesto con la mano para despachar mis preguntas y protestas. Me disgustaba la sonrisa que aún tenía en el rostro. ¿Por qué no les dio una bofetada? ¿Le preguntaron si me cambiaría por sus malditos delantales y no les dio un puño? ¿Ni siquiera les gritó o dejó de sonreírles?

Me costaba reconciliar aquella reacción con la de la agresión de Chad, pero ahora entiendo la diferencia. Mi madre me veía como una extensión suya, un producto, algo que ella había creado y le pertenecía, que se podía mirar y admirar, pero no se podía tocar.

Que diera la cara por mí en el restaurante, sin embargo, fue una lección en el ámbito laboral que me serviría en el futuro; una lección de vida sobre cómo me veían muchos hombres. Una lección que tendría que seguir aprendiendo.

Marty no estaba teniendo mucha suerte en su búsqueda de trabajo. Al cabo de tres años de vivir de sus inversiones y ahorros, el presupuesto familiar se había reducido. Un domingo que estábamos todos en casa, sentó a la familia en el comedor, incluso a las pequeñas y nos dijo en un tono serio y sombrío: «Vamos a hacerle una segunda hipoteca a la casa». En aquel momento, yo no entendía cómo funcionaba eso y, sin duda, mis hermanitas tampoco, pero lo que sí estaba claro era que no era algo bueno.

Las cosas malas le suceden a toda clase de gente. La caída de la bolsa de valores y la economía aquel Lunes Negro sorprendió a todo el mundo y dejó a miles y miles sin trabajo. A mi madre no le enfurecía que hubieran despedido a Marty, sino que no consiguiera trabajo y que, estando en casa y teniendo dos buenos brazos y dos buenas piernas para trabajar, no cooperara en nada mientras Mami y yo nos doblábamos el lomo en el restaurante. Jamás olvidaré cuando Marty intentó lavar la ropa y uno de los suéteres favoritos de Mami se encogió a tamaño muñeca. Le gritó y le gritó y le dijo que lo había hecho a propósito para que nadie le pidiera que lo hiciera de nuevo. Me pareció una reflexión extraña, aunque acertada, de la conducta humana, la ignorancia deliberada. Así que no, nunca más volvió a lavar la ropa.

Ahora que lo pienso, me siento culpable de haberme aliado con Marty cuando discutía con Mami. Ella era dura con todos nosotros, en especial aquel verano, cuando no sabíamos cuando iba a explotar. A veces resultaba difícil hasta respirar a su lado por miedo a que te pillara con una expresión en el rostro que no le gustara. Estoy segura de que su carga de trabajo en el hogar aumentó cuando yo no estaba ahí para ayudarla y las presiones financieras debieron intensificarse. Pasamos de ser una familia que daba un donativo a la iglesia todas las semanas a recibir alimentos no perecederos y una cena de Acción de Gracias de caridad.

Me daba pena con mis hermanitas, que ahora estaban solas en casa con un padre y una madre malhumorados, y sin su hermana mayor o Alex para amortiguar o desviar sus estados de ánimo. Yo no era siempre su salvadora, está claro, pero cuando me sobraba un par de dólares, las invitaba a un helado por el autoservicio de McDonald's después de la escuela y, cuando tenía algún día libre en el verano, me llevaba a las cuatro niñas a pasarse el día en la playa o en Canobie Lake Park, el parque de diversiones local que tenía juegos y atracciones. Deseaba tanto proporcionarles un poco de alegría. Pero, desafortunadamente, yo también era una niña a la que habían obligado a criar a unas bebés. Era una fórmula para el fracaso, tanto para ellas como para mí y para nuestra relación de hermanas. Yo me esforzaba por hacer que la limpieza de la casa fuera una actividad divertida con juegos y competencias, tratando de mantener a todo el mundo contento, en especial a Mami. Pero era demasiado joven para manejarlo todo. El agotamiento, el exceso de responsabilidades y la amenaza de un castigo severo me acechaban constantemente. A veces la ansiedad y el resentimiento me superaban, y les gritaba, chillaba y siseaba a esas niñitas de un modo que no lo habría hecho si hubiera sido una niñera madura. Pero yo perdí la oportunidad de ser niña. Y ellas se perdieron lo mejor de mí.

A veces era demasiado para una niña. Y mi relación con mis hermanitas se tiñó de una amargura indeleble, que me convirtió en una precaria madre sustituta —toda autoridad, castigos, sobornos y premios— en vez de una hermana. Hoy todavía me duele y seguramente me seguirá doliendo toda la vida. Lamento no haber tenido una verdadera relación de hermanas con ellas, como la tuve con mi hermano. He aceptado que siempre las amaré más de lo que ellas me aman a mí, porque estuvieron a mi cuidado, pero también bajo mis pies. Todo eso minó mi relación con mi madre. Que me empujara a la adultez tan temprano en la vida significó convertirme en la adulta de la casa y en muchos sentidos también cuidar de ella.

Entre mi madre y yo no hubo muestras de afecto por muchos años, no hubo abrazos, no hubo contacto físico. Incluso las risas compartidas eran cosa de un pasado remoto. Lupe se convirtió en un manojo de nervios, una vorágine de resentimientos, que descargaba en mí sus quejas diarias de Marty y, a veces, de otros miembros de la familia, Papi y hasta Alex. Para una hija adolescente no era fácil simpatizar con una madre así. Sentía que nadie me veía, me escuchaba o me cuidaba. Sentía que no era más que el repositorio de los sentimientos tóxicos de una madre. Sí, estaba de acuerdo con ella en que Marty podía hacer mucho más en la casa y buscar un trabajo, pero escuchar la monserga constantemente cuando lo que me hacía falta era la aceptación, el amor, el apoyo y la reciprocidad de una madre, me amargaba. En mi último año en la secundaria, Marty y yo empezamos a hablar de asuntos más allá de nuestras conversaciones habituales sobre películas, las noticias o la bolsa de valores. Empecé a contarle sobre mi relación con un novio que tenía en aquella época y nos convertimos en buenos amigos. Marty me escuchaba y me hacía preguntas. La mayoría de las veces se limitaba a escuchar y asentir con la cabeza. Pero luego, cuando empecé a estudiar en la universidad, también empezó a quejarse demasiado de Mami, me pedía que hablara con ella, que hiciera algo. Que la hiciera cambiar, me suplicaba que «se la quitara de encima».

Una llamada sorpresa trajo buenas noticias para las finanzas familiares. Un compañero del último trabajo de Papá lo invitó a unirse a una compañía de software muy prometedora en Massachusetts. Era un bajón de categoría para Papá, pero era un trabajo de su campo y le ofrecía un puesto asalariado con beneficios. Todo el mundo en la casa se sintió aliviado. Cualquiera hubiese pensado que tal vez eso habría mejorado la dinámica entre Mami y Papá, pero estaba claro que su matrimonio se estaba volviendo insalvable.

—Mami, ¿a dónde vas? —pregunté mientras Lupe agarraba histérica la chaqueta, la cartera y las llaves del carro. Era de noche y estaba oscuro, justo después de la cena.

—¡El muy hijo de la gran puta está en casa de esa mujer y voy para allá a buscarlo!

—¿En casa de quién? ¿De qué hablas?

—¡Dice que está trabajando, pero sé que no es verdad! Está poniéndome los cuernos y se va a enterar —Mami siseaba con las llaves en la mano y me apuntaba con una de ellas.

—Mami. ¡No lo sabes! ¿No trabajan juntos? Quizás están trabajando.

No podía imaginar que Marty tuviera una amante. Se nos pintaba como víctima de las rabietas de Mami y, como nosotras también éramos sus víctimas, tal vez nos identificamos demasiado con él. Que Marty tuviera una amante lo habría convertido en un villano ante mis ojos. No podía aceptarlo. Ahora sé que nada que hubiera hecho o dejado de hacer no lo hacía un villano. Lo hacía humano. Esas dos personas, nuestros padres, eran humanos, daba igual cómo decidieran expresarlo.

—¡Mami! Mami, ¿qué vas a hacer? —le grité siguiéndola mientras salía chillando las ruedas del carro a toda velocidad en reversa.

Mis hermanitas, que estaban en casa, me miraban consternadas.

—No se preocupen —dije—, todo está bien. No va a pasar nada.

Luego cada una volvió a lo suyo: ver la tele, leer el periódico, limpiar la cocina. Pero lo hicimos en un silencio tenso, esperando a que entrara algún carro en el garaje.

Como una hora más tarde, Mami y Papá entraron por la puerta. Marty parecía derrotado y Mami echaba humo por las orejas; estaba tan colorada como la chaqueta que tenía puesta. Papá subió directamente a su habitación. Mientras Mami colgaba sus cosas en el armario del pasillo, me le acerqué y le pregunté furtivamente:

—¿Qué pasó?

Ahora me doy cuenta de que me estaba convirtiendo en una joven cómplice en mi relación enfermiza con mi madre; deseaba que me dejara en paz, pero, al mismo tiempo, estaba dispuesta a escucharla cuando quería satisfacer mi curiosidad o mis necesidades.

Habló en voz alta para que todos la oyéramos y nos dijo que llegó a la casa, vio el carro de Papá estacionado al frente, tocó la puerta y ella se la abrió. Mami exigió que «mi esposo» saliera y luego insultó a la mujer. No recuerdo más detalles, sólo escenas borrosas que me daban vueltas en la cabeza. Imaginé a Lupe gritarle y chillarle a esa mujer, o, como dijo ya más calmada, cantarle las verdades. Recuerdo ver a mis hermanitas con las caritas asustadas, tristes. Todas pensábamos lo mismo: que Mami era un desastre de mujer, una loca, celosa y llena de veneno. Seguro que lo había sacado todo de proporción, eso pensé, eso esperaba. No importaba quién hubiera tenido la culpa, nos dolía. Luego, cuando las acusaciones de infidelidad empezaron a llover de parte y parte, nuestros días se tiñeron de dolor.

El verano antes de mi segundo año, a la caótica dinámica familiar se sumó la visita sorpresiva de una persona muy querida, que vino a pasar unos meses con nosotros: Abuela. Le habían diagnosticado un cáncer de mama avanzado y, como era su costumbre, sin previo aviso Lupe fue en su carro a Manhattan una mañana y regresó el mismo día por la noche con Abuela y sus maletas para estar a su lado cuando recibiera el tratamiento de quimioterapia. Mi abuela, a quien yo adoraba, se veía más pequeña y delgada de lo habitual. Solía ser una mujer hermosamente corpulenta y, para mi sorpresa, tenía el cabello gris. Yo había creído todos esos años que su cabello era naturalmente negro. Luego descubrí que se teñía las raíces cada dos semanas para que las canas no tuvieran la más mínima oportunidad de revelarse. Por suerte, yo estaba en casa cuando llegaron. Acomodamos a Abuela en la sala de estar, antes espaciosa, pero ahora llena de las cajas de los negocios fracasados de Mami. Marty bajó una de las literas de las niñas y le hizo un mini dormitorio (aunque sin puerta).

El motivo de la visita de Abuela me entristeció y me angustió, pero también me alegraba mucho tenerla entre nosotros. Mami y Marty se comportaron lo mejor que pudieron la mayor parte del tiempo y yo tenía a mi persona favorita justo en la planta baja. Pero ya no podía hablar con ella. New Hampshire y la prohibición de hablar español en casa me habían hecho olvidar mi lengua materna. Año tras año la veía desaparecer y tan pronto como Mami empezó a trabajar en el restaurante en mi tercer año de secundaria, se acabaron nuestras visitas a Nueva York y las oportunidades de practicar mi primera lengua.

Estaba avergonzada y sorprendida de mí misma. No me había dado cuenta de todo lo que había perdido y ahora que Abuela estaba entre nosotros consumiéndose por la quimioterapia, ¿no podía hablar con ella? ¿Consolarla? Sentía rabia y frustración por lo que había perdido y por lo que ese lugar había exigido de mí y me había usurpado. No era sólo New Hampshire. En todo el país, excepto en barrios como el nuestro en el norte de Manhattan, la gente creía que la asimilación era lo mejor; que uno se volvía estadounidenses borrando todo aquello que no fuera blanco estadounidense. Ahora que lo pienso, en parte me avergonzaba ser cómplice; sentía que había traicionado a mi abuela, nuestras raíces, nuestra cultura y nuestra familia por participar de esa asimilación. Y aunque Mami pudo haberlo evitado enfrentándose a Marty, habría tenido que enfrentarse también a todo el mundo fuera de nuestra casa en New Hampshire. En aquel momento, sentía que no podía culpar demasiado a Marty. Él me contó cómo su padre, Grandpa G, salió de Italia y llegó a Detroit siendo niño y, en el kínder, como no hablaba ni una palabra de inglés, la maestra le pegaba con una paleta cada vez que hablaba en italiano. Mami y Papá habían hecho lo que había que hacer para triunfar en los Estados Unidos: asimilarse. Yo estaba furiosa con New Hampshire, los Estados Unidos blancos, más que con nada ni nadie.

A pesar de la barrera del idioma, intenté conectar con Abuela.

Sabía que a ambas nos encantaban las revistas de moda. Abuela siempre tenía encima de la cómoda una pila de las revistas femeninas en español más recientes, como *Vanidades*, en cuyas portadas siempre había una foto de una mujer blanca. Así que, un día, antes de ir a trabajar, le bajé un montón de mis revistas de moda. Debía de aburrirse mucho en esa habitación, demasiado débil para hacer nada, aunque Lupe le había traído un pequeño televisor. Yo esperaba que todas esas fotos bonitas la ayudaran.

Cuando se las entregué, lo único que pude decirle fue algo como:

—Mama… para ti —en inglés.

Sonrió y me dio las gracias. Me quedé ahí por un instante incómodo, tratando de encontrar alguna palabra en español que decirle, pero no pude hallar ninguna. Tuvo que ser en inglés:

—Voy a trabajar ahora. Okey, hasta luego —le dije abrazándola—. ¡Te quiero!

Tenía el corazón apretado cuando salí por la puerta con el tintineo de las llaves del carro. Mi mente era un revoltijo de emociones y pensamientos oscuros. No sólo me angustiaba haber perdido la conexión con Abuela, sino haber perdido la vida que pude haber tenido de niña si no nos hubiéramos mudado. Ahora Abuela se estaba muriendo y era demasiado tarde. Apenas tenía sesenta y pico años. ¿Por qué tuvimos que abandonar a nuestra familia, nuestra cultura, nuestra lengua, nuestra historia? ¿Por qué tuvimos que irnos de la ciudad? ¿Por qué Mami accedió a esta vida? Ojalá no lo hubiera hecho, pero, al mismo tiempo, decidí asegurarme de que el doloroso precio que tuve que pagar, que ella también tuvo que pagar, me abriera las puertas a un sueño americano aún más grande que el de mi madre, a como diera lugar.

Mami llevaba a Abuela a las citas de sus tratamientos los días que no iba a trabajar al restaurante. Después, antes de que me fuera a mi segundo año de universidad, las rondas de tratamiento terminaron y Mami llevó a Abuela de regreso a Claremont. Ya en diciembre había muerto. Alex me llamó a mi dormitorio para decírmelo. Me sentí devastada. La persona que me amó sin condiciones ya no estaba, y al final ni siquiera pude hablar, comunicarme con ella.

Pero en aquel verano y los que siguieron, no todo fue trabajo y lágrimas. Alex y Belinda celebraron una hermosa y bulliciosa boda en Washington, D.C., donde conocimos a nuestra nueva familia guyanesa. Yo era la de la piel más clara y la más joven de la fiesta, apenas tenía diecinueve años, pero eso no impidió que las damas de honor de Belinda me acogieran como si fuera su propia hermana menor y me llevaran a la despedida de soltera en un club de strippers masculinos exclusivamente para negros en D.C. Como protegida y aburrida que era, me escandalizó la crudeza del asunto, pero también me sentí liberada. Esas mujeres eran tan libres y, a la vez, estaban tan unidas entre sí. Eran un modelo de amistad al que yo también aspiraría. Un grupo de hermanas mayores y tías que permanecerían en mi vida hasta el presente, más de treinta años después.

De regreso a la universidad, en mi último año, las elecciones de Bill Clinton contra George Bush, padre, crearon una ruptura entre mis compañeros, los amigos que tenía desde el primer año, y yo. Me odiaban por expresar mis opiniones y señalar su racismo en mi propia casa. (Cuando tu compañera de dormitorio te dice: «No me gustan los chicos negros, no me parecen atractivos. Aunque sí saldría con Will Smith. ¡Pero eso no es racismo!», intentas no perder los estribos). Mi compañera de dormitorio tenía la cama al lado de la ventana y escogió poner un afiche con la palabra BUSH (que en inglés se refiere al vello de los genitales femeninos), durante la campaña electoral de George H. W. Bush, y no lo hizo por ninguna razón divertida, como celebrar la anatomía femenina. Intenté argumentar que el dormitorio era nuestro, no sólo suyo, que era nuestra ventana, no la suya, y que yo no apoyaba a ese hombre ni ese afiche. No hubo forma de convencerla. El afiche permaneció en la ventana y tuve que verlo todos los días, no sólo desde dentro del dormitorio, sino desde afuera cada vez que llegaba. Había tanta tensión a mi alrededor que el cuerpo se me encogió del peso que perdí. Era toda nervios. No podía comer. Tenía una carga de estudios considerable y participaba en el programa de estudio y trabajo para aumentar mis ingresos y cubrir mis gastos. Nuestra casa en el pueblo estaba lejos del campus y del lugar donde trabajaba, así que tenía que caminar kilómetros en todo tipo de condiciones atmosféricas. Intentaba mantenerme enfocada en la recompensa: la graduación. Otra vez soñaba con la libertad, como en New Hampshire. Soñaba con gente con la que pudiera compartir algo.

De aquellos años en la universidad también resultarían cosas buenas. Sigo siendo amiga de algunos profesores, que me exhortaron a triunfar y me vieron como una persona capaz e inteligente. Un profesor, doctorado en Psicología de Yale, me abrió la mente al enseñarme a analizar, en vez memorizar, como había hecho hasta entonces. En el último año, me hice amiga del grupo de teatro y me sentaba en la cafetería con chicos negros y marrones, uno o dos años más jóvenes que yo, para compensar la increíble falta de diversidad de mi promoción. Ya era muy tarde para entablar una amistad más profunda, pero sin duda me salvaron al incluirme, acogerme, y brindarme aceptación y un poco de vida social.

Una vez, a finales de ese mismo año, Marty condujo las tres horas que toma llegar a Connecticut y me llevó a casa para que trabajara durante las vacaciones en el restaurante. Condujo siete horas ese día y cuando estacionó el carro en la entrada ya era tarde y todo el mundo estaba durmiendo, y yo estaba loca por meterme en mi propia cama. Cuando llegamos a la puerta, Marty dijo:

—Oh, tu hermana tomó tu habitación —la mayor de mis cuatro hermanas.

—¿Qué? ¿Cómo que tomó mi habitación?

—Tomó tu habitación. Está durmiendo ahí —dijo como si nada. Durmiendo en mi adorada cama individual con su dosel amarillo.

—Pero… ¿dónde voy a dormir yo? —No podía creerlo. Ya era medianoche ¿y no tenía dónde dormir en mi propia casa? O, más bien mi antigua casa, lo que parecía ser el mensaje.

—No sé. ¿En el sofá? —Marty se encogió de hombros.

No es fácil describir la patada en el estómago que fue llegar a casa tarde en la noche, agotada de los exámenes, y descubrir que mi habitación ya no era mi habitación, que mi cama ya no era mi cama, y que a nadie se le había ocurrido advertírmelo. Aunque no tuviera opción, ¿no pudieron decírmelo para que no lo descubriera a medianoche después de un largo viaje en carro? Me sentí expulsada de la familia; sentí que estaban desesperados por salir de mí. Es cierto que me fui de casa para ir a la universidad, pero Alex y yo no teníamos alternativa; Lupe nos lo había dejado muy claro. Pensé que al menos mantendría mi habitación hasta que me graduara, como Alex. Me dolió tanto que a nadie se le ocurriera decírmelo.

Me senté en el sofá incómodo y viejo en la oscuridad. No estaba molesta con mi hermanita, sino con mis padres. Mi hermanita habría pedido permiso o al menos alguien le habría dicho que se mudara a mi habitación. No pudo hacerlo sola, aunque hubiera querido. Aquello era cosa de mi madre, Marty le había seguido la corriente para no alterar su propia paz, y yo no podía expresar lo que sentía. Esa noche me quedó claro que el lugar del que anhelaba librarme ya se había librado de mí.

Llegó el día de mi graduación. Había logrado completar la doble concentración, una licenciatura en Psicología e Historia del Arte, y sólo me faltó una clase para completar una concentración menor en religiones asiáticas. Toda la familia estuvo presente, excepto Papi, por supuesto, que seguía en la cárcel cumpliendo su sentencia por vender drogas. Abuela tampoco estaba para apoyar a su nieta, y Abuelo no iba a hacer el esfuerzo, como lo hizo con Alex. De todas formas, Abuelo no estaba de acuerdo con que las mujeres se educaran. Hacía un día muy bonito y soleado, del que recuerdo muy poco hasta que llegó el momento de irme y me despedí de mis hermanas y mis padres, y de la vida que conocí con ellos. Metí mis pertenencias en el pequeño sedan rojo de Belinda y me mudé con mi hermano y su esposa a su apartamento de recién casados en el aún no gentrificado vecindario de Park Slope, en Brooklyn. Siempre generosos, Alex y Belinda me invitaron a mudarme con ellos hasta que consiguiera trabajo en la ciudad de Nueva York y ahorrara para mi propio apartamento. Le había contado a Alex con lujo de detalles sobre la noche, meses atrás, en que había llegado a casa a medianoche para descubrir que no tenía habitación, sólo un sofá viejo, en lo que había sido mi hogar, así que ambos se mostraron especialmente comprensivos. Me mudaría al pequeño cuarto de «bebé» donde apenas cabía un futón sofá cama, que tenía que permanecer como sofá para poder abrir la puerta. Pero no necesitaba más y se lo agradecí de todo corazón.

En el carro con Alex y Belinda rumbo a mi nueva vida posgraduada, no fui capaz de relajarme y asimilar lo que había logrado en esos cuatro años de universidad hasta que entramos en la ciudad. Las filas de edificios me dieron la bienvenida con un abrazo psíquico. Lo había logrado, estaba de vuelta, baby. Pasé de una dimensión a otra. No me había dado cuenta de lo que había sufrido en esa universidad, en especial, en el último año; el yugo de la ansiedad mental empezó a ceder. Ahora depende de mí, pensé. Mi libertad depende de mí. Puedo hacer lo que quiera. Pero primero tenía que conseguir un empleo. No tenía un centavo.

CAPÍTULO 7

... PORQUE TENÍAMOS QUE SER LIBRES

Un día, a los veintipocos años, me desperté, fui al trabajo y, en la tarde, unos colegas me pidieron que sacara a Tupac Shakur y Mickey Rourke del baño de caballeros en el vestíbulo. Hacía apenas dos años que había salido de la universidad. Luego de un trabajo que duró poco en una galería de arte en la calle Newbury, en Boston, mi vida profesional arrancó a toda velocidad tan pronto como llegué a la ciudad de Nueva York.

Al cabo de unos meses en Boston, que prefiero no recordar, regresé a Manhattan con un nuevo empleo de segunda asistente del jefe de la casa de subastas Christie's. Christopher Burge había comenzado a trabajar en la casa en 1970 y era una leyenda en el negocio. Ganaba veintisiete mil dólares al año, que, en 1994, era suficiente para ahorrar algo de dinero, viviendo con mi hermano y su esposa, para conseguir en tres meses mi propio apartamento tipo estudio. Estaba ocurriendo. En primer lugar, Alex y Belinda estaban muy contentos de que regresara a la ciudad y viviera con ellos, y no me molestaba en absoluto el viaje de cincuenta minutos en el subway desde su casa en Park Slope, Brooklyn, hasta la

59 East y Park Avenue en Manhattan. El nuevo trabajo requería vestimenta nueva, así que saqué de la cartera la tarjeta, que ya tenía endeudada, y me la llevé a mi descubrimiento más reciente: la venta especial de Zara. Con una plancha para el cabello y otra para la ropa nueva, un poco de almidón, mis destrezas para abrillantar zapatos y una imitación de reloj fino que compré en la calle, parecía toda una profesional del Upper East Side (siempre y cuando nadie se fijara en las costuras chapuceadas de la moda exprés). Había entrenado mi voz de reportera gracias a que todas las noches a la hora de la cena en casa practicábamos las noticias, a la insistencia de Lupe que pronunciara bien y a lo que había aprendido de la alta sociedad neoyorquina en todas las revistas y páginas sociales que caían en mis manos. Necesitaría todo eso, más un arsenal de trabajo e intención. Tenía que funcionar. Tenía que convertir la deuda de cinco cifras que había adquirido para pagar por mi educación en una inversión sólida. Muy pronto, sin embargo, me metí en un lío.

Mi trabajo consistía en ayudar a las asistentes ejecutivas del director y el presidente, la número dos de las número dos. Al presidente apenas lo veíamos, pero Christopher siempre estaba por ahí. Christopher, el subastador principal de la firma, me parecía jovial y amable, y teníamos una buena relación. La gente pensaba bien de mí, excepto por un detalle: alguien se quejó con recursos humanos de que yo usaba pantalones en la oficina. Conjuntos de pantalones, para ser más exacta. Conjuntos de pantalones bien combinados, bien planchados, color gris o azul marino, muy profesionales. Y eso iba en contra de las políticas de la compañía. En 1994, según las políticas globales de la empresa, las mujeres sólo podían usar faldas o vestidos para ir al trabajo, no pantalones. No leí bien el manual de la compañía o lo pasé por alto sin imaginar que nadie pudiera exigirlo, ya que no estábamos en 1954, pero me equivoqué.

—¿Cómo puede lucir más profesional una falda si la falda no luce profesional? ¿Usted ha visto a Jane? Mírela y luego míreme a mí y dígame a quién prefiere que sus clientes vean o cuál de las dos luce más profesional —le refuté a la directora de recursos humanos.

Jane era la asistente del director. Ella también vivía en Park Slope, pero se vestía como si trabajara en la cooperativa de alimentos, no en la oficina que a diario visitaban millonarios y europeos arrogantes. Jane usaba faldas, sí, faldas estampadas largas y arrugadas. Yo tenía que encontrar algún argumento para usar pantalones y librarme de esa política absurdamente anticuada y sexista, y puse en evidencia a una colega. Me sentí muy mal, porque me caía bien y era muy simpática conmigo, pero, lamentablemente, la comparación tenía fundamento. Además, yo tenía que usar pantalones por dos razones: la primera, porque, maldita sea, las mujeres debían poder usar pantalones y, la segunda, porque el apartamento que conseguí (un estudio sin ascensor, lleno de ratones) estaba cerca del trabajo. Vivía en la Primera Avenida y mi trabajo estaba en Park Avenue, una caminata de varias cuadras largas en la ciudad. Me sentía muy expuesta y me acosaban cuando iba a trabajar en falda.

Ahora que lo pienso, he de decir, por Dios, yo era todo un personaje. Resistirme a una política corporativa sexista en mi segundo trabajo después de salir de la universidad, con apenas veintitrés años. Estaba loca. Pero gané. La política se eliminó en una semana. Veinte años después, a finales de la década de 2010, una buena amiga y compañera de junta de una organización sin fines de lucro se convirtió en la directora de recursos humanos de Christie's, su primera ejecutiva negra. Así que me aseguré de contarle sobre el cambio en la política de no usar pantalones, lo que le pareció muy gracioso. Unos meses después de empezar a trabajar, me dijo: «¡Me contaron la historia de los pantalones!». Al cabo de veinte años, fue bueno escucharlo.

Debo admitir que, por mi ambición por hacer bien mi trabajo y usarla como ejemplo de falta de profesionalismo, despidieron a Jane y me dieron su puesto de asistente número uno del director, Christopher. Jane llevaba más de doce años allí. Sus últimas dos semanas, en las que tuvimos que compartir la oficina, fueron muy incómodas; no era de extrañar. Descubrí que fue ella quien me reportó a recursos humanos por llevar pantalones en vez de decírmelo a mí directamente, que me sentaba a dos metros de ella todos los días por ocho horas o más y la veía sonreírme. Fue una situación difícil en todos los sentidos.

Pero me dediqué de lleno a aquel trabajo como el sueño que representaba desde el inicio. Me he dedicado de lleno a todos los trabajos que he tenido: en el restaurante era la que se ganaba más propinas, y antes de eso fui la cajera más rápida y precisa del supermercado. Era competitiva conmigo misma y me tomé muy en serio lo que me dijo Lupe sobre que tenía que ser diez veces mejor que la gente blanca para alcanzar algo en la vida. Así que me esforzaba más. Siempre profesional, aprendía rápido, leía todos y cada uno de los catálogos de subastas que pasaban por mis manos, y las publicaciones de arte (casi una estiba diaria), me convertí en experta en esa novedad llamada «email», en instalación de *software* y sus usos. Eso se lo agradezco a Marty, Papá, y a su minioficina repleta de piezas de computadora y, sí, a las monjas de la secundaria, que insistían en enseñarnos programación como BASIC.

Sin embargo, había límites en hasta dónde podía llegar porque, como descubrí en Christie's, el trabajo que realizas no es lo único que juzgan tus superiores. No podía librarme de mi color de piel y de no tener una familia rica e influyente. No obstante, fue uno de los lugares más interesantes en donde he trabajado y representó un salto enorme de fantasear bajo el dosel amarillo de mi cama en New Hampshire a conocer a la gente de las revistas que leía, cuyos rostros había memorizado y conmemorado. El mundo de fantasías de mi habitación verde y amarilla de la infancia era ahora el mundo real al que pertenecía.

Regresemos a la noche de Tupac. Corría el año 1995, la subasta de esa noche se hacía para recaudar fondos y la anfitriona era la supermodelo Christy Turlington, quién había sido una de mis modelos favoritas por años, sobre todo, después de que descubrí que era una compañera latina. Era una cena tipo gala en el espacio donde siempre se hacían las subastas en la temporada bianual de venta de arte latinoamericano. Una mezcla de arte que incluía desde fotos originales de Bruce Weber hasta obras de reconocidos artistas latinoamericanos para recaudar fondos para la organización benéfica de la madre de Christy en El Salvador. Por supuesto que me ofrecí para trabajar de voluntaria aquella noche recibiendo a los invitados mientras llegaban. La lista de invitados era surreal y la noche degeneró en una borrachera descontrolada; los invitados, glamorosos, pero sin decoro, y mi jefe perdió los estribos en el podio. Manejar el éxodo al final de la velada se convirtió en un ejercicio de pastorear VIP, al mismo tiempo que protegíamos con nuestro propio cuerpo las obras de arte colgadas en las paredes.

Finalmente, se había despejado casi toda el área del comedor y me dirigí al pasillo frente al vestíbulo donde aún conversaban y reían algunos invitados con sus copas de vino. Un asistente alto y joven, rico y engreído como el que más, discutía acaloradamente con las mujeres del mostrador de recepción. Me acerqué con curiosidad.

—¿Está todo bien? —pregunté con el leve sentido de autoridad que me daba ser la mano derecha del director.

—No, no está bien —dijo el joven volteándose hacia mí.

Entonces me dijo que sacara a Tupac Shakur y a Mickey Rourke del baño de caballeros donde llevaban un buen rato.

—¿Por qué no entras tú y les pides que salgan? —pregunté.

—Oh, yo no puedo hacer eso.

—¿Por qué? —pregunté.

Hizo un gesto con la mano que me daba a entender que lo que le proponía era una estupidez.

—¿Qué tal uno de los guardias de seguridad? —volví a intentar.

—Están ahí afuera —dijo y apuntó hacia el otro lado de la puerta principal donde se había formado un tumulto de cámaras y flashes mientras los guardias de seguridad intentaban controlar a los paparazzi—. Espera, tú sí puedes entrar —me dijo.

—¡Yo! ¿Cómo voy a poder entrar en el baño de caballeros y sacar nada más y nada menos que a Tupac? —no lo podía creer.

—Pues, porque, tú sabes. No se enfadará contigo —dijo manoteándome en la cara. *Por mi color.*

Así que el chico no se enfrentaba a Tupac y Mickey porque le temía a un hombre negro, y yo era la única persona de color con cierto nivel profesional. No había otra persona negra o marrón, salvo las que llegarían más tarde a limpiar, mover las piezas de arte y vigilar las puertas. Entendido.

Acepté el reto.

—Muy bien, pero apóyame si me meto en un lío por entrar en el baño de caballeros.

Me dirigí a la puerta del baño por el pasillo gris, respiré profundo y, justo en el instante que iba a tocar, la puerta se abrió. Primero salió Mickey Rourke sigilosamente, luego salió la magnificencia que era Tupac Shakur. Me miró asustado, como un niño al que pillan con una galletita en la mano antes de la cena. Tenía las pestañas más gruesas y oscuras que hubiera visto en un hombre. Su piel parecía bronce bruñido. Era apenas un poco más alto que yo. Mi cara de sorpresa y admiración ante semejante belleza debió ser evidente porque se detuvo, me sonrió y luego siguió a su amigo Mickey por el pasillo. Esa noche no pegué ojo. No había redes sociales ni teléfonos con cámara, sólo mi propia mente para preservar y catalogar en mi memoria cada momento de aquella velada llena de estrellas: Leo, Naomi, Christy, Coppola. ¿Quién sabía cuándo volvería a vivir otra noche así?

—¡Ésta es la última vez que hacemos algo así! ¡Nunca más! —farfulló Christopher a la mañana siguiente luego de darme un buenos días muy escueto al llegar a la oficina, y dando golpes con el periódico en el escritorio detrás de mí. Esperé unos minutos a que se calmara y hojeara las páginas. Había un reportaje en el *New York Post* que celebraba la multitud de estrellas que se habían presentado, aunque también mencionaba un poco de caos, si no recuerdo mal.

Toqué a la puerta abierta de Christopher después de que se calmó.

—Estuvo fuerte, ¿verdad? —dije.

—¿Sabes que dañaron pinturas de la subasta de esta semana? ¡Dañadas! No, nunca más —dijo.

En las paredes y suelos de Christie's se rotaban las piezas de las subastas que estaban próximas a celebrarse. No sólo había un paisaje valorado en seis cifras colgado detrás de mí, sino que en las cargadas paredes de la entrada y el vestíbulo había al menos media docena más.

Al sentarme, elevé una breve plegaria para que no me culpara a mí ni a todos los latinos. Sabía que lo haría, probablemente, al menos un poco. Tal vez todo el edificio nos culparía también. Sólo éramos dos latinos blancos especialistas, un pasante en el departamento de Arte Latinoamericano y yo, entre unos doscientos empleados en todo Estados Unidos y otros más en las oficinas centrales en Londres. Juré esforzarme todo lo posible por tratar de quitarle el mal sabor que le había dejado la venta a mi jefe.

Poco antes de esa noche —aún vivía con Alex y Belinda—, Lupe se apareció en el apartamento sin avisar trayendo consigo los problemas de su casa. Nuestras hermanas nos habían contado que las cosas entre Mami y Papá estaban tan mal que Marty había empezado a dormir en el sofá todas las noches. Yo no había hablado con mi madre en meses. La última vez que hablamos, llamó a mi número del trabajo y me regañó cuando contesté con mi saludo profesional habitual.

«Tienes que contestar el teléfono de una forma más profesional: "¡Buenas tardes! [en un tonito empalagoso] ¿En qué puedo ayudarle?"». Como si supiera de qué hablaba, como si tuviera alguna experiencia, pensé. Estaba tan harta de sus críticas. Tan harta de que manipulara mi vida. De que nunca se molestara en preguntarme qué quería o cómo me sentía. De que nunca pensara que yo sabía lo que hacía y tal vez ella no. Lo único que recibía de ella era, en sus propias palabras, «críticas constructivas». Estaba harta de su voz. Vivir por mi cuenta y estar lejos de ella me había permitido por fin existir un poco más en mi propia piel, escuchar mi propia voz en vez de la suya.

Lupe sólo llevaba una noche en el apartamento. Yo regresaba del trabajo —una caminata de diez minutos desde el tren hasta la casa— disfrutando del atardecer cálido y las calles bordeadas de árboles de Park Slope. Entonces vi a Mami sentada en la entrada del edificio de ladrillos. Probablemente se había quedado afuera; Alex y Belinda no regresarían a casa en media hora más. Me cambió el semblante. No quería estar a solas con ella. La presencia de Alex siempre era un bálsamo entre nosotras: ella se portaba mejor frente a él, y él la mantenía a raya sin perder la calma. Me acerqué a las escaleras con las llaves en la mano. Noté que llevaba puestos unos jeans ajustados con una camisa de manga corta y zapatos de tacón alto, y que se había arreglado el cabello. No se parecía en absoluto a la mujer que vivía en New Hampshire. Estaba vestida como la de antes, la que vivía en la ciudad, la coqueta. Me pregunté a dónde habría ido arreglada de un modo tan diferente de la persona recatada en que se había convertido, y entonces, vi la correa.

—Mami, ¿esa es mi correa?

—Oh, sí —dijo con una dulzura falsa.

Fruncí el ceño. Había abierto mi maleta, donde guardaba mis únicas pertenencias y hurgado entre mis cosas para sacar lo que le dio la gana. Debió de tratarse sólo de que había tomado la correa prestada. Tal vez haya madres e hijas que compartan la ropa con gusto, pero a mí sólo me recordó cómo registraba mi habitación todos los días mientras yo estaba en la escuela. Cuando estaba en secundaria, descubrí que rebuscaba mis gavetas a diario. Una vez encontró una lata de soda alta en cafeína, Jolt, que guardaba para beberme en caso de emergencia si tenía que quedarme despierta toda la noche después del trabajo y estudiar para los exámenes finales. No era más que cafeína, pero para ella era el inicio de la drogadicción. Cuando me confrontó, puse la mente en blanco y cerré los oídos a sus gritos por quince minutos. Intentaba hacerme llorar, pero no podía lograrlo desde que cumplí los doce años.

Después, cuando tenía catorce años, descubrió debajo de mi cama la copia que me prestó mi hermano de la famosa y un tanto atrevida novela sobre Nueva York *Bright Lights, Big City*, en cuya portada había una pintura del restaurante The Odeon en Tribeca, que, actualmente, es uno de mis lugares favoritos. Yo sabía que no le parecería aceptable que la leyera y me confrontó con el hallazgo al día siguiente. Pero casi lo peor fue la vez que encontró espermicida en el fondo de una gaveta cuando yo tenía diecisiete años. Ese descubrimiento significó que me recogiera en el trabajo y me llevara a un estacionamiento donde pudiéramos hablar sin que nadie en la casa nos escuchara. La convencí de que era de una de mis amigas y que yo se lo escondía porque su mamá era demasiado estricta. Lidiar con ella significaba aprender a desmentirla. Sus intromisiones fueron la razón por la que nunca llevé un diario. No había rincón en aquella habitación, gaveta o armario que no registrara todos los días. Aprendí que el único espacio privado que sólo me pertenecía a mí era mi mente. Ahí componía guiones de películas y libros completos; y por décadas, de vez en cuando disfruté recordando mis favoritos, que permanecían intactos en los archivos de mi imaginación.

Una noche, ya de adolescente, regresé a casa después de un largo turno en el restaurante con el bolsillo del delantal lleno de billetes de un dólar. Me senté en mi escritorio y saqué el dinero de la noche anterior para contarlo todo. Contaba los billetes que tenía en el delantal y los sumaba al paquete que guardaba en la gaveta para depositarlo todo al final de la semana. Pero las cuentas no me salían con lo que había guardado la noche anterior. Me faltaban cincuenta dólares, más de lo que ganaba en una semana regular. Me puse tan furiosa que bajé las escaleras a toda velocidad, viendo estrellas.

—¡Mami! ¿Sacaste dinero de mi gaveta?

Mami siguió fregando la sartén sin levantar la vista; pausó y dijo:

—Sí.

—No puedes rebuscar en mis gavetas y sacar dinero así porque sí. ¡Yo me gané ese dinero!

—Pues yo soy tu madre y tu dinero es mi dinero, así que cojo lo que necesito —dijo alzando la voz. No podía dar crédito a mis oídos.

—No. No. Eso no tiene sentido. Tú ganas tu propio dinero, ¿por qué tienes que coger el mío?

No recuerdo exactamente su respuesta, pero fue una sarta de

disparates y acusaciones de que yo no aportaba el diezmo al pote de la «caridad», un gran pote de cristal colocado al extremo de la isla de la cocina donde se suponía que todos pusiéramos dinero. Yo sabía que ese dinero iba directo al bolsillo de mi madre y que nos mentía usando la caridad como excusa. Era un timo. Le hice una serie preguntas que no pudo contestar:

—¿A qué obras de caridad se lo estás dando? ¿Dónde están los recibos de las donaciones? Enséñame los recibos, porque esos sitios dan recibos para los impuestos.

Las lecciones financieras de Marty me habían enseñado más de lo que ella hubiese preferido.

El pote de la «caridad» desapareció unos días después.

La falta de límites de Lupe me obligó a levantar muros. Nadie sabría, ni podría saber, todo lo que pienso o planifico, mis motivos y deseos, nunca quizás. A lo largo de las décadas, he suavizado los muros de la fortaleza que construí en mi mente, pero no es fácil desmantelar estructuras que se construyeron por necesidad en otro momento. A veces, tengo que recordarme que mi madre pudo haber mezclado el cemento, pero yo soy la arquitecta.

Recuerdo su cara cuando le reclamé por haberse puesto mi correa. Había empezado a vestirse más como una mujer citadina con ropa más ceñida y jeans con tacones, orgullosa de su cuerpo y de quien era después de separarse de Marty. Había vuelto a ser la mujer que se cortó y tiñó el cabello en un afro cobrizo. En todos estos años, al recordar aquel momento en nuestra relación, alguna vez me he preguntado si mi desdén por su aspecto, por su afán de volver a ser sexy y «cool», no me hacía parecerme a Marty. Me sentí culpable, o quizás sólo quería a la mamá de antes: la que se recogía el cabello en un moño bien peinado y se vestía con recato. Pero, sobre todo y más que todo, lo que me enfureció fue que no respetara que lo mío no era suyo. Había trabajado, me había esforzado tanto por tener mi propio espacio, aunque fuera pequeño (casi todas mis pertenencias cabían en una sola maleta), y ella no respetaba ni eso. ¿Acaso no le bastaba con habérseme metido en la cabeza?

Al cabo de tres meses de vivir con Alex y Belinda, había ahorrado lo suficiente como para conseguir mi propio apartamento. Encontré un estudio en un segundo piso sin ascensor sobre una bodega en la esquina de la Primera Avenida y la calle 71 Este. Debía medir treinta y dos metros cuadrados y tenía espacio para un futón, un gavetero y una mesita con dos sillas, todo de Ikea. La ducha era de plástico, como las de los campers. Había una ventana que daba a la salida de emergencia y miraba hacia la pared de ladrillo del edificio de al lado. Le hice un agujero a mi cuenta bancaria para pagar por un portón que mandé a instalar en la ventana para poder dormir tranquila de noche y evitar que me invadieran la casa. A mediados de la década de los noventa, la ciudad no era un lugar seguro para que una mujer anduviera por la calle después de las nueve de la noche o viajara en el subway después de las ocho; de hecho, la política de Christie's era que, si te quedabas trabando hasta pasadas las ocho, regresabas en taxi a casa. Era una ventaja, pero también una cuestión de seguridad.

Me encantaba vivir en mi propio espacio, pero subestimé lo sola que me sentiría. Me abrí a la posibilidad de invitar gente a casa, pero no tenía amigos y en aquel momento no había citas por internet. Así que me pasaba los fines de semana durmiendo hasta demasiado tarde, viendo maratones de *Absolutely Fabulous* en mi ínfimo televisor, yendo a las matinés de tres dólares en el cine Regal y almorzando palomitas de maíz, o visitando el Met, donde te cobraban por entrar lo que pudieras dar, que yo siempre trataba de que fueran, al menos, cinco dólares. Los únicos invitados en mi apartamento eran los ratones, que dejaban sus desperdicios en la gaveta donde guardaba las galletitas de la fortuna que me daban cuando compraba comida china barata. De noche, me arropaba hasta las orejas para que los visitantes peludos no me las comieran también.

La oficina se ceñía bastante al acuerdo al que llegué conmigo misma aquel verano en que Marty me ofreció un trabajo de oficina: no habría paredes grises. Las paredes de Christie's eran lo menos pelado que había visto en la vida. Frente a mí, justo a la altura de mi cabeza, colgaba una pintura de Frida Kahlo que pertenecía a una colección privada y que no se exponía al público hacía décadas. El Codex de Leonardo da Vinci, que recogía los dibujos y bocetos de sus inventos, estaba expuesto y a la venta. Era magnífico. Bill Gates envió a su padre a verlo en privado y ganaron la subasta. De adolescente, era fanática de *Star Trek: The Next Generation*, un show que algunas de mis hermanitas y yo veíamos con Marty. Una noche, Patrick Stewart (el capitán de la tripulación) leyó del manuscrito de «Twas the Night Before Christmas», que estaba a la venta. Otro momento emocionante del mundo del espectáculo en el edificio fue la filmación de la escena de la subasta en *First Wives Club*, una película con Bette Midler, Sarah Jessica Parker antes de *Sex and the City*, Diane Keaton y Goldie Hawn. Christopher es el que dirige la subasta en la película. Madonna vino un fin de semana a un tour privado de la venta de Rudolf Nureyev, del que, por desgracia, me enteré el lunes siguiente. La venta de limpieza del armario de la princesa Diana fue en 1997. Sin embargo, ella no hizo una aparición pública, en cuyo caso habría insistido en estar presente. Los gigantes del mundo del arte se presentaban semanalmente en las ventas y subastas, así como en la oficina ejecutiva. El biógrafo de Pablo Picasso. El hijo del fundador de la casa de modas Givenchy, quien recién empezaba a crear su exitosa línea de joyería. En los tres años que trabajé ahí, vi más arte, más gente famosa y más creaciones importantes de las que jamás pensé ver en toda la vida. Me alegré de haberme prometido arriesgarme siempre por escoger lo más emocionante, no lo más fácil.

Como aún no tenía amigos en la ciudad, Alex y Belinda tenían la gentileza de llevar a la hermanita menor a sus eventos sociales. Belinda había empezado a trabajar para el Gobierno justo después de graduarse, así que tenía un grupo sólido y diverso de compañeros de trabajo que visitaban su apartamento o se reunían en el de otra persona. Una noche, la reunión se hizo en la casa de su jefe y fue todo el equipo. Mi hermano y yo, y unos pocos acompañantes, éramos los únicos que no trabajábamos para el Gobierno federal. Yo era tímida y siempre me convertía en la sombra de mi hermano. Hasta que escuché una carcajada sincera y graciosa, que era como una minifiesta en sí misma. Me llamó la atención, así que seguí el sonido hasta llegar a un hombre que estaba sentado en el medio del sofá entre dos compañeras de trabajo. Era todo un personaje, una especie de Christopher Reeve en el rol de Clark Kent, de piel marrón, hombros anchos y una amplia sonrisa de dientes perfectamente blancos, que se acomodaba los espejuelos de estilo en la nariz. Tenía el cabello como Superman: grueso, negro y ondulado; de vez en cuando un rizo le caía sobre la frente. También era corpulento. Un metro con ochenta de alto y en forma. Pero bobolón; guapísimo, pero bobolón. Una combinación desgraciadamente irresistible.

Entonces me vio. Abrió los ojos y dejó de prestar atención a la conversación. Me miró fijamente y me siguió con los ojos por la habitación. Al finalizar la noche, estaba viviendo mi primera cita en la ciudad. Se llamaba Derek y era compañero de trabajo de Belinda, un estudiante de química que había recibido una beca completa para estudiar en el Manhattan College. Un ecuatoriano-estadounidense de la mismísima punta de Manhattan, Dyckman Street. Las alarmas se dispararon esa noche, por supuesto. Tenía el pelo engominado. Vestía como un banquero inversionista con sueldo del Gobierno, pero aún vivía con sus padres y su abuela en un apartamento de dos habitaciones. Se burló de mí por usar «palabras de domingo» y ser tan estirada. Es un tipo de manipulación que ahora sé que se llama «negging» en inglés y que consiste en minar la confianza de la otra persona mediante halagos negativos. Le divertía la vehemencia de mis respuestas. Estaba atrapada.

Me resultaba tan familiar: un compañero luchador latino. Alguien que, como yo, intentaba triunfar en mundos donde no había ninguno de nosotros o tal vez uno solo de nosotros. Triunfar contra todo pronóstico. Cuando me llevó a conocer a sus padres fue como reunirme con mi abuela y el resto de mi familia en Claremont y Tiemann Place, era todo lo que había añorado y extrañado todos esos años en New Hampshire. Mis abuelos habían muerto y mis primos se habían mudado, pero había encontrado una nueva familia, que se parecía mucho —o eso pensaba— a la que tenía antes. No había forma de liberarme del agarre de esa nostalgia. Fue un hechizo. Sentí que recuperaba mi identidad latina y que una familia latina me rodeaba, me alimentaba, pero la aceptación y el protagonismo con que me había criado mi abuela no estaba ahí. Me decían (en un tono condescendiente, también para minar mi confianza) que había sido muy afortunada en conseguir el trabajo que tenía; fuera de eso, enfocaban toda su energía en el hijo triunfador, un pequeño emperador como mi hermano, más alto que sus padres, pero siempre el niño de oro ante sus ojos.

Los sábados en la noche, nos sentábamos los cuatro a ver la

televisión en los muebles forrados en plástico frente a las mesitas plegadizas sobre las que su madre colocaba el montón de comida que nos preparaba. Primero veíamos el fútbol y luego *Sábado Gigante*, el extravagante programa de variedades y entrevistas que se veía en todos los hogares latinos y que yo había dejado de ver hacía años. Las mujeres en el show usaban vestidos cortos y zapatos de tacón, y revoloteaban alrededor del animador, un hombre viejo, robusto y con cara de sapo. Eso me incomodaba, pero me tragaba mi «feminismo de gringa» con el arroz y hacía la vista gorda para seguir creyendo que aquel apartamento y la gente que vivía en él podían aliviar la ausencia de mi propia familia, cultura e identidad dominicanas. Claro que nadie puede reemplazar a los que se han ido o devolverte lo que siempre ha sido tuyo. Me engañaba. Derek era narcisista e impertinente, aunque, nuevamente, familiar. Su mejor amigo era un cocainómano que se ponía gafas de esquiar sobre la cabeza cuando iba a los clubes, como los Backstreet Boys. Yo estaba saliendo con un buen muchacho de barrio, y que luego se superó a sí mismo. Recibió una beca completa para hacer la maestría en Administración de Empresas en la Kellog School of Management, la número dos del país en esa disciplina, de Northwestern University en Evanston, Illinois.

Nos mantuvimos como pareja hablando por teléfono todos los días y gracias a que yo gastaba noventa y nueve dólares por un pasaje de ida y vuelta a Chicago un fin de semana al mes. Después, Derek pasaba las vacaciones cortas y el verano en mi pequeño apartamento estudio sin pagar alquiler. Ahí fue que las grietas empezaron a aparecer con total claridad. Un sábado, tarde en la tarde, en el verano antes de su segundo año, fue de compras con su hermano mayor y regresó a casa con un montón de bolsas. El estudiante graduado que no pagaba alquiler llegó con unas bolsas enormes de la tienda más cara del área tri-estatal, si no del país, Barneys.

—¿Barneys? ¿Qué diablos haces comprando en Barneys? —pregunté.

Me contestó con una sonrisita:

—¡Hay que estar a la altura de esos chicos del MBA!

—Pero ¿con qué dinero?

—Usé mi tarjeta de crédito —respondió.

Yo también había usado mi tarjeta de crédito para comprar ropa de trabajo, pero compraba en las ventas especiales de Zara donde con quinientos dólares me podía comprar la ropa de toda una temporada, zapatos incluidos.

Derek me mostró un traje de chaqueta que parecía tan caro que sólo de verlo me dolieron los ojos.

—Dos mil dólares —sonrió—. Va a lucir fenomenal en las entrevistas.

El precio me dejó perpleja. No podía imaginar gastar más de mi sueldo mensual en una sola pieza de ropa.

—Ah, también tengo algo para ti —dijo.

Vaya, ahora estábamos hablando. Digo, vivía conmigo sin pagar alquiler, yo pagaba por casi todas nuestras comidas y viajaba para visitarlo y mantener nuestra relación. ¿Qué tal una pequeña extravagancia para mí?

Sacó un paquete envuelto en lo que parecía una bolsa de bodega y me lo dio. No era de Barneys. Lo abrí intentando con todas mis fuerzas controlar el impulso de juzgar, sin querer creer que pudiera ofenderme de esa manera. Eran dos suéteres insulsos: uno azul marino y otro gris. El azul marino parecía usado y desgastado, y tenía lo que parecían restos de comida pegados en la parte del frente. Ninguno tenía etiquetas.

—¿Qué? ¿Qué es esto? —pregunté incrédula.

—Oh, los compré de camino a casa —respondió sacando aún más ropa de las bolsas de Barneys; las etiquetas gruesas y costosas parecían burlarse de mí.

—¿Los compraste dónde?

—Oh, a una señora que los estaba vendiendo.

—A una señora. En la calle —dije.

—Oh, sí. En la calle —me retó a decir algo más.

—Así que vas a Barneys y gastas miles de dólares en ti, ¿y en mí sólo gastas un par de pesos en ropa usada en la calle?

—Te traje algo, ¿no es cierto? ¿No es cierto?

Y ahí estaba, así trasmitía lo que yo valía. *¿Cómo me atrevía?* Qué familiar. Así que me hice más pequeña, pero, al mismo tiempo, por dentro me hice más grande, más fuerte. Cuando le ofrecieron pasar la mitad del año en Santiago de Chile y sugirió que no tenía que acompañarlo, no le permití que me privara de la oportunidad de vivir en Suramérica. Vivir y trabajar en otro país, mejorar mi español. Aquello era una buena movida profesional para mí. Demasiado buena para dejarla pasar, y sin tener que hacerlo sola, mucho mejor.

—Oh, no. Yo sí voy —le dije. Y conseguí un puesto de gerente de oficina en la sucursal de Christie's en Santiago para cubrir una licencia de maternidad y también instalar el sistema de correo electrónico en otros dos países.

El Chile de 1995 y 1996 fue un shock cultural. Yo creía saber lo que era ser latino, pero sólo sabía la mitad, pensando en la mitad norteña: México, América Central, el Caribe, incluso Brasil y el norte de Suramérica. ¿Pero Chile, Argentina y Uruguay?

—Mami, ¿por qué nadie me dijo que aquí todo el mundo es blanco? —le pregunté a mi madre la primera vez que la llamé desde nuestra nueva casa de alquiler. Me aseguraba de llamar a New Hampshire cada dos o tres semanas y Mami era casi siempre la que contestaba el teléfono, pero también llamaba a mis hermanas, a quienes extrañaba muchísimo. Nuestra primera casa de alquiler era chiquita y estaba rodeada de altos muros de piedra —todas las casas lo estaban— hermosamente decorados al estilo de Abuela en los ochenta. La casa pertenecía a la directora de la oficina de Christie's en Santiago, quien nos cobró un alquiler muy bajo por un mes en lo que encontrábamos otro lugar. Como era la norma (y a menudo lo sigue siendo), había una sirvienta que vivía en un cuartito detrás de la cocina, apenas más ancho que una cama individual. Iba a su casa a ver a su familia sólo los domingos. Era indígena y me di cuenta de que la mayoría de la gente que formaba la clase de servicio también lo era. Tenía mí mismo color y era tan bajita como yo, pero nuestras facciones eran diferentes. Había una campanita en la mesa del comedor que debíamos tocar si necesitábamos algo durante las comidas, y había timbres en el baño, al lado de nuestra cama y en el salón. Todo aquello sonaba mucho como la historia de la esclavización en los Estados Unidos. Nunca había visto o experimentado algo así. Mi rojo, blanco y azul se erizaban, mientras Derek se deleitaba, claro. Era como tener a su madre para atender todos sus caprichos. Yo, la feminista Madame Auto Suficiente, estaba horrorizada.

Una noche salí de la cama para buscar un poco de agua en la cocina y Derek me susurró: «¡Usa el timbre!». Yo no iba a sacar a una mujer adulta de su sueño para que me trajera el agua como si fuera una niña. ¡Qué ridiculez! Tan pronto como abrí la puerta del refrigerador, la puerta de servicio, que estaba justo detrás, se abrió: me suplicó en español que la dejara servírmela. Yo insistí en hacerlo yo misma.

La mañana siguiente, la directora de la oficina me llamó aparte y me dijo:

—Oye, estás incomodando a Graciela.

—¿Yo? —Me sentí fatal. No pensé en cómo le afectaba lo que estaba haciendo. Sólo pensé en que me hacía sentir mucho más cómoda.

—Su trabajo es atenderte. No la estás dejando hacer su trabajo, ¿okey?

Entendido. Esa noche en la cena, la gringa proigualdad de derechos tocó la campanita en la mesa del comedor para pedirle a Graciela que levantara la mesa y sirviera el postre que nos había preparado. Salió del rincón de la cocina donde aguardaba a que la llamaran y se llevó los platos sonriendo complacida.

Mi español, no obstante, era un problema. O debería decir que mi falta de español era un problema; así que pasé las primeras tres semanas desde que llegué a Santiago completando cuarenta horas semanales de lecciones privadas pagadas por mis jefes en Nueva York. A tal extremo había olvidado mi lengua materna que cuando aterrizamos (al cabo de un vuelo de catorce horas desde Miami inundado de humo de cigarrillo), lo único que podía balbucir era hola y gracias. Las clases de español fueron una revelación porque en tres semanas pasé de un vocabulario de cinco palabras a leer el periódico y conversar con los clientes. Le preguntaba sobre esto a mi madre cuando llamaba a New Hampshire para hablar con ella, con Marty y mis hermanitas.

—Ma, ¿cómo he podido pasar de «hola» a leer el periódico en sólo unas semanas?

—Bueno, el español fue tu lengua materna —contestó.

—¿Lo fue?

Recordé la época de mi muñequita cuchicuchi y que las palabras que escuchaba a mi alrededor eran en español. Por supuesto, no tuve que preguntarle por qué me sorprendía. Había tantas cosas de nuestra infancia de las que Mami no hablaba. Como me dijo una tía mayor hace años: «Tu madre era muy reservada». Y yo no la presionaba mucho; había aprendido que haciéndolo no lograba nada o sólo lograba incitar su hostilidad. Lupe divulgaba sólo lo que quería y cuando quería. Yo tenía que deducir lo que pudiera cuando pudiera, y ese pequeño dato fue una revelación.

La vida allá, sin embargo, no fue fácil. La directora era una mujer diminuta y mezquina de ascendencia europea que, al principio, me trataba como a una de sus sirvientas. También me llamaba, como muchos otros, «negra» y «gorda». Es cierto que había aumentado de peso con la sublime comida chilena, los pisco sours y el vino exquisito y tan abundante que se encontraba en los supermercados al lado de las sodas y se vendía al mismo precio. Pero llamarme «gorda» cuando vestía una talla ocho, era demasiado.

Un día me llevó a una cita con un cliente como a una hora de la ciudad. Llegamos a lo que sólo se puede describir como un complejo cerrado del tamaño de una cuadra. Al entrar, vimos guardias de seguridad vestidos de negro en todas las esquinas. Vinieron dos al carro a abrirnos las puertas y nos dirigieron a otro grupo de empleados, que a su vez nos llevó dentro de la casa, que parecía más un museo de arte hispánico colonial que una casa de familia. Todas las superficies, todas las paredes, estaban adornadas con santos y crucifijos, madera y bronce, y pinturas enchapadas en oro.

El cliente era un hombre blanco y corpulento que tenía el cabello gris y estaba vestido informalmente con una camisa de botones medio abierta, que dejaba ver un poco del pecho bronceado. Se sentó a la cabeza de una mesa de madera tallada colosal. Ninguno de los que estábamos sentados medía más de un metro sesenta y siete, por lo que parecíamos niños sentados en sillas de adultos, así de grande que era el juego de comedor. Entonces participé en la cena más formal a la que he asistido en mi vida. Cada cual tenía una camarera, aunque la palabra que me viene a la mente es sirvienta. Y digo sirvienta porque eran mujeres vestidas en riguroso uniforme de sirvienta británica, con todo y la cofia blanca sujeta con horquillas al cabello, delantal y cuello a juego sobre un vestido negro ceñido a la cintura.

Apenas pude comer porque mis ojos querían devorar todo a mi alrededor. Volví a notar que mi piel y mi figura se parecían a las de las sirvientas. Hice todo lo que pude por no dejarme apocar por la inseguridad y recordarme para quién trabajaba y por qué estaba ahí.

Cuando Linda y yo regresamos a la yipeta que nos llevó de vuelta a la ciudad, tuve que preguntar:

—¿A qué se dedica? ¿De dónde proviene su fortuna?

—Vende armas al Medio Oriente. Ya sabes, Iraq, Irán. Su familia comenzó el negocio después de la guerra, pero él es el que ha amasado de verdad la fortuna familiar.

Nuestro anfitrión, un traficante de armas con un apellido alemán. No quería parecer entrometida o chismosa, pero tenía que averiguar más, así que le pregunté a Linda todo sobre cómo la familia de aquel hombre había llegado allí antes de cruzar la línea. Básicamente, como sé ahora, después de la Segunda Guerra Mundial, miles de alemanes nazis huyeron a Chile, al igual que los italianos huyeron a Argentina y Uruguay. No sabía cómo procesar lo que acababa de descubrir. Me molestó y me hizo sentir incómoda, pero hice mi trabajo: fingir, fingir, fingir. Fue lo que hice para llegar hasta allí: fingir que mi relación con Derek era buena a sabiendas de que sinceramente no lo era (ésa era la razón por la que comía y bebía en exceso); fingir que sabía lo que hacía; fingir que pertenecía a aquel lugar. Una negra, una gordita, no una europea y delgada como las personas que me rodeaban; fingir que era normal tener una sirvienta que vivía en un armario detrás del refrigerador y que sólo veía a su familia los domingos por el día. Chile me jodió la cabeza en lo que tenía que ver con clase, raza e historia. Pensé mucho en mi madre el tiempo que estuve allí. Ella también tuvo que hacer un ajuste cultural enorme cuando llegó a vivir a los Estados Unidos, en especial a New Hampshire. Fingir, combinado con la emoción de la novedad; esta última, adictiva, lo otro, degradante. Una trampa de la que no era fácil escapar.

Pero, ay, Dios, cuánto amé ese país. Un paisaje mágico lleno de gente cálida y creativa (fuera de mi trabajo), de arte y comida. Conocí el rock alternativo en español y grupos como Café Tacvba y Aterciopelados en conciertos y clubes atiborrados de gente. Fuera de Christie's, con los compañeros de clase de Derek, me sentía menos impostora y podía disfrutar más del lugar en el que estaba.

Hasta que conocí a Derek, sabía que era imperfecta, pero no me odiaba a mí misma. Por desgracia, nuestra relación consistía en que él hacía todo lo posible para que yo me sintiera insegura y poca cosa. Me tomó una década comprender cómo y por qué acepté esa situación. Era una repetición de cómo mi madre me hacía sentir: poca cosa, una víctima. Y tal vez de cómo se sintió ella en ocasiones cuando estuvo casada, ya fuera cuando Papá le daba el cheque de la semana o cuando no le gustaba su cabello o se burlaba de su acento. Además, estaba la presión externa sobre Derek y sobre mí, pues la gente decía que éramos «la superpareja latina», y la sociedad de los noventa consumía películas en las que los buenos amigos se prometían casarse si no habían conseguido pareja a los veintiocho años. Yo también le añadía presión a la relación porque estaba decidida a que funcionara. Ése siempre sería mi defecto. Me obsesionaba con arreglar las cosas en vez de ir tras algo que funcionara para mí también.

Pasamos seis meses reveladores, incluidas dos semanas en Buenos Aires, donde por fin probé un filete de verdad; y una semana en Montevideo, Uruguay, una ciudad que parece más de Europa del Este que de Suramérica. Mis colegas en todas las ciudades, agradecidos por el entrenamiento y el apoyo técnico, nos invitaban a Derek y a mí a cenar a sus casas. En Montevideo, supimos del secuestro del esposo de la directora, el rescate, la pocilga en la que lo mantuvieron y la reunión con sus hijos. Ése era el precio que había que pagar por tener un poco de dinero allí: no saber si regresarías a casa, nunca.

De regreso a los Estados Unidos, Derek se graduó y, relativamente pronto, consiguió trabajo en un pequeño banco de inversiones. Nos mudamos a un agradable apartamento de una habitación en un edificio con ascensor en el Upper East Side, pero en unos meses, a Derek se le presentó la oportunidad de transferirse por seis meses a las oficinas de su nueva compañía en la Ciudad de México. Esta vez nos mudábamos por su trabajo, de modo que él pagaría por los gastos. A nuestro regreso de Santiago, Christie's había destruido mis sueños de meritocracia. Llevaba tres años trabajando allí y aún ocupaba el puesto de asistente en las oficinas ejecutivas (sí, durante el escándalo por fijar los precios con Sotheby's, de cuyo director ejecutivo yo pasaba las llamadas). No quería entrar en el departamento de mercadeo, a donde querían mandarme. Quería ser especialista en arte. Me pueden preguntar lo que sea sobre arte contemporáneo, joyería, ventas en Hong Kong o mobiliario estadounidense, me había convertido en una entusiasta enciclopedia de saber, pero no me servía de nada. Mi familia no conocía a nadie. No provenía de una familia adinerada. No tenía a dónde más ir. Así que intenté hacer lo mismo que había hecho en Chile en la oficina de Christie's en Ciudad de México, pero esta vez no lo logré.

—Bueno, ya sabes qué significa eso —dijo Derek.

—¿Qué?

—¡Vas a tener que casarte conmigo!

En Chile llevábamos unos aros de matrimonio baratos y fingíamos estar casados para poder conseguir un apartamento, pues las uniones de hecho no eran bien vistas en una ciudad tan católica. Y, sí, tenía la esperanza de casarme algún día, y me gustaría poder decir que me dio gusto escucharlo decir eso, pero más bien, me sentí arrastrada por otra corriente, un mar de fondo que no me permitía ver dónde estaba la superficie. Todas las señales apuntaban al matrimonio, así que lo haría y ya. Procedí como si no tuviera alternativa.

Comencé a planificar una boda pequeña que pudiéramos pagar en una casa antigua con granero en New Hampshire durante las vacaciones de Acción de Gracias. Incluso conseguí un vestido con los hombros descubiertos, pero de mangas largas para que no se me vieran las cicatrices de los brazos, que volvieron a aparecer porque me rascaba por ansiedad. Pero la madre de Derek lo vetó todo, no quería viajar a ninguna parte. La boda sería en la ciudad de Nueva York. Me puse furiosa. Derek hacía todo lo que su madre dijera y no había forma de pagar una boda en la ciudad de Nueva York, así que nos casamos en secreto. Un día me puse mi conjunto de falda color lavanda claro de Burlington Coat Factory con la bufanda de terciopelo a juego de Zara y unos zapatos de tacón. Derek se puso uno de sus trajes de Barneys y agarramos un taxi para casarnos ante un juez de paz. Nuestros simpáticos vecinos jubilados fueron nuestros testigos. Tan pronto como nos sentamos en el nuevo restaurante latino que escogimos para después del acto, supe que todo había terminado y que había cometido un gran error. En lo sustancial, nuestra relación terminó ese día, en ese momento, me lo decía mi instinto, que me mostró la verdad sin lugar a duda. Hay una foto de Derek y mía en la mesa ese día. A pesar de que sonreía, mis ojos gritaban: «¡Sálvenme!». No recuerdo la llamada a mi madre después del hecho, ni su reacción, ni la de ningún miembro de mi familia cuando se lo conté. No recuerdo a nadie, excepto a Alex y Belinda, que, como siempre, me apoyaron. Aprehensivos y preocupados, pero me apoyaron.

Derek no quiso dormir conmigo esa noche, ni muchas noches después. Sin embargo, eso no nos impidió irnos a Ciudad de México. Contrario a nuestros viajes anteriores, esta vez, Derek iba a trabajar por la mañana mientras yo, sin tener que estudiar, me quedaba en casa intentando decidir en qué trabajar.

Me encantaba Ciudad de México, todavía me encanta, pero toda la belleza, las sensaciones —y, sí, el peligro; antes era mucho más peligrosa— de esa ciudad no podían cambiar el hecho de que yo no trabajaba a tiempo completo, que pasaba demasiado tiempo sola y que vivía de mis ahorros. Derek pasaba casi todas las noches con sus colegas, no conmigo. Yo intentaba relajarme con los expatriados, pero esa gente blanca —europeos y estadounidenses— decía las mismas mojigaterías que la gente de Christie's acerca de la sobrepoblación y el hecho de que alguna gente fuera genéticamente inferior o más apta para el deporte. Me enfermaba y me sacaba de quicio. Yo era otra vez la minoría ejemplar. Entre tanto, mi nuevo esposo apenas se me acercaba. Se me rompía el corazón, me sentía tan sola y ansiosa. En aquella reubicación internacional, contrario a cuando vivimos en Chile, rebajé más de nueve kilos a causa de la ansiedad y de una terrible infección estomacal mal diagnosticada. Por fin, harta de sentirme enferma, desempleada y desatendida, le dije a Derek que tenía que regresar a Nueva York. Me prometió pedir un traslado y estar de vuelta en unas seis semanas. En ese tiempo podría comenzar a buscar un trabajo nuevo y acomodarme. Noté que accedió a que me fuera con mucha facilidad, casi con alegría.

Fue un verano duro, tuve que subalquilar un apartamento por mi cuenta en el Upper East Side, pero, tan pronto como pisé suelo familiar, todos los problemas estomacales desaparecieron. Fue un alivio ver a Alex y Belinda, y hasta me alegró que Lupe viniera a verme. Después de que me casé, la comunicación con mi madre había sido escasa. Las llamadas telefónicas eran caras y yo las reservaba para un par de veces al mes, y casi siempre hablaba más con Alex. No era que hubiese roto adrede con mi madre, Marty o Peter en aquel momento, era sólo que cada cual estaba viviendo su vida. Entonces no sabía dónde estaba Papi, el único que le seguía la pista era Alex. Papá trabajaba y no era de los que llamaban, nunca; los hijos éramos los que teníamos que llamar. Mami tampoco llamaba; era yo quien la llamaba una vez al mes, si acaso. Ahora que lo pienso, me parece interesante que mi madre, que siempre estuvo dispuesta a darme su opinión o criticarme, no tuviera nada que decirme en aquella época. Pensé que estaría ocupada en sus cosas, en su trabajo y con mis hermanitas, que ya empezaban la secundaria. Todos éramos planetas en diferentes órbitas.

De regreso a la ciudad y a la carrera de las entrevistas, conseguí otro trabajo de asistente ejecutiva en un lugar donde creí (me equivocaba una vez más) que tendría la oportunidad de ascender. Conseguí un apartamento en Brooklyn Heights a una parada en tren de Manhattan. Belinda había tenido a mi sobrina, su primer bebé, y mi hermano y su familia se mudaron unos cuantos condados al norte a una casa en los suburbios.

De pronto me hallé sola en la ciudad; sin Abuela y Abuelo, sin Papi y mis primos, sin Alex y Belinda, sin siquiera mi esposo. Y en verdad ¿regresaría mi esposo?

CAPÍTULO 8

... PORQUE PENSÉ QUE PODÍA EMPEZAR DE NUEVO

D ilo. Sólo dilo —dije.

Tensos, Derek y yo estábamos sentados en el sofá de nuestro apartamento de Brooklyn Heights. Apenas vivimos ahí cuatro meses como pareja después de que regresara de Ciudad de México. No hacía más que dar rodeos en aquel momento y, aunque yo sabía lo que intentaba decirme, quería que me lo dijera claramente. *Cobarde*.

Susurrando apenas y mirando al suelo, por fin dijo:

—Quiero divorciarme.

Dos pensamientos me pasaron por la cabeza: uno, qué bueno; ya no tendré que seguir aguantando esta mierda, ya no me despertaré a medianoche a causa de un marido infiel que se mete en la cama aún mojado después de darse la ducha de la vergüenza, ya no tendré que aguantar que la persona que juró amarme me mienta con regularidad; y dos, me jodí, fracasé, ¿divorciada a los veintipico? Fracasé, soy un fracaso.

Más o menos un mes antes de ese momento en el sofá, Derek acababa de llegar a casa de un viaje de trabajo y, mientras se cambiaba de ropa en la habitación, me quedé mirando su bolso de viaje negro, que estaba abierto en el salón. Me pregunté qué sabría ese bulto que yo ignorara. Entonces, justo detrás de él, vi un papel amarillo doblado que debió caérsele al suelo cuando buscó su estuche de baño. Si el papel estaba en el suelo, ¿por qué no lo recogió? Si era algo que no quería que yo viera, ¿por qué el descuido? Como en cámara lenta, agarré el papel, lo abrí y lo leí, línea por línea. La vista se me fue nublando según me daba cuenta de lo que era: una factura de un centro hedonista sólo para adultos. Derek no estaba en un viaje de trabajo, estaba de juerga con sus amiguitos en el Caribe mientras yo me quedaba en casa como una esposa fiel. Mi reacción a aquel autosabotaje al parecer intencional —guardar el recibo en el equipaje y luego dejarlo caer— fue apropiadamente explosiva. Su respuesta fue volver a empacar el mismo bulto e irse para no regresar hasta un mes después, a la escena de la conversación sobre el divorcio en el sofá.

En ese sofá en Brooklyn, tuve que preguntarle:

—¿Por qué la prisa?

Llevábamos tan sólo unas semanas separados y menos de un año casados. Yo sabía que había cometido un error al casarme con él y que nuestra relación no funcionaría jamás, pero eso no significaba que estuviera lista para quedarme sola o que me despachara tan pronto.

—Porque me voy a vivir con ella —respondió.

Era la recepcionista de la oficina central de su compañía en Cannes, en el sur de Francia, donde habíamos ido hacía poco. En vez de echarme a llorar, mi lado práctico afloró, enderecé la espalda y le pregunté a Derek si iba a mudarse a Francia. Me dijo que sí.

Lo que complicaba las cosas era que yo acababa de empezar mis estudios de posgrado a tiempo completo. Mi sueño: un máster acelerado en el Teachers College de Columbia en Psicología

Aplicada. Mi meta era seguir después hacia el doctorado, y el plan era que, así como yo había apoyado económicamente a Derek mientras hacía sus estudios de posgrado —primero vivió en mi apartamento y luego proveí para ambos en Santiago de Chile— ahora le tocaba a él apoyarme a mí. Yo ya tenía un préstamo estudiantil, que este programa duplicaría, y no tendría ingresos. Otro hombre importante en mi vida que me dejaba colgada económicamente: Papi justo antes de la universidad y ahora éste.

Cuando me admitieron, Derek preguntó:

—¿Por qué quieres proseguir estudios de posgrado?

Mi respuesta fue que no importaba dónde trabajara, siempre estaría en desventaja respecto a gente menos experimentada y competente que yo porque los jefes no podían «verme» en puestos más prominentes. Yo era marrón. Ellos no.

Después de Christie's, pensé, qué diablos, yo sabía de banca e inversiones (gracias, Papá). Tal vez era hora de sacarle provecho a eso e ir tras la plata. Duré cuatro meses como asistente del director de servicios a clientes privados en Goldman Sachs. Era un tipo bastante buena gente, pero me aburrían sobremanera las paredes grises y las pilas de papeles impresos en impresora de matriz de puntos. Además, parte de mi trabajo era revisar los informes de gastos de sus asociados, que incluían clubes de strippers; aquél no era lugar para una feminista con pantalones como yo.

Sólo porque podía trabajar en Wall Street no significaba que quisiera trabajar en Wall Street. Había llegado el momento de encaminarme hacia las cosas que siempre había atesorado y disfrutado: las revistas. Éstas habían sido mi escape, la forma de viajar y experimentar el mundo en mi cabeza; desde las guerras hasta la moda. Comencé a trabajar en Time & Life, la compañía de revistas más grande del mundo en los noventa. Obtuve la oferta de trabajo cuando la directora de Recursos Humanos me preguntó algo que no supe contestar. Esperé un instante y le respondí con sinceridad: «La verdad es que no sé. No puedo contestarle». Bingo. Contratada. Me ayudó que la mujer fuera negra. No cabe duda. Por desgracia, no siempre obtenemos lo que queremos. Como la caza noticias que era, quería trabajar en la revista *TIME*, claro está, pero la plaza que había disponible era en la revista *Money*. Marty siempre estuvo suscrito a *Money*, *Fortune* y *Forbes,* y siempre conversábamos sobre la bolsa de valores y la economía; era nuestro deporte. Al menos tenía un pie dentro de la compañía.

Pero, una vez más, cometí el error de pensar que ser asistente era lo mismo que ser aprendiz. En muchas industrias, ese puesto es un escalón para ascender en una compañía, incluso en las revistas, como *Vogue*. Sin embargo, ocurrió lo mismo que en Christie's; el nuevo y joven jefe de redacción de la revista no lo veía de ese modo y, como una de las dos únicas personas de color en un equipo editorial grande, me di cuenta de lo fácil que sería mantenerme en mi esquinita. Cuando solicité al programa de posgrado, tenía la seguridad (ilusoria) del matrimonio, así que pensé que era el momento oportuno para hacer lo que mi esposo había hecho: completar estudios de posgrado e ir en esa dirección. La gente marrón como yo tenía que triunfar y sobresalir para estar a la par de cualquier persona blanca mediocre que ascendía sin esforzarse.

Hay que recordar que Mami no me dejó solicitar a Columbia para la licenciatura. No fui a la universidad en la ciudad, pero lo hice de todos modos, incluso mejor, para mis estudios de posgrado. Si me dicen que no, lo haré si lo deseo lo suficiente.

A la pregunta de Derek: «¿Por qué quieres proseguir estudios de posgrado?», siguió:

—¡Ahora estás casada! Me tienes a mí. ¿Y quién se va a hacer cargo de los bebés?

—¿Bebés? Tienes dos brazos y dos piernas. ¡Tú también puedes cambiar pañales!

—¡Jamás en la vida cambiaré un pañal! —me gritó.

Ése fue el clavo que selló el ataúd de nuestra relación. Me casé con un patriarca macho latino. Claro que sí, me casé con la versión de mi madre, la tradicional, la versión del matrimonio por la que abandonó su independencia y ambiciones profesionales, la que libraba a Alex de ayudar en la casa. También la que era cruel e insultante, manipuladora y fría; narcisista. Me había puesto a mí misma en el patrón de mi familia (según el modelo de la dinámica entre Mami y Papá) de víctima y villano. Me tomó años de terapia, libros de autoayuda y trabajo mental para verlo. Hice toda la tarea porque no podía creer que había sido capaz de casarme con alguien que no cambiaría pañales. Bien pudo haber sido un cavernícola en traje de chaqueta, su mentalidad se alejaba mucho de lo que era importante para mí o estaba dispuesta a tolerarle a alguien.

—¿Entonces, por qué diablos estás conmigo? ¡Sabes que soy ambiciosa! Que me mantengo y que quiero hacer una carrera. ¿Y esperas que lo abandone todo y me ponga a parir muchachos? —le grité.

No veía más que la imagen de mi madre. La forma en que sus hijos arruinamos lo que siempre quiso hacer de su vida; o al menos eso era lo que nos comunicaba. Yo quería tener hijos en algún momento; uno tal vez. Guardaba tanto amor para un hijo, pero sabía que esperar a ser mayor significaba ser una mejor madre, tener más seguridad financiera, una carrera prometedora y, con suerte, una pareja que me apoyara.

Derek salió de la habitación. Ambos cometimos un grave error al tomar los votos. Teníamos expectativas diferentes, nos habíamos inventado nuestras propias historias, que no eran más reales ni tangibles que una proyección en una pantalla. Yo había construido la mía basada en la nostalgia por el tiempo en que viví con mi familia y mi comunidad latina, e intenté recrear la misma sensación de confort, conexión y aceptación con la suya. Pero sus padres también se quejaron y cuestionaron el que yo prosiguiera estudios de posgrado. ¿Por qué hacerlo ahora que su maravilloso hijo podía ser el padre de mis hijos?

En nuestra conversación sobre el divorcio en el sofá, sabía que de ninguna manera iba a renunciar a mis estudios de posgrado, pero necesitaba dinero. También sabía que tenía a Derek atrapado. Él quería lo que quería: salir pronto de mí porque había dejado embarazada a una recepcionista francesa en Francia. Y yo quería lo que quería: proseguir con mis logros. Ése era mi objetivo en aquel momento, lo nuestro no tenía solución. Debía asegurarme de que mi vida siguiera adelante porque sólo me tenía a mí misma.

—Muy bien, te daré el divorcio, pero yo te mantuve mientras hiciste tus estudios de posgrado. Me merezco lo mismo.

—Está bien. ¿Cuánto? —preguntó, resignado.

Calculé a toda prisa el monto de lo que necesitaría para sobrevivir estudiando a tiempo completo. Le di una modesta cifra de cinco números y él aceptó. En una semana tenía en mis manos el cheque que sacó de un préstamo. No me atreví a respirar hasta que cobré el cheque. Pude pagar el alquiler y realizar mi sueño de ir a Columbia. Mi ex con sus trajes de Barneys bien podía endeudarse hasta las orejas, pero a mí no me importaba. Estaba ansioso por despacharme rápidamente y yo estaba ansiosa por comenzar mis estudios de posgrado.

No puedo ocultar lo que me dolió la ruptura de ese matrimonio, a pesar de que pude estudiar en la universidad de mis sueños. Estaba sola, me habían dejado por otra y me sentía terriblemente ridícula y avergonzada de haberme dejado engañar por las apariencias de Derek. Nunca me amó y a mí nunca me gustó como persona, así que lo que lamentaba haber perdido era la idea de una familia y un matrimonio amorosos y funcionales. La idea del amor para toda la vida, que había construido a base de observar el mundo, no a mis padres. La idea de quien creía ser como persona había fracasado a lo grande. Casarme era un peldaño hacia el «éxito». Haberme caído en esa frágil escalera me dolió en el alma.

Ir al campus de Morningside Heights cinco días a la semana me salvó. Me salvó del deseo de arrojarme frente a un taxi y dormir, no morirme, sino pausar mi vida en una cama de hospital, drogada y rodeada de gente que me cuidara. La universidad me mantuvo en pie; la universidad y la rabia. Resulta interesante la motivación que puede dar la rabia y que, combinada con mi temperamento innato, produjo una determinación inigualable.

Con el tiempo me desmoroné e hice una cita con el psiquiatra del centro de salud universitario, un hombre mayor del Upper West Side que vestía ropa casual. En nuestra sesión inicial me preguntó:

—¿Piensas en acabar con tu vida, en matarte?

Levanté el mentón bañado en lágrimas, me sorbí los mocos y dije:

—No le voy a dar el gusto.

El psiquiatra rio según escribía la receta.

—Oh, vas a estar bien.

No iba a darle a Derek el gusto de no alcanzar mi meta de obtener ese grado. Ni a mi madre, que se tomó muy mal el divorcio y en secreto sentí que siempre deseó que fracasara; no es que lo supiera de hecho, era sólo un presentimiento, como cuando la que se supone que sea tu mejor amiga no te apoya como debería. Lupe llamaba y me suplicaba que no me divorciara. Lo que más le preocupaba a mi madre eran las apariencias. Que yo me divorciara significaba una vergüenza y un fracaso para ella también, de algún modo. Aun cuando ella se había divorciado de Papi Wong. Aun cuando le dije lo que Derek había hecho, lo mal que me trataba. Era como si mi madre hubiera regresado a los días de Abuelo y Abuela y sus dos familias. No era la madre que me crio para sobresalir en la escuela y ser autosuficiente; era la cara opuesta y fea. Me dolía que quisiera hacerle la vida más fácil a Derek y hacer de la mía un infierno. Una vez más, no importaba lo que yo quisiera o necesitara. Por suerte, Alex era un hombro sobre el que podía llorar. Mi hermano se preocupaba mucho por mí, a pesar de que pasaba las noches en vela a causa de su hija recién nacida y los largos viajes para ir a trabajar. Se quedó tan preocupado después de una conversación telefónica una mañana que esa misma tarde tocó a mi puerta. Aunque sólo salimos a dar un paseo, me hizo sentir que había alguien ahí, alguien que se preocupaba por mí.

Pero un divorcio a los veintisiete años, tan repentino y lleno de traición, era mucho para mí. No podía concentrarme en la escuela y los trabajos por entregar se acumulaban. Esa educación era mi responsabilidad, un montón de dinero que tendría que devolver y mi sueño. Tenía que esforzarme por hacerlo y hacerlo bien para poder pasar al siguiente nivel. Y ni hablar de poseer algo valioso que nadie podría quitarme. Me permití tomar antidepresivos por tres meses. Tenía que echar a andar el cerebro como quien echa a andar un carro viejo. Me ayudaban a lidiar con el llanto continuo, las lágrimas que caían sobre el libro de texto según subrayaba los pasajes de los textos asignados en el tren. Incluso con los alaridos de dolor que se me escapaban cuando regresaba al apartamento vacío, el vacío que me atormentaba. Pero no podía y no iba a permitirme no sobresalir en mi educación.

Yo no fui la única que necesitó un abogado en aquel momento. Después de unos años terribles, Mami y Papá por fin se divorciaron. Sentí que había algo de inevitabilidad en ello, algo de alivio también, pero como mis dos hermanitas más jóvenes estaban en la secundaria y aún vivían en casa, me dio mucha pena con ellas. Creí que sentiría alivio porque mis padres, que no se soportaban desde hacía años, pudieran rehacer sus vidas. Ahora pienso que lo que sentí fue el fin de una era, el fin de lo que conocimos como nuestra familia.

Hablé con Papá y me dijo que Mami había presentado los documentos. Luego hablé con mi madre y me dijo que sí, que los había presentado porque estaba harta; harta de todos esos años de lucha y de la letanía de quejas de Papá y viceversa. Ambos tenían el nido casi vacío y, aunque sabía que su separación era tan inevitable como la mía —hacía más de un año que no se decían algo agradable— me parecía un precipicio. Cuando toda la vida hemos conocido a nuestros padres juntos, aunque se detesten, la realidad de que existan como personas separadas, que ya no los unan ni las quejas mutuas, es otra cosa. No podía imaginar qué harían uno sin el otro.

Lo que hizo Marty, por suerte, fue conducir hasta Brooklyn desde New Hampshire junto con mi hermano Alex —que se estaba estrenando como papá y había conducido con Belinda desde los suburbios— para ayudarme a mí, la recién divorciada, a mudarme del apartamento de Brooklyn Heights. Me mudaba a un apartamento de una habitación renovado, de alquiler estabilizado, en un quinto piso sin ascensor en Washington Heights, de vuelta a Manhattan, donde pertenecía. En 1999, Washington Heights era mayormente dominicano, pero ya se empezaban a ver restaurantes y cafés «nouveau», cuyos dueños eran de segunda generación, y sin duda más caras blancas de las que jamás había visto, aunque al principio llegaron a cuentagotas. Casi me sentí culpable por el extraordinario estado del apartamento que conseguí por ochocientos dólares mensuales: pisos nuevos, enseres nuevos, baño nuevo, etc.

Me sentía culpable por beneficiarme de la gentrificación, aunque compartiera una herencia cultural con las personas que me rodeaban y las que habían sido desplazadas.

Los glúteos se me pusieron como una piedra. Era agotador subir la compra esos cinco pisos sin ascensor, pero tenía mi propio espacio seguro y cómodo, y hasta más cerca del campus de Columbia. El hombre con quien alguna vez quise compartir la vida ya no estaba, pero el día de la mudanza aún había dos hombres en mi vida que me ayudaron a comenzar de nuevo. Me sentía agradecida.

Al parecer, la situación posdivorcio de Marty no fue tan agradable como la mía. Fui a verlo un fin de semana y lo que me encontré distaba mucho del hombre en traje de chaqueta con maletín que conocí en la infancia. No se supone que a los veintitantos y sin dinero vivamos mejor que nuestros padres. Por suerte, Papá ganaba algo con su nuevo empleo, así que pudo conseguir un lugar donde vivir, punto; pero el espacio estaba muy mal construido. Había alquilado una parte de la propiedad que tenía unas pocas ventanitas, un colchón en el suelo, cajas llenas de papeles y más y más papeles amontonados por doquier. No había un solo efecto personal, ningún indicio de que estaba en el hogar de mi padrastro. Bien podía ser el hogar de cualquiera. La imagen de Papá sin duda había cambiado desde la época en que vivía en su apartamento «cool» en el Uptown, con su escalera de caracol con pasamanos de hierro y decorado con sillas de ratán a la moda. Yo no tenía nada que ofrecerle salvo mi presencia. Sin dinero y sin apoyo, sus nuevas circunstancias me provocaban sentimientos encontrados. ¿Cómo era posible que yo consiguiera un buen lugar por poco dinero y lo hubiera puesto bonito en poco tiempo y él no? Tenía treinta años más que yo. Creo que esperaba más de él. Y eso era injusto, por supuesto, porque Marty tenía que pagar no sólo la pensión de Mami, sino los préstamos estudiantiles de mis hermanitas. Había gastado el dinero de su retiro manteniendo a flote a la familia cuando se quedó sin trabajo. Mi mente joven no reconoció que pudieron ser las decisiones de una persona con una depresión clínica, algo más que tal vez compartíamos.

Lupe siguió otro camino después del divorcio. Se comportaba como si hubiera salido de una jaula. En honor a la verdad, así debió sentirse cuando pasó de tener que criar a seis niños y mantener un matrimonio desgraciado a liberarse de todo y todos.

Mami compartía con Marty la afición por acumular cajas y papeles que requerían de camiones para mudarlos y deshacerse de ellos, pero, incluso antes de mudarse, lo primero que hizo fue empezar a viajar. Lupe separó un dinero y se unió a un grupo de mujeres retiradas para viajar a un lugar que siempre había querido visitar: el Gran Cañón. Ese gasto aparentemente descabellado me sorprendió, aunque no debió hacerlo. Lupe era una exploradora reprimida, amante de la cultura, el arte, los viajes, la historia y todo lo mundano, pero con seis niños y en casa, ¿cómo lo hubiese podido hacer?

Cualquier limitación que Lupe haya podido tener antes, ya no podía detenerla. Aunque sabía que deseaba ser una ciudadana del mundo y siempre hablaba de visitar ciudades, como París, me sorprendió que viajara a algún lugar, pues la única vez que viajó en décadas fue a Santiago, República Dominicana, para enterrar a sus padres. Cuando regresó, decidió que ya no quería seguir viviendo en New Hampshire e invirtió un tiempo contratando gente que le arreglara la casa para venderla: reemplazó la madera podrida color verde claro con un revestimiento de vinil azul claro, logró sacar las más de cien cajas que estaban en el salón. La casa que Marty había construido y que sus hijos habíamos llenado, se desmantelaba y reconstruía pieza a pieza.

Ya medicada mi depresión, me dediqué de lleno a mis estudios y asumí mi rol de estudiante como si fuera el mejor empleo que hubiese tenido. Me esforcé en mis cursos y socialicé un poco con mis compañeros estudiantes más jóvenes, que en su mayoría venían directamente del grado. Claro que seguía siendo un desastre de persona, pero intenté, algunas veces sin éxito, no someter a la gente a mis necesidades y enfocarme en mis estudios. El tema de uno de mis primeros trabajos, que me dijeron que era arriesgado porque no era un «tema popular» en el campo, fue el trastorno de personalidad narcisista. No sólo era profético en términos del futuro liderazgo de la nación, sino también era, sin duda, un intento por comprender y aprender a lidiar con mi madre, y quizás también con Marty, aunque de un modo más benigno. No obstante, lo mejor que me dio ese trabajo fue la convicción de que, a pesar de que en la revista *Money* me habían dicho que nunca sería escritora —por ninguna otra razón que no fuera que mi estatus de minoría racial y étnica me «prejuiciaba» y me impedía ser «objetiva»—, el profesor, que llevaba treinta años enseñando en la universidad, escogió mi trabajo y me preguntó si podía usarlo en mi curso y en cursos futuros como modelo de un trabajo bien escrito. Claro que un ensayo académico es diferente de un artículo de revista, pero, ya fuera en una cancha de arcilla o de césped, al menos sabía que podía jugar.

Se acercaba la fecha de mi graduación de la maestría, la clase de 2000. Sin duda sentí que había reemplazado varias partes de mi ser en poco tiempo. Cuando llamé para saber quiénes vendrían a mi graduación, Marty me dio la excusa del trabajo, mis hermanitas estaban cada cual en lo suyo, Alex, por supuesto, vendría, aunque Belinda tenía otra obligación importante. Pero no sabía qué haría mi madre. No había hablado con ella en casi un año.

—Se casó con un tipo —me contó Alex.

—¿Qué? ¿Que hizo qué? ¿Con quién? —pregunté. La tinta de sus documentos de divorcio apenas se había secado. Me quedé en shock. ¿Mi recién liberada madre viajera se había vuelto a casar?

—¿Recuerdas a ese tipo con el que Abuelo tenía el negocio de limpieza?

—Creo que sí. —Recordaba a un hombre de baja estatura, bronceado que andaba con una gorra.

—Pues se casó con él.

—¡Por Dios, Alex! ¿Pero no es… superviejo? ¿Como de la edad de Abuelo?

No podía creerlo, no llevaba más de un mes en la ciudad, incluso menos. Alex y yo no sabíamos a dónde había ido cuando llegó o con quién estaba viviendo. Sólo sabíamos que andaba por ahí. Yo apenas le hablaba, pero sabía de ella por mis hermanas. Al principio me sorprendió que se mudara a la ciudad, pero ¿casarse de nuevo? ¿No era su intención liberarse de las ataduras? ¿Disfrutar de su nueva vida de soltera? Entonces lo pensé mejor, pensé en quién era mi madre como persona y, en un instante, comprendí que aquello tenía sentido: quería regresar a la ciudad, necesitaba un lugar donde vivir, aún no tenía un trabajo a tiempo completo. Ese hombre tenía una *townhouse* en los Heights. Mi madre hizo lo que siempre hacía: casarse para salir de un techo y meterse en otro.

Tal vez otro detonante fue la muerte de su padre, mi abuelo. Hasta que se mudó a New Hampshire, vivió toda la vida bajo su yugo y seguramente, aun a la distancia, siguiera controlándola. Es posible sentir alivio cuando un padre abusivo muere. Sin él, sin Marty y ahora por su cuenta estaba lista para hacer lo que quisiera. Así que no era amor. Aquel hombre era un anciano y ella no lo veía desde hacía una década por lo menos.

Alex continuó:

—Mami quiere ir a la graduación, pero quiere traerlo.

Reí.

—Ay, hombre, no. ¡No! No voy a comprarle una entrada al primer tipo con el que alzó el vuelo y se casó. ¡Es un disparate!

¡No lo quiero allí! ¡Entonces los protagonistas serían ella y este nuevo tipo!

Durante mi infancia mi madre me arruinó todas las fiestas de cumpleaños y graduación. Ahora que no vivía bajo su techo, no iba a permitirle que volviera a hacerlo. Sin embargo, quería que ella estuviera presente. Por más arriesgado que fuera. ¿A quién no le gusta mirar hacia el público en su graduación y ver a un padre orgulloso? Sabía que era un pensamiento iluso, pero no podía dejar de desear que las cosas cambiaran. Que mi madre cambiara.

La llamé para decirle que no, que su nuevo esposo no estaba invitado.

—Sí, me casé —dijo mi madre.

—Okey —fue mi única respuesta.

—Así que me encantaría ir a tu graduación y él vendrá conmigo —dijo como una sentencia, no una petición.

—No, Mami —dije. Casi podía sentir cómo le crecía la rabia por el teléfono—. No conozco a ese tipo y no lo quiero en mi graduación.

Discutimos sobre mi egoísmo y cómo no era capaz de alegrarme por ella, etc. Y luego tomó la decisión:

—Muy bien; pues yo no voy tampoco —dijo entre dientes.

Eso fue todo. Mi madre escogía a ese tipo sobre mí. Muy bien. Claro que ahora me doy cuenta de que yo tampoco me comporté como una adulta. No importaba que yo conociera o no a ese hombre. O que mi madre siempre se las arreglara para arruinarme los días de celebración. Si realmente hubiera deseado que estuviera allí, debí haberme aguantado y callado la boca. Era una mujer hecha y derecha, y podía casarse con quien le diera la gana y ver a su hija en aquel campus, con la toga y el birrete azul de Columbia. Pero yo no lo aceptaría y no le daría el gusto de verme. Éramos tal para cual: testarudas y rencorosas una con la otra.

El día de la graduación parecía una zombi. Había pasado varias noches sin dormir para terminar los trabajos finales, pero lucía una amplia sonrisa y mi hermano estaba allí, sonriéndome, orgulloso de mí. Le agradecí tanto que no me dejara sola ese día. Estar allí sin familia, sobre todo después de un divorcio, hubiera sido demasiado triste. Pero él estaba y yo me sentía orgullosa de todo lo que había superado y logrado; incluso había conseguido una pasantía de investigadora con paga (poca) en el hospital psiquiátrico Weill Cornell en White Plains, que esperaba que me encaminara hacia el doctorado.

En aquella época también le había permitido a otra persona regresar a mi vida: Papi. Había cumplido la sentencia en prisión y su tiempo en el hogar de transición justo antes de mi boda con Derek; ahora el padre número uno estaba de vuelta. No supe de Papi en casi diez años, aunque siempre se mantuvo en contacto con mi madre (pero, como yo no hablaba mucho con ella, Alex era el único que me contaba de él). Ahora vivíamos en la misma ciudad, por primera vez, desde que yo era bebé. Estaba sobreentendido entre Alex y yo que él evitaría a mi padre por un tiempo. Mi hermano ahora era un padre de familia que construía la vida por la que se había esforzado y protegía el hogar que había comprado con tanto amor. La última vez que Alex había visto a Papi, llevaba el mameluco anaranjado de la prisión, que Alex pudo haber llevado también si alguien en la policía no le hubiese creído que no sabía nada de los delitos de Papi. Aunque al principio llamaba sólo esporádicamente, quizás cada dos meses, Papi comenzó a acercarse. Y, como Alex lo había bloqueado, me tocaba a mí, la hija, contestar sus llamadas, escucharle las rabietas y que me suplicara que nos viéramos en Chinatown o le permitiera traerme unas naranjas o el bao de frijoles negros que tanto me gustaba. Yo también, por supuesto, iba a mantener a Papi de lejitos. No le di mi dirección por más que me la pidió.

—¡Oh! ¿Estás en la ciudad? ¿Dónde, dónde? ¿Cerca del museo o no? —indagaba.

—Estoy cerca de muchas cosas, Papi —lo esquivaba yo.

No recuerdo si por aburrimiento, soledad, culpa o una combinación de todas, después de casi un año de que salió de prisión, accedí a encontrarme con Papi y acompañarlo a hacer unas entregas. Claro que no eran drogas, eran joyas. Y, sí, ésa también había sido la coartada anterior, pero juró que ahora eran sólo joyas; que ahora estaba «limpio, limpio». ¿Qué puedo decir? Quería ver a mi padre; le dije que me recogiera a un par de cuadras de mi apartamento. Conducía una lancha de carro, un sedán viejo y despintado, más apropiado para las calles anchas de Los Ángeles. Nos dirigíamos a una gran tienda por departamentos en el oeste de Midtown, donde vendía su joyería de fantasía. Debo decir que me sorprendió que le vendiera a un lugar tan bien establecido. Más aún, cuando me contó, una vez nos pusimos en marcha, cómo había adquirido cajas y cajas de mercancía.

—Esas señoras chinas, las señoras de China, sin papeles, vienen aquí a vivir en Queens, todas juntas. Les compro las cuentas baratas, baratas y se las entrego, y ellas las ensartan y luego regreso para llevármelas y venderlas.

Así que no estaba «limpio, limpio» del todo. ¿Era legal usar mano de obra indocumentada, seguramente por menos del salario mínimo, para elaborar joyería que luego se vendía en una gran tienda por departamentos? ¿Sabría Papi cómo llevar un negocio normal? ¿Sabría o le importaría lo más mínimo lo que era legal o no? ¿O lo que tenía ante mis ojos no era más que otra economía tan normal como la que todos conocemos? Lo que me decía implicaba a tanta otra gente que tuve que asumir que lo que hacía entonces y lo que había hecho antes sucedía con más frecuencia de lo que jamás pensé. Y, por ser tan frecuente, era una parte sustancial del sistema financiero y de consumo de este país. Me maldije por interesarme tanto en la economía sumergida, pero no podía resistirlo porque, después de todo, era hija de inmigrantes. De inmigrantes que construyeron sus vidas estadounidenses dentro de esa economía. A mi madre la casaron con Papi mediante un intercambio financiero. Luego descubrí que, antes de tenernos a Alex y a mí, en algunas ocasiones, Mami trabajaba fuera de nómina, le pagaban por debajo de la mesa. Así se hacían las cosas, y era muy probable que así tuvieran que hacerse.

Llegamos a la zona de carga y descarga de la tienda. Papi dio marcha atrás y yo me quedé en el carro mientras los tres hombres que esperaban la mercancía me miraban con lujuria. Entonces no tenía un teléfono móvil con el que distraerme en lo que Papi bajaba las cajas e intercambiaba papeles y dinero. Los tres hombres, negros y latinos, seguían comiéndome con los ojos, así que mantuve la frente en alto y fingí que sus miradas no me molestaban mientras miraba a la gente caminar por la acera.

—Esos tipos me preguntaron quién eras y les contesté: ¡ésa es mi hija! ¡Mi hija, les contesto! —dijo Papi según se montaba en el carro y me daba una palmadita en la mano. Yo no supe qué contestarle—. ¿Por qué mi hija es tan linda y tu hermano es tan feo? ¿Por qué?

—¡Papi! No digas eso, no está bien —dije.

—¡Oh! ¡Pero es verdad! Es verdad.

Meneé la cabeza. Siempre creí que mi hermano era guapo: alto y delgado, de pelo rizo y unos ojos enormes, pero luego Papi me explicó por qué pensaba de veras que Alex no era guapo.

—¿Y por qué tuvo que casarse con la señora negra? ¿Por qué? Fue a la universidad. ¡Pudo casarse con una señora blanca!

—Papi, Belinda fue a la universidad con él. Es una profesional y es muy bonita.

No podía creer la mierda racista que salía de la boca de mi

padre. Era un hombre chino viejo, así que quizás nunca tuvo la oportunidad de hablarme así o hablar de ese modo frente a mí, o quizás la cárcel lo cambió, lo endureció y recrudeció sus creencias. En cualquier caso, en ese momento supe que a mi padre no le gustaban las personas negras y eso significaba, por supuesto, que Alex no era guapo. Mi hermano tenía más rasgos negros que yo. A mi padre le tomó años y varios hijos Wong negros para que dejara de decir esas cosas. Yo le recordaba a Papi que al casarse con Mami no se casó con una mujer blanca, se casó con una mujer negra de piel clara. Le traía cremas blanqueadoras cuando visitaba a su familia en Hong Kong y Malasia.

Según reanudaba la relación con mi padre, ahora que no huía de la ley, iba cortando poco a poco la relación con mi madre, rechazaba sus invitaciones a visitarme o encontrarnos en algún lugar de la ciudad. Aún me sentía frágil por el drama de mi divorcio y no me sentía capaz de manejar su presencia, pero ella seguía llamándome por teléfono. Me llamó una tarde que estaba limpiando y arreglando mi apartamento para la visita de una de mis hermanas. Me encantaba que mis hermanas vinieran a visitarme a la ciudad. Con suerte, las recibía juntas o por separado un par de veces al año, íbamos a mi bar favorito al lado del campus de Columbia, nos emborrachábamos como necias, bailábamos hasta no poder más y nos quedábamos dormidas en el sofá o el suelo del apartamento. Imagínense a un grupito de mujeres jóvenes, guapas y parecidas llegar juntas a un bar. Nos la pasábamos de maravilla. Aunque una noche una de mis hermanas se peleó a gritos con otra frente a mi edificio en los Heights. Olvidé cómo comenzó, pero recuerdo pensar, mientras pagaba el taxi y las observaba con el rabillo del ojo, cuánto me emocionaba aquella escena. ¡Qué dominicanas son! Somos. Me sentí en casa e intervine con dulzura.

—¿Por qué limpias para ella? —preguntó mi madre mientras

yo intentaba sujetar el teléfono entre la quijada y el hombro, y barrer el piso del baño al mismo tiempo.

—Porque es una visita, y es mi hermana.

—¡Por eso mismo! ¡Es ella la que debería limpiarte la casa!

—¿Voy a recibir a mi hermana y le voy a pedir que me limpie el apartamento? ¿Por qué? Ella no vive aquí —dije con incredulidad.

Siempre trataba a mis hermanas como invitadas, y así como cuando vivíamos en New Hampshire las llevaba a comer helado en McDonald's o a la playa después de la escuela, me hacía ilusión llevarlas a los museos y llenarles la panza de comida de restaurante. Complacerlas era mi lenguaje amoroso de hermana y, quizás, una forma de compensar parte la oscuridad de nuestra infancia.

—Porque eso es lo que hacen las hermanas menores. Tú las cuidaste cuando eran pequeñas y limpiabas lo que ensuciaban. Ahora les toca a ellas hacerlo por ti —dijo mi madre.

—No, no lo voy a hacer, Mami.

Como era la norma con Lupe, ese desacuerdo llevó a otro y a otro. Así que colgué el teléfono y la dejé con la palabra en la boca. Nunca me había atrevido a hacer algo así. Le teníamos miedo, temíamos faltarle el respeto, pero ahora era yo la que estaba harta. Cuando colgué el teléfono el corazón me latía como un contrabajo estereofónico y empecé a sudar. Me sorprendió mi acto de desafío: colgarle el teléfono a una madre latina. Bien podía haber firmado mi sentencia de muerte. Cuando terminé de limpiar el baño y guardé los detergentes, meneé la cabeza y mi temor se convirtió en orgullo. Me defendí. Ya no iba a aguantar más.

El teléfono volvió a sonar. Sabía que era ella, lista para gritarme por haberle colgado. Dejé que el teléfono sonara y sonara y sonara, y fui hasta el contestador análogo donde la escuché colgar después del tono. No volvería a hablar con mi madre en casi dos años. Me dije a mí misma que era como un tumor que tenía que extirparme. No podría sobrevivir si no me la exorcizaba. Estaba estrangulándome, asfixiándome. Había vuelto a beber alcohol, demasiado. Algunas mañanas de los fines de semana me despertaba con temblores después de haber ido de copas con mis amigos hasta las cuatro de la mañana, incapaz de hacer nada en todo el día excepto comer cosas saladas y grasientas y beber agua. Me di cuenta de que, si no me cuidaba, me convertiría en una alcohólica total. Además, esas noches de borrachera, me exponía a situaciones peligrosas con hombres. Las amigas con las que salía también se arriesgaban, las cosas empezaron a ponerse feas. Mi madre tenía que irse. No podía recuperarme psicológicamente mientras ella estuviera alrededor mío. Cada vez que intentaba levantarme, recibía una llamada suya y volvía a caer en la oscuridad. Tenía que salvarme, tenía que dejarla ir. Durante ese tiempo de incomunicación, la extrañé, no cabe duda. Aunque creo que no la extrañaba tanto a ella, sino lo que quería y necesitaba de ella: amor, apoyo y orgullo. Las cosas que ella no podía proveerme por ser como era, las cosas que tal vez nunca podría darme.

Una tarde, Alex y yo fuimos a uno de nuestros restaurantes favoritos, el restaurante chino-latino La Caridad en el Upper West Side, donde podíamos ordenar nuestros platos favoritos de la infancia: *lo mein* y plátanos.

—Mami regresó a New Hampshire —me dijo.

No podía creerlo. Sólo llevaba cuatro o cinco meses en Nueva York. Prosiguió:

—Se divorció de ese tipo.

—¿Se divorció? Vaya, ¡ése matrimonio duró menos que el mío!

Ambos reímos. Le pregunté:

—¿Qué pasó? Aunque no me sorprende.

—Dice que era muy controlador y no quería que ella saliera por ahí. Quería que le cocinara y esas cosas.

—Oh, y ella no estaba dispuesta —dije.

—No.

—Regresó aquí, lista para reunirse con su gente, pero terminó siendo demasiado estadounidense.

—Eso parece —dijo.

—Pero, Alex, ¿y qué esperaba? ¡Mira con quién se casó! Un viejo latino que seguro era como su padre. ¿Y cuánto tiempo vivió en New Hampshire, más de veinte años?

—Sí, sí, lo sé —dijo.

Alex me decía «sí, sí, lo sé» como trecientas veces cuando me quejaba de Mami y Papi. Ambos estábamos hartos de ellos, pero Alex no lograba distanciarse de ninguno como yo había hecho con Mami. En honor a la verdad, probablemente yo contaba con eso, con que siguiera pendiente de ellos. Contaba con él y con mis hermanas para que me dijeran cómo estaba Mami. Y resultó que, después de que se divorció, hubo mucho que contar sobre nuestra madre, aparte de los viajes con las señoras jubiladas.

En una de nuestras conversaciones habituales de hermanos, que solían ser un par de veces por semana o, en tiempos de necesidad (para mí) cada dos días, Alex tenía algo importante que contarme sobre nuestra madre. Esa llamada llegó en una época en la que yo estaba haciendo una búsqueda interior profunda y preguntándome cosas.

Defenderme de los ataques contra mi identidad había sido mi deber natural por casi tres décadas. Desde el patio de la escuela («No eres china. ¿Que sí? Pues entonces di algo en chino») hasta las prácticas profesionales que hice en una organización sin fines de lucro dominicano-estadounidense en los Heights, cuyo equipo de trabajo me trató de lejitos y solo fue hasta mi último día que el jefe de la organización me dijo que todo el mundo, hasta él, creía que yo era anglo y no latina. También en la oficina de mi médico, cuando la recepcionista china-estadounidense exclamó para que todo el mundo en la sala de espera lo oyera: «¡Tu padre no es chino!», a lo que yo le contesté: «¡Creo que sé quién es mi padre!». Su respuesta fue una carcajada y siguió riéndose hasta que me puse como un tomate y me fui.

Las preguntas y comentarios de alguna gente me lastimaban como una astilla que no te saca sangre, pero se te entierra en la piel. Otros me quemaban el pecho tan intensamente, que apenas podía hablar por el resto del día. Nunca fui suficientemente latina, suficientemente dominicana, suficientemente estadounidense, suficientemente china. Los halagos fetichistas y con doble intención me herían. «¿China? Oh, de ahí te vienen los pómulos y la inteligencia». «¡Es una mezcla sexy!». «Eres como un perro mezclado y los perros mezclados son más inteligentes y mejores que otros perros». Perros. No puedo decir cuánta gente blanca creía que me halagaba haciendo referencia a razas de perros.

La identidad no debe ser algo tan pesado, no se debe tratar de defender hasta el agotamiento para simplemente existir en igualdad de condiciones con la cultura mayoritaria. Significa que el estándar —blanco— es mejor y que tú eres menos, siempre. Lo único que quería era vivir y sentirme bien de ser quien era. Todo mi ser.

Para responder a todas esas preguntas, y tal vez por mi propio deseo de conectar más profundamente con lo que había perdido de niña, regresé a Chinatown para visitar a un herbolario que atendiera la asombrosa caída de cabello que experimenté los años después del divorcio. Yo compraba el pescado y los vegetales en los puestos de la calle y mi bao de frijoles favorito en las panaderías. Leí todo el Lao-Tse que pude encontrar. Esta excatólica se extasiaba con el Tao Te Ching y su filosofía, tan contraria a la de las monjas de mi niñez. Una no se hace china con sólo experimentar la cultura, pero yo no hacía esas cosas como colonizadora. Buscaba los vínculos, la conexión, la inclusión respecto a una familia cultural extendida que tenía gracias a mi padre. La familia de un padre al que no podía acercarme mucho, porque era incendiario.

También quería existir todo lo posible alrededor de la latinidad y la negritud que había perdido por vivir entre gente pálida en Nueva Inglaterra. Gastaba el dinero que me sobraba en libros, y así construí una biblioteca de cultura de identidad, que contenía desde *Why Are All the Black Kids Sitting Together in the Cafeteria?* hasta un puñado de libros que encontré sobre las ideas latinas del marianismo (el papel de la madre/virgen en la cultura latina) y el machismo. Devoré toda la ficción escrita por autores latinos, asiáticos y negros que pude encontrar con la misma fruición con que de niña devoraba los libros de la biblioteca llenos de personajes blancos, creados por autores blancos, porque eso era lo único que había en la década de los ochenta; pero esta vez, en lugar de escapar, buscaba conectar.

También sentía la necesidad de reclamar un espacio. Tal vez eso era lo que buscaba mi madre al mudarse de vuelta a la ciudad por tan poco tiempo, pero se dio cuenta de que ya era demasiado suburbana y feminista para la cultura urbana latina de la vieja guardia. Ahora que lo pienso, me da pena con ella. Yo sabía lo que era anhelar, con toda el alma, volver a pertenecer a un lugar, como pertenecíamos, décadas antes, a Claremont Avenue.

Con tanto autodescubrimiento, además de los comentarios del mundo exterior, no podía librarme de una sensación, un cosquilleo en las entrañas, de algo que no encajaba. Pasaba mucho tiempo buscando en mi interior, en los recovecos de mi identidad que no había podido tocar, sentir o ver hasta que regresé a la ciudad y viví sola. En toda esa excavación, buscaba mis orígenes como persona y quería llegar al fondo de por qué había cometido tantos errores. Ahí desenterré el sentimiento de que no me parecía en nada a Papi. No en lo superficial, en mi fenotipo, sino en quién me estaba convirtiendo como persona. Mi modo de ser, mi temperamento, mis inclinaciones, lo que me gustaba y lo que no me gustaba. Me comparé con mi hermano, cuyo temperamento era muy similar al de Papi: era supertacaño, como Papi (y yo se lo decía en la cara); se atragantaba la comida como Papi; usaba la misma expresión china heredada de mi padre («¡Ay-yaaa!»), mientras que yo usaba la de mi madre («Ay-yay-yay»). Alex tenía muy poco de Lupe. ¿Sería que había salido a mi padre y yo, a mi madre? ¿Sería que yo había vivido menos años que él con Papi? Pero ¿y mi nariz? Nadie en las familias de Mami o Papi tenía mi nariz. Ningún primo, ninguna tía, ningún tío. ¿De dónde la sacaría? Esas preguntas me zumbaban en la cabeza como abejas cargadas de polen y posibilidades.

Todo eso, sumado al sentimiento profundo de ser una extranjera en ambas familias —la de Papi y la de Marty—, y que arrastraba desde la niñez, se fue transformando en la sensación de que había algo por descubrir, algo que no encajaba. De los seis hijos que tuvo mi madre, yo era la que flotaba y orbitaba alrededor de los demás, con una mano sujeta a la familia y la otra, a alguien o algo diferente, o tal vez suelta. No me atrevía a preguntarle a mi madre para que no me acusara de pensar algo tan «bochornoso» de ella. Resultó que no tuve que preguntar.

—Mami se ha unido a una iglesia, creo que es evangélica. De renacer o algo así —me dijo Alex por teléfono ese día.

—Oh, no. Eso no es bueno —dije poniendo los ojos en blanco. Eso mismito era lo que necesitaba Lupe, otra religión. De hacer donativos a los estafadores Jim y Tammy Faye Bakker, servir donas en nuestra parroquia católica y prohibir que se consumiera alcohol en la casa, ahora se convirtió en una fanática religiosa total. Eso no auguraba nada bueno para cualquier reconciliación conmigo. En una de nuestras últimas peleas a gritos, chilló:

—¡La psicología es tu religión!

A lo que yo respondí:

—¡Dios nos dio un cerebro y sería pecado no usarlo!

Me di cuenta de que a Alex le costaba decirme para qué me había llamado. Se dilataba en la descripción de la escena, que no era su *modus operandi* habitual.

—Pues, yo estaba sentado con ella en la casa. Estaba medio oscuro, porque llegué tarde…

—¿Y? —lo presioné.

—Me dijo que parte de lo que tenía que hacer en esa iglesia era confesar sus pecados a la gente para recibir la absolución.

—¿Pecados?

La conversación tomaba un giro inesperado. Alex estaba incómodo.

—Entonces me dice que cuando era joven se hizo algunos abortos —no en balde era un monstruo conmigo respecto al sexo—. Se hizo tres —dijo Alex. Tres. Me quedé en shock—. Dos después de mí, antes de que tú nacieras, y uno después de que tú naciste.

—Dos antes y… uno después… —Me quedé sin voz ante esas cifras—. Pero eso significa que se hizo abortos antes de que fueran legales, ¿no es cierto?

—Creo… creo que sí —dijo Alex.

Imaginé a mi madre de joven —entre veinte y veinticuatro años— haciéndose abortos caseros; visualicé un gancho de ropa, instrumentos sucios, dolor y angustia; debió de ser terrible para ella. Y no, no la culpaba del todo por no usar métodos anticonceptivos. Lupe me había contado, a mis veintipocos años, que no pudo con las pastillas; lo intentó, pero le caían muy mal. Así que la responsabilidad recaía en el hombre y, a finales de los sesenta, no sé si mi madre, una inmigrante recién llegada aún, podía protestar si el hombre decidía no usar protección. Ahora que lo pienso, me doy cuenta también de que una parte de mí pensó que tal vez, sólo tal vez, deseaba quedarse embarazada, y que el hombre era el que no lo deseaba. Pero todavía estaba casada con Papi en aquel momento, cuando se hizo los abortos.

—Alex, ¿te dijo de quién eran? Digo, ¿eran de Papi o de otra persona?

—No sé. No me dijo.

Después de hacer todas las preguntas que se me ocurrieron y colgar el teléfono, me quedé repitiéndome a mí misma: dos antes que yo, uno después. Dos antes, uno después.

Alex nació primero, cuando se casó con Papi. Luego se hizo dos abortos. Luego yo nací mientras aún estaba casada con Papi. Luego se hizo otro aborto. Luego nació mi primera hermana cuando se casó con Marty.

La única explicación que se me ocurría era que hubiera tenido un amante. Pero eso significaba que yo no era hija de Papi. ¿De quién era hija entonces? ¿Alguien más, que no era Papi, podía ser mi padre?

¿Sería cierto todo eso? No cabía duda de que debía saberlo. Pero si no hablaba con mi madre, ¿cómo averiguarlo?

CAPÍTULO 9

... PORQUE PENSÉ QUE TENÍAMOS TIEMPO

Cuando creces y empiezas a ver a tus padres como seres humanos completos e independientes, es un sacudión. Cuando tu madre, la guardiana de tu virginidad, confiesa que se ha hecho múltiples abortos antes de que nacieras, tienes que preguntarte qué más te habrá ocultado y dudar de lo que te ha contado. Es posible, pensé, que fuera demasiado joven y se sintiera demasiado sola, y luego, arrepentida, hiciera una corrección excesiva y que su péndulo moral oscilara hacia el extremo opuesto, la híperreligiosidad. Sólo así pude reconciliarme con su sobreprotección hacia mí. Lupe no quería que su primera hija cayera en las mismas trampas en las que ella había caído de joven, pero no fue tanto la oscilación moral lo que me sorprendió, sino la revelación de que algo tan grande e incongruente se hubiera mantenido en secreto. ¿Qué más estaría escondiendo?

Las preocupaciones relacionadas con mi madre tendrían que esperar un poco en lo que me enfocaba en pagar las cuentas y me abría paso en una profesión de verdad, en vez de seguir acumulando trabajos administrativos. Regresé a la industria de las revistas. Regresé a la misma compañía que no podía verme en otro puesto que no fuera de asistente. A pesar de que mi afán de obtener un doctorado contaba con el apoyo y endoso de mis profesores supervisores y de un psiquiatra en el hospital —uno llegó a decirme que me graduaría en tres años en vez de cuatro si trabajaba con él—, tuve que abandonar esa ruta. Luego de unos meses en el programa, sobreviviendo con un sueldo de apenas dieciocho mil dólares anuales, me di cuenta de que un recién doctorado ganaba un sueldo obscenamente bajo: unos treinta y cuatro mil dólares al año, como mucho. Y, con suerte, tal vez y sólo tal vez, al cabo de muchos años, podía llegar a los setenta mil. Claro que, conociéndome, de haber seguido esa ruta, habría convertido el doctorado en oro, como una buena capitalista jungiana, pero no tenía la paciencia ni sentía respeto alguno por un sistema que te obligaba a incurrir en una deuda tremenda para luego expulsarte al mundo mucho más pobre. Eso significaba que, en el año 2000 (y tradicionalmente), el campo de la psicología y los estudios de posgrado tal vez no se llenaban sólo con los más brillantes de la camada, sino con los que pudieran permitirse vivir así, porque contaban con el apoyo económico de su familia.

Tenía un préstamo estudiantil de más de cuarenta mil dólares y pagaba todas mis cuentas. Subsistía a base de una sopa wonton de $1.50 del restaurante chino de la esquina en la cena, Cheerios en el desayuno y un frappuccino en el almuerzo. Estaba a punto de cumplir treinta años y esa vida ya no me resultaba aceptable. Mi madre y yo no habíamos luchado tanto para eso. Y si se me olvidaba el trabajo rompe huesos que había tenido que realizar para llegar a ese puesto de escritorio, el disco permanentemente herniado (desde los diecinueve años) por cargar bandejas de comida y bebida demasiado pesadas cuando trabajaba de mesera en la universidad me lo recordaba con un tremendo dolor cuando menos lo esperaba. A los grandes jefes del hospital no les gustaba la idea de que su representante modelo de las minorías los abandonara. Una profesora le dijo a un colega: «Qué mal que se vaya y qué malagradecida es. Todos hemos sobrevivido y nos va bien». Palabras de una mujer que vivía en el Upper West Side con sus padres mientras cursaba estudios de posgrado, que tenía la ventaja de no tener que pagar alquiler como yo. El programa estaba lleno de gente como ella, gente con ventajas.

Llamé a mi antiguo jefe en la revista y le pedí, en mi tono persuasivo, que me permitiera regresar a Time & Life. Tuve que insistir incansablemente para alcanzar el puesto adecuado, digno de todo lo que había invertido en mi carrera y mi educación, de todo lo que podía ofrecer. Al fin y al cabo, ahora tenía una maestría de una universidad de la Ivy League. No sería en periodismo, pero valía y yo no iba a permitir que todo el esfuerzo y dinero que había invertido se desperdiciaran. Luego de un periodo de estancamiento en el piso ejecutivo, otro en la revista *Fortune* y otro más en la empresa emergente conocida como CNNMoney, donde otro jefe blanco insistía en tratarme como si fuera una asistente del nivel más bajo —sus microagresiones eran bastante agresivas—, regresé por fin a la revista *Money* con un puesto y un sueldo que me permitían vivir. Esto se debió a que una editora de alto nivel en la revista, una mujer negra de armas tomar, abogó por mí. Sheryl H. Tucker, quien venía de *Black Enterprise*, donde había sido directora de edición, vio lo que yo era y reconoció que tenía mucho que ofrecer. Gracias a una mujer negra en Recursos Humanos entré en ese edificio por primera vez y gracias a otra mujer negra, jefa de edición, llegué al puesto que merecía. No es coincidencia. Hubo algunos, a quienes consideraba amigos o que habían sido amigables conmigo, que le preguntaron a Sheryl: «¿Pero no sigue siendo solo tu asistente?». Yo era la editora de proyectos especiales, que abarcaba y diseñaba estrategias en dos frentes: el contenido editorial y el negocio editorial. Mi cerebro era apto para ambas cosas, de modo que, en teoría, funcionaría. Por un tiempo.

Una noche tarde, regresaba a la ciudad de un evento promocional para la revista en Boston y me monté, extenuada, en un taxi en Penn Station. Llovía y me sentía un poco mareada del viaje en el tren y luego en el taxi. Intenté fijar la vista en las luces a la distancia. Entonces sonó mi celular. Era una de mis hermanas, que no me llamaba nunca.

—¿Qué pasa? —le pregunté.

—Estoy en el hospital con Mami. Llegó a la sala de emergencia hace un rato. Tiene cáncer.

—¿Cáncer?

—Parece que es de colon, pero tiene tumores por todas partes.

—¿Cómo que por todas partes?

—Por todo el cuerpo; en el hígado, el estómago. El doctor dice que cuando la enfermera le levantó la bata para palparle el estómago, se los vio a través de la piel; no tuvieron ni que palparla. Son enormes.

Era una imagen fuerte. Me mareé.

—¿Por qué… cómo… cómo crecieron así?

—No sé, no se los he visto. No parece enferma. Pero desde hace un tiempo sólo usa ropa holgada —dijo mi hermana.

—¿Y por qué fue al hospital?

—Por el dolor. Tenía tanto dolor que no pudo aguantar más.

Se me bloqueó la mente: el miedo, la desesperación, la rabia, la culpa y la frustración me martilleaban la cabeza. *¿Por qué no fue al médico? Lo estaba ocultado. ¿Cómo es que nadie se dio cuenta? ¿Cómo es que mis hermanas no lo vieron? ¿Por qué no se lo dijo a nadie?*

Llevaba casi dos años sin ver a Lupe o hablar con ella, y partía de la premisa de que alguien se ocupaba de ella, mis hermanas o incluso Alex desde lejos. Supe por Alex que mi madre se había unido a la asociación dominicana-estadounidense de su zona, que tenía amigos nuevos y que abogaba por los derechos de la comunidad. Después de haber ido a la ciudad en busca de su gente, Mami regresó al norte para descubrir que su gente estaba ahí, que se había ido de las ciudades para disfrutar de los negocios florecientes y las oportunidades de trabajo en el sur de Massachusetts y New Hampshire. Volví a ver a Abuela, mientras se moría en nuestro salón: los dolores que pasó, sufriendo en silencio, el montón de medicinas que tenía que tomar a todas horas del día y de la noche; lo pronto que se fue. Tenía sesenta y pocos, pero Mami sólo tenía cincuenta y pico.

Sólo porque no podía estar cerca de ella no significaba que no quisiera o necesitara a mi madre. Mi forma de amar tiende hacia la protección y el cuidado en general, así que esos dos impulsos se activaron esa noche hacia Lupe. Noté la angustia en la voz de mi hermana. Lupe no era sólo mi madre, también era la madre de mis cuatro hermanas y nuestro hermano, Alex, que era bastante apegado a ella. Había que solucionar problemas; mi especialidad. Averiguaría todo lo que pudiera sobre su diagnóstico y los tratamientos disponibles para garantizar que, aun a más de trescientos kilómetros, sus probabilidades de sobrevivir aumentaran. Los doctores le habían dado dos meses. El tiempo corría.

En unas semanas, había investigado sobre el tratamiento más novedoso para el cáncer de colon en las revistas de medicina a las que aún tenía acceso a través de mi programa de posgrado. Logré comunicarme con su oncólogo en New Hampshire haciendo uso de mi voz de profesional citadina y mi puesto en los medios. El médico pudo inscribir a Mami en un estudio de un medicamento para tratar el cáncer, que aún no había sido aprobado para el cáncer de colon, pero que luego se convirtió en una de las medicinas más importantes para tratar el cáncer:

Gleevec. Los tumores eran inoperables, así que no nos quedó más remedio que esperar y ver si el medicamento funcionaba. Consideré mucho sacar tiempo para ir a verla. Luego pensé que remover cielo y tierra para conseguirle la mejor atención y el mejor tratamiento posible debía de ser la prioridad. Mami no necesitaba el estrés de verme y yo necesitaba un poco más de tiempo para fortalecerme.

La presión de verla antes comenzó con otra llamada sorpresa, esta vez de Marty. Era raro que Papá llamara a alguien; nosotros teníamos que llamarlo a él.

—¿Papá? ¿Qué pasa? —pregunté según jalaba el cable del teléfono hasta la cocina, lejos de mi invitado que estaba sentado en el sofá.

—Pues… —sonaba extremadamente tenso—. Necesito que vengas a verme.

—¿Que vaya a verte? ¿A Rhode Island? ¿Por qué? —Aún no tenía mucho dinero, así que no tenía presupuesto para montarme en un tren o un autobús, excepto en las vacaciones y, quizás, una vez en el verano.

—Tengo que decirte algo.

—No entiendo. ¿Por qué no me lo dices por teléfono? —Le hice un gesto con la mano a mi invitado para indicarle que terminaría la llamada en un minuto. No era alguien que valiera mucho la pena, justo lo que yo deseaba en aquel momento.

Papá suspiró:

—No… no puedo. Tengo que decírtelo en persona.

Estaba angustiado de verdad. Yo no podía imaginar de qué se trataba. Después del divorcio y el cáncer de mi madre, ¿qué más podía ser tan importante? Una de mis hermanas me dijo que, cuando Mami se divorció del esposo de corta duración, el número tres, y regresó a New Hampshire, se arrepintió de haberse divorciado de Marty e intentó sin éxito volver con él.

Marty no quería saber de ella. En una de nuestras llamadas telefónicas me dijo que estaba saliendo con una administradora de la universidad de mi hermanita en Rhode Island, pero eso era todo lo que yo sabía. No mencionó a Lupe.

—¿Esto tiene que ver con tu testamento o algo así? —fue lo único que se me ocurrió preguntarle.

—Eh, sí, seguro —dijo.

Fui a verlo el fin de semana siguiente. Marty se había superado mucho desde su primer apartamento de soltero hasta convertirse en propietario de un bonito chalet en un pintoresco pueblo de Rhode Island. Estaba cerca de un sendero para andar a pie o en bicicleta, que se extendía desde Newport hasta la capital, Providence, bordeando el agua. Papá había engordado un poco antes del divorcio, pero ahora, a los sesenta años, corría para contrarrestar un diagnóstico de presión alta y ese sendero se había convertido en su iglesia. (Dejó de ir a misa tan pronto como se separó de mi madre). El hombre con el que yo estaba saliendo en aquel momento tenía carro y se ofreció a llevarme a ver a Papá. No se merecía conocer a mi familia, pero, en esas circunstancias, me pareció una buena idea.

—¿Podemos hablar ahora? —preguntó Marty después de una breve conversación intrascendental en la mesa de la cocina con mi acompañante y conmigo. Miré a mi acompañante y le pedí con mucho respeto que saliera un momento.

La mesa era redonda, de madera oscura labrada, muy al estilo del mediano oeste estadounidense, como era el gusto de Papá. El zumbido del refrigerador servía de música de fondo. Las luces sobre nosotros lo bañaban todo de un resplandor amarillo, más pálido que dorado. El aire acondicionado no era algo común, así que estábamos sudorosos esa noche de verano. Crucé los brazos y me eché hacia atrás.

—Okey, Papá. ¿Qué es eso tan importante que tienes que contarme?

Marty también se echó un poco hacia atrás. Tenía el rostro sombrío, los ojos fijos en la superficie de madera frente a él, no en mí.

—Peter no es tu padre —dijo.

Shock. No esperaba escuchar eso, y menos de Marty. ¿Por qué me decía esto? ¿Lo hacía por ayudarme o algo así? Nunca le gustó Peter. ¿Sería ésta su venganza de la vejez? Se me agudizó la vista según se me activaba el instinto de pelear o escapar, el corazón se me quería salir del pecho y los latidos me retumbaban en los oídos.

—Entonces, ¿quién es? —le pregunté en un tono bajo, apenas podía respirar.

Marty se miró las manos, colocadas sobre las piernas y dijo:

—Soy yo.

En un milisegundo, mis recuerdos de Marty irrumpieron en mi mente: yo de niña cortando madera con él; jugando bádminton en el jardín un día caluroso de verano; el sonido del periódico según pasaba las páginas cuando leía sobre la bolsa de valores todos los días; la tela de su gabardina cuando las niñas lo abrazábamos al llegar a casa del trabajo. El aroma de las papitas fritas de bolsa, que devorábamos en minutos; el movimiento del carro al cambiar de velocidad cuando me llevaba a la escuela por las mañanas; el tono de su voz cuando me decía que buscara una palabra en el diccionario si no sabía lo que significaba.

Rompí en llanto, un llanto de niña. Lloré por esa niñita que anhelaba desesperadamente un padre, ese padre que había estado ahí siempre.

Estaba sentado delante de mí, mi papá, con la cabeza baja. Mientras buscaba como quitarme esa sensación; tantas preguntas, tantos sentimientos; fui primero al baño a buscar pañuelos desechables para secarme los mocos y las lágrimas que me corrían por el rostro. Regresé y lo encontré en la misma posición, inmóvil. Entonces me puse mi capacete habitual.

—¿Lo sabías? ¿Lo has sabido todo este tiempo? —pregunté.

—Sí —susurró.

Eso fue lo que más me molestó. Tuve que repetirlo:

—Lo sabías. ¿Lo has sabido toda mi vida y no me lo dijiste?

Asintió con la cabeza.

—¿Y por qué ahora? ¿Por qué me lo dices ahora? —pregunté secándome el rostro.

—Pues. ¿Conoces a la señora con la que estoy saliendo? —La administradora universitaria. Era más joven que él, pero parecía bastante buena gente—. Me dijo que debía decírtelo antes de que Lupe muriera. Que no estaba bien que te lo siguiera ocultando.

—¿Eso crees? —¡Qué atrevido! ¡Qué atrevidos! No recibirían compasión alguna de mi parte ese día. Que jugaran así con mi vida; como si yo no fuera un ser humano completo como ellos; como si el «secreto» que habían procreado no fuera a convertirse en una adulta. ¿Y si mi madre no se hubiera enfermado? ¿Cuándo iba a enterarme? ¿Algún día? Lo único que sentía era rabia y dolor, un cosquilleo de los pies a la cabeza.

—Yo quería ser tu hija, Papá. Todos estos años yo quería ser tuya, como las niñas, y todo este tiempo… ¿lo había sido? ¿Y tú lo sabías? —Mi voz era pura tristeza, decepción e ira.

Asintió otra vez.

—¿Mami sabe que me estás contando esto? —pregunté.

—No.

—¿Alguien lo sabe?

—No.

Tengo que agradecerle a la mujer con la que salía mi padre en aquel momento. Nunca la conocí, pero fue el instrumento del caos que yo necesitaba; forzó y sacó la verdad a la luz. Me hizo tremendo favor y, por eso, siempre le estaré agradecida.

Pensé en mis hermanas. Siempre las había querido, por completo, jamás las llamé medias hermanas y, si alguna persona lo hacía, la corregía. Tenía que contarles la noticia, al menos a una, a la mayor. No le hice más preguntas a Papá. Sentía que algo muy valioso se había puesto sobre la mesa y tenía que agarrarlo y salir corriendo antes de que el tiempo retrocediera y me lo quitaran. Tenía que compartir la noticia inmediatamente o no me parecería real. La revelación era demasiado pesada para cargar sola con ella, alguien más de mi familia debía saberlo. Pensé en decírselo primero a mis hermanas, ahora mis hermanas de madre y padre.

—Voy a hacer unas llamadas —dije al tiempo que me levantaba de la mesa e iba al dormitorio del primer piso, ahora convertido en oficina, y me senté entre un montón de papeles y piezas de computadora, como en su oficina en nuestro antiguo hogar. Agarré el teléfono, llamé a la mayor de mis hermanas y le conté lo que Papá me había contado: que éramos hermanas de madre y padre. Lloré con ella bajo la luz tenue de la lamparita del escritorio de Papá. Estaba en shock, como yo. Sentía curiosidad. Yo despotriqué un poco, con rabia, cosa que ella entendió.

Luego llamé a la hermana de Marty, mi querida y dulce Tía C, a quien adoraba, para contarle la noticia. Tía C, al igual que Abuela, siempre me vio como una persona. De niña, venía de visita con su esposo profesor, Tío David, y sostenía largas conversaciones conmigo sobre mis intereses del momento, ya fuera mi obsesión con los planetas o la confección de ensaladas elaboradas. Incluso me enviaba las tarjetas y cartas más dulces. Cuando le conté la noticia, lloró también y luego me dijo:

—¿Sabes qué? Una vez que Grandma regresaba de verlos cuando eras pequeñita, me dijo: «No me sorprendería que fuera de Marty».

No supe qué sentir. Los adultos hablaban de mí, sostenían mi identidad entre sus manos y en su cabeza sin decirme nada, pero la voz de ave cantora de mi tía era como un bálsamo.

A mi hermano, Alex, no quise llamarlo. Tenía que decírselo en persona. Porque del lado de mis hermanas, esa noticia nos unía, aunque a ninguna le provocó mucho entusiasmo que digamos. Nuestra relación seguía siendo desigual y tensa. En aquel momento, era sálvese quien pueda. Tenía la esperanza de que esto nos uniera, pero compartir un padre de repente no podía reparar el daño de haber tenido que ser su segunda madre mientras crecían (antipática o generosa según me lo permitían las circunstancias, porque no hay que olvidar que yo era una niña sin las herramientas necesarias para criarlas). Del lado de Alex y mío, sentí que se abría una brecha dolorosa; no pude ni pensar en ello esa noche, no podía hacerle frente. Era la única persona que había sido un miembro cabal de mi familia. No podría soportar perderlo, ni un poquito.

Cuando terminé las llamadas, mi amigo estaba sentado a la mesa con mi papá. Según me acerqué a ellos, se callaron. Yo tenía el rostro hinchado y mojado de lágrimas. Le pedí a mi compañero de viaje que saliera conmigo para contarle a solas lo que acababa de ocurrir. Luego nos fuimos a dormir en el primer piso, que era un horno, creyendo que iba a ser más fresco que la habitación del segundo piso. Esa noche, las vueltas que di en la cama no fueron por causa de la ola de calor, sino por los pensamientos que me asfixiaban.

De regreso a la ciudad, utilicé la misma estrategia de Marty. Llamé a Alex y le pedí que viniera a verme lo antes posible porque tenía algo muy importante que contarle.

Unos días más tarde, nos sentamos en mi sofá, inclinados hacia delante, con los brazos sobre las piernas como si fuéramos gemelos. Le conté lo que había pasado. Esta vez, las lágrimas salieron silenciosamente. No me gustaba llorar delante de él. Quería parecer tan fuerte como él.

Alex apartó la vista de mí y la fijó hacia enfrente.

—Hazme un favor, ¿okey? —dijo—. No se lo digas a Peter.

—¿Que no se lo diga a Papi? ¿No estamos todos cansados de las mentiras? Digo…

—No, no, oye, nosotros somos lo único que tiene. Sólo tú y yo. No tiene familia aquí. Está viejo. ¿De qué le serviría saberlo?

Me quedé sentada en silencio. Tenía que escucharlo. Después de todo, era su padre, no el mío.

—Oye, puede que a ti te haga bien sacar la verdad a relucir, pero a él no le causará más que dolor. No le serviría de nada saberlo.

Mientras hacía nudos con los pañuelos desechables mojados, intenté asimilar sus palabras.

—Sólo prométemelo, ¿okey?

—Okey. Okey —dije. He cumplido esa promesa y siempre lo haré.

Me quedé mirando la imitación en serigrafía de un antiguo retrato de una mujer china que estaba colgada en la pared de mi casa.

¿Cómo dejas de ser china?

¿Te deshaces de treinta y un años de vida como quien muda de piel? ¿Borras todos los días de tu pasado como quien borra una pizarra? ¿A dónde va a parar tu parte china? ¿Te la arrancas con pinzas o la desenredas como si fuera un nudo? Tu comunidad, tu gente, ¿a dónde van? ¿Les dices adiós, aunque sea lo último que desearías? ¿Cómo se amputa una identidad, un vínculo de toda la vida?

Miré y miré a la mujer, tan bella; mis lágrimas, tan feas.

Soltar no era una opción. No quería soltar. No quería dejar de ser china. Mi identidad amputada a la fuerza una noche en una mesa de cocina. No era culpa mía, pero todo había sido una mentira. Una parte importante de mi etnicidad, mi legado, mi herencia cultural y racial era mentira. ¿Son menos reales por eso? ¿Soy una impostora? ¿Ahora soy una impostora racial?

Lo que sí era real era que crecí con un hombre, al que llamaba mi Papi, como padre biológico. Ese hombre problemático era el padre que mi hermano y yo compartíamos; nuestros recuerdos de Chinatown, subiendo en las tarimas rojas y doradas, su orgullo al presentarme como la hija de Peter Wong, los rollos de billetes nuevos, su insistencia cuando íbamos a los restaurantes: «¡Cómanse el cerebro de los pescados! ¡Los hará nadar! ¡Cómanse los ojos! ¡Los harán ver debajo del agua!», y acto seguido se los echaba en la boca con los palillos. ¿Y mis primos, mi familia chino-latina a la que tanto quería? Una lástima que nos mudáramos al norte y ellos se quedaran en la ciudad, ahora nos separaba otro golfo.

¿Cómo abandonas tu parte china?

¿Se transformaría en otra cosa, tal vez menos preciada, menos digna de orgullo? Eso tomaría tiempo. Mientras tanto, lloré la pérdida de una parte de mí. Me preguntaba cómo lidiaría con mi «nueva» identidad; cómo lidiaría con haber vivido tanto tiempo en la mentira de otros. Mi rabia creció. Toda mi infancia sólo quise ser una de las «niñas G», las niñas de Marty. Había crecido y vivido en esa casa en New Hampshire. ¿Había crecido con y alrededor de mi padrastro, que en realidad era mi padre biológico? ¿Qué le pasaba por la cabeza cuando se cruzaba conmigo en el pasillo o en la cocina? ¿O cuando yo llegaba a casa con buenas notas? ¿Pensaría «Ésa es mi hija»? ¿Sería por eso por lo que hablaba tanto conmigo sobre dinero, negocios, películas y noticias? ¿Invertía tiempo y energía en mí porque era su primogénita?

Las mentiras. La mentira en la que nací, ¡coño! (No en balde Mami sonreía cuando las monjas decían que yo era tan inteligente porque era china).

Al menos me alegraba ser hermana de padre y madre de mis hermanas, aunque algo todavía no encajaba. Al igual que me pasaba con Alex, tampoco me parecía mucho a mis hermanas. Las cuatro tenían el mismo aire familiar, todas tenían rasgos obvios de mi madre y mi papá. Sentí que ser su hermana de madre y padre me quedaba grande, me sobraba tela. ¿Italiana? ¿Ahora era dominicana-italiana? Supongo. Eso tampoco encajaba. ¿Sería mentira también? Sin mi identidad asiática, sólo me sentía latina. La parte de Marty no encajaba donde se sacó la de Papi.

El lado ítalo-estadounidense lo conocía muy bien. Grandma y Grandpa G vinieron a visitarnos un par de veces desde su casa en Southfield, Michigan. Eran bajitos, ninguno de los dos medía más de un metro sesenta, y ambos eran delgados. Grandpa fumaba y recuerdo que tenía las orejas peludas; Grandma hacía las galletas de boda italianas más exquisitas del mundo; por más que intentaras morderlas con cuidado, el azúcar en polvo te cubría los labios deliciosamente. Nos enviaba paquetes por correo y a mí me enviaba notitas. Tía C hacía lo mismo. Amaba a esa familia, pero nunca pensé que era mía. Me pregunto cuánto más segura y apoyada me habría sentido de haberlo sabido.

Sólo una persona podía saber la verdad.

«¿Puedo pedirte que, por favor, vengas conmigo a hablar con Mami?», le pregunté a mi hermana, la mayor de las cuatro, cuando la llamé al llegar a casa. Necesitaba intermediarios y apoyo, no sólo para ver a mi madre, quien ahora padecía un cáncer en estadio cuatro, por primera vez en dos años, sino también para confrontarla con esa revelación. Sabía que no iba a ser agradable. Mis hermanas lo sabían también, pero la mayor y la menor accedieron a acompañarme para darme apoyo. También sentían curiosidad. Eso las afectaba y afectaba también la opinión que tenían de Mami y Papá. Se merecían una explicación; todas la merecíamos.

Llegamos las tres juntas al estacionamiento del complejo de apartamentos donde vivía nuestra madre. Era un edificio de ladrillos por el que solíamos pasar con frecuencia cuando paseábamos en carro por el pueblo. Yo tenía el estómago destruido. Les pedí a las chicas que se quedaran un momento en el carro conmigo mientras me armaba de valor para entrar.

—Ay, Dios mío. Ahí está —dije.

Lupe había salido y estaba de pie en la entrada del edificio. Debió vernos llegar. Desde mi asiento en el carro me pareció pequeña y frágil. El torso y el rostro delgados, el resto del cuerpo un poco más ancho y escondido bajo una ropa holgada. Ya no vestía coqueta con los jeans apretados y los zapatos de tacón que usaba en la ciudad. Había vuelto a su estilo conservador. Imaginé los tumores que se escondían debajo de esa ropa holgada.

Mis hermanas se bajaron del carro y fueron primero a abrazarla. Yo esperaba ansiosa mi turno detrás de ellas. El tira y jala interior de querer mucho a mi mami y, al mismo tiempo, mantenerla a distancia psicológicamente para que no pudiera lastimarme otra vez.

—Hola, Mami —dije.

Me miró con los ojos aguados tras los espejuelos gruesos. A mí también se me llenaron los ojos de lágrimas, pero intenté mantenerme estoica. Abracé su cuerpecito; ella me abrazaba fuerte y sollozaba. No podía recordar la última vez que nos abrazamos. Era una sensación extraña, pero había amor, tristeza y añoranza. A pesar de que yo no bajaba la guardia.

—Bueno, bueno, gente, vamos adentro —dije de broma despegándome de ella. Parecía que se iba a romper de lo delgada que estaba. Lupe me tomó de la mano con firmeza mientras entrábamos. La mano de mi madre sujetando la mía era una sensación extraña también. Tanto la sensación de extrañeza como su necesidad de no soltarme me apretaban el pecho.

El apartamento estaba limpio y ordenado, pero oscuro, muchos muebles eran demasiado grandes para el espacio. Mami había amueblado su pequeño apartamento de una habitación con los muebles de nuestra antigua casa, que eran para una casa grande de cuatro habitaciones donde vivían ocho personas. Las sillas del comedor de madera oscura labrada y decoradas con flores y detalles curvos, que fueron a parar a una esquina de nuestro salón y futuro almacén de mami y que nunca se usaron, estaban alrededor de la mesa del comedor que siempre usamos; los arañazos y las manchas de agua formaban su propio patrón abstracto, contrastante. La mesa me hizo sentir calidez; las sillas, frialdad. La mesa llevaba recuerdos buenos y malos; las sillas no se usaron por años.

Nos sentamos las cuatro. Yo me senté a un extremo de la mesa para posicionarme como la cabeza de aquella sesión de búsqueda de la verdad.

Le pregunté a Lupe cómo se sentía, si había noticias de su médico, y cómo le iba con las medicinas. Noté que había perdido cabello, su eterno moño ahora era corto y fino. Mami contestó las preguntas casi con recato al tiempo que jugaba con los pañuelos desechables. Yo no sabía, como de costumbre, si se trataba de un genuino acto de humildad como resultado de la enfermedad que le habían diagnosticado o de mi distanciamiento; o si se trataba de una fachada para provocar la reacción que quería en mí.

—Mami. Papá me pidió el otro día que fuera a su casa para

contarme algo —Lupe bajó la cabeza y fijó los ojos en los pañuelos, luego asintió como esperando—. Yo tenía que venir a preguntarte.

—Okey —dijo.

Me tomó un momento. Por un instante sentí el impulso de fingir que no pasaba nada. Que, quizás, debía dejar que la farsa continuara. Me encantaba ser china-dominicana. Apreciaba tener un padre chino, entretenido y jodido, que vendía drogas y era adicto al juego, y al que veía sólo de vez en cuando. El contraste entre quien supuestamente era, como producto de Papi y mi vida con Marty, resultaba interesante. Tal vez, después de todo, no me interesaba ser hija de Marty. Parte de mi personalidad era la diversidad de mis identidades culturales y raciales; ésa era mi historia. Además, Marty parecía no quererme tanto como para reclamarme. Que haya optado por mantener las cosas bien con mi madre en vez alzar la voz y decir que yo era suya. ¿Acaso yo no valía lo suficiente? Si Marty no lo había pensado, ¿por qué reconocer esta nueva (para mí) realidad ahora? ¿Merecía llamarme hija suya?

Cuando llegaba a casa de la escuela elemental con la queja de que me sentía inferior a las otras niñas, sobre todo porque no era blanca como ellas, Mami siempre me decía: «Siempre habrá una más bonita, más inteligente o más talentosa que tú. Pero nunca, jamás habrá alguien como tú. Carmen. Rita. Wong». Insistía en decir mi nombre completo y pronunciar cada sílaba juntando los dedos para acentuarlas. Yo estaba atada a mi nombre, a mi identidad y a todo lo que eso implicaba. No quería abandonarla, pero tenía que saber por qué. ¿Por qué me habían hecho esto?

—Mami, Papá me dijo que Peter no es mi padre. Que él... que Marty... es mi padre.

El rostro de mi madre se iluminó con una rabia triste.

—¿Cómo se atrevió? ¡Cómo se atrevió a decírtelo! ¡No le correspondía a él! —dijo alzando la voz.

Yo también alcé la voz:

—¿Y cuándo me lo ibas a decir? ¡Tengo treinta y un años! —Me molestó que ésa fuera su primera reacción. ¡Claro! Claro que se trataba sólo de ellos dos, no de mí. Siempre y por siempre se trataba de ellos.

Mis hermanas permanecieron sentadas en silencio. Una me miraba con empatía. La otra, se aguantaba.

Lupe empezó a llorar con más fuerza. Esperé un rato. Se sonó la nariz y se secó los ojos. Le lancé una mirada fulminante.

—¿Por qué lo hiciste? —pregunté.

—Tu padre…

—¿Cuál?

—Peter. Peter fue tu padre. Marty no te quería.

Entrecerré los ojos. Ahí estaba la historia, mi madre sabía contar historias. Obviamente. Pero, como aprendí de un modo que me transformó la vida, no podía creerlas.

—¿Qué quieres decir?

—Me hice un aborto, dos abortos antes de tenerte, y luego me quedé embarazada de ti y Peter se enteró de que iba a ir con mi hermana a hacerme otro aborto… ¡Íbamos en el carro de camino! Pero Peter dijo: «¡No! ¡No! ¡Éste es mío! Yo cuidaré de éste». Así que no me hice el aborto. ¡Peter te salvó la vida!

Lo que estaba diciendo era que Marty la había embarazado varias veces y pagó por los abortos ilegales (no eran legales en Nueva York hasta el año en que nací, 1971), y que Peter también lo sabía. Mucho que indagar, pero no tenía el sombrero de periodista en ese momento. No quería confirmar esos datos estremecedores justo en aquel momento. Quería descubrir el porqué de la mentira, el porqué de los secretos. ¿Cómo pudieron hacerme eso?

Bueno, en verdad no, porque yo no existía aún. No hay que

olvidar que yo era la adolescente con un fondo para abortos, que les refutaba a las monjas el «pecado mortal» del control de la natalidad. Fue Lupe la que me dijo una vez, estando ya en la universidad, que el invento más grande del mundo había sido el control de la natalidad. Ahora comprendía por qué, a pesar de su (supuesta) religiosidad, me dijo algo así.

Mami hizo un gesto con la mano para despachar mi reacción a su discurso dramático. Ahora que lo pienso, eso pudo ser la piedra angular de vivir la mentira como una Wong. La historia tenía que ser que «me habían salvado la vida» cuando estuve a punto de que, bueno, dispusieran de mí. Pero entonces Peter, Papi, me salvó, me salvó la vida. Ese principio fundacional era imprescindible para mantener a todo el mundo en su lugar, en su rol. Sin esa joya, las mentiras no habrían tenido fuerza moral para sostenerse. Y Mami (quizás Marty también) necesitaba esa fuerza moral para justificar una falsedad tan grande y obscena. Mi madre tenía que echarle la culpa a Papá.

—Por eso lo hice. Marty quería que me hiciera un aborto; Peter, no. Desde ese momento, juré que eras la hija de Peter y que Marty no aportaría un centavo a tu sustento.

Así que castigó a Papá por no querer que yo naciera obligándolo a vivir conmigo, a ayudar a criarme, pero sin poder reclamarme nunca como su hija, cosa que, tanto según ella como según él, siempre había sido: una acción sucia y vengativa. Peter pensaba que era mi padre y Marty sabía que era mi padre. Pero Mami se aseguró de privar a cada uno de una parte de mí: a Peter, de la verdad (de reclamar a una hija que sabía secretamente que no era suya), y a Marty le impuso una mentira (criar a una hijastra que sabía que era su hija).

—Y por eso no recibí ningún dinero de él como mis hermanas. Porque no me quiso.

Quizás era una comparación injusta delante de mis hermanas, pero era algo muy importante que determinó mi vida. Por eso tuve que trabajar tanto; por eso nunca me sentí anclada o apoyada, siempre obligada a mantenerme a mí misma.

—Y yo deseaba nada más que ser su hija... ¿recuerdas cómo le rogaba que me adoptara cuando era pequeña? —pregunté.

—Sí, pero no te merecía. No te quiso, como tampoco quiso a los otros, así que... —dijo, moqueando.

—Pero luego te hiciste otro aborto después de mí, ¿no es cierto? ¿Ése también era de él?

—Sí —dijo y bajó la cabeza.

Mi rabia contra ella, un fantasma pesado y húmedo, cedió un poco. Imaginé a mi madre, tan joven, veintiséis años, atrapada en un matrimonio abusivo con Papi, sin apoyo; y, en su casa, sólo más abuso de su padre. Además del pequeño Alex, mi hermano. Recordé todas las veces que temí estar embarazada cuando era adolescente y en mis veinte, también temía sentirme atrapada. Siempre deseaba y luchaba por encontrar una salida; la mía había sido la escuela, la educación. Ella me dio esas opciones criándome de la forma en que lo hizo. ¿Cuáles eran sus opciones entonces? ¿Otro hombre? ¿Con qué recursos realistas podía contar? Era una inmigrante cuya educación se detuvo antes de graduarse de la secundaria. Era una madre negra e hispana de veintiséis años con un acento fuerte.

—¡No podía escapar de tu padre! —aclaró apasionadamente.

—¿Peter?

—No, Marty. ¡No podía! Intenté dejarlo cuando naciste... te llevé a la República Dominicana recién nacida —era la primera vez que escuchaba eso—. Necesitaba un poco de espacio, pero me enviaba unas cartas... ¡aún las conservo! Unas cartas tan llenas de amor; deberías ver...

—No. No, está bien. No tengo que verlas —ahora que lo pienso, debí verlas o, al menos, copiarlas.

—Pero espera, Ma —dije—. Regresaste a la ciudad, ¿pero luego te hiciste otro aborto? ¿También era de Marty? —Si estaba tan enamorado, ¿por qué hacerlo otra vez?

—Sí. Pero cuando me quedé embarazada de Nina —la mayor de mis cuatro hermanas, que estaba sentada a mi derecha— dije que no lo haría otra vez.

—Así que se casó contigo. Finalmente.

—Sí. Logré divorciarme rápido de Peter y luego nos casamos.

—Eso fue en la cabaña del bosque, ¿verdad? ¿En Vermont? ¿Alex y yo estábamos allí?

—Sí.

Mami necesitaba tiempo para hablar y dar su versión de los hechos. Defenderse y defender sus decisiones. Mis hermanas permanecieron calladas. Yo apreciaba su presencia. Me quedé allí escuchando, haciéndole preguntas cada vez que encontraba un hueco en la historia que había que llenar, pero eran tantos huecos, y muchos de su propia autoría, seguramente con toda la intención. ¿Cómo confiar en alguien —tu propia madre— que mantuvo y promulgó semejante mentira? ¿Cómo confiar en un padre que le siguió la corriente? Las respuestas están en un lugar mucho más profundo del que jamás he explorado en mí misma. Lo único que podía hacer en aquella conversación era intentar descubrir todo lo que pudiera y, al mismo tiempo, manejar el tornado de emociones que me sacudían por dentro.

La escena parecía un interrogatorio, que lo era en muchos sentidos. Yo estaba sentada a la cabeza de la mesa, el respaldo de las sillas se elevaba dramáticamente por encima de nuestras cabezas y aquello parecía un retablo gótico. Sólo nos faltaban las túnicas oscuras. A mi izquierda, una madre moribunda que sollozaba, dos hermanas que observaban silenciosa y paciente, si no, dolorosamente, y yo, la interrogadora, con la quijada apretada y la voz firme. Cuatro mujeres afectadas por las decisiones de nuestra madre décadas atrás. Sus decisiones y la complicidad de nuestro padre.

¿Debía sentirme feliz? ¿Porque, al fin, después de una niñez de lucha para que me incluyeran en la segunda familia de Mami con Marty, me había convertido en una hermana completa y legítima de mis hermanitas? ¿Porque compartía un apellido y una historia familiar? Nada más lejos de la felicidad. Esa revelación no deshacía y rehacía unos vínculos de tres décadas, no satisfacía a esa niñita que añoraba que la incluyeran en una nueva familia. Me lo habían negado desde antes de nacer. Aquello no resolvía ningún problema sobre quién era. Aún tenía mi nombre; aún tenía mi historia, mis recuerdos. No sentía nada nuevo dentro de mí, sólo la traición.

En la sala de emergencias, a Mami le dijeron que le quedaban dos meses de vida. Con el tratamiento experimental, había superado el plazo por mucho. Me sentía un poco culpable de causarle una angustia adicional en un momento en que necesitaba de todas sus fuerzas, pero luego me recordaba a mí misma que Marty y ella habían tenido suficiente tiempo para decirme la verdad: tres décadas; treinta años; toda mi vida en aquel momento.

Mis hermanas y yo salimos emocionalmente agotadas del apartamento de nuestra madre, y yo, a punto de perder el control, a la par que sentía una rabia justificada hacia ambos, pero más hacia Marty. Otra vez tenía la sensación de no ser vista. Me sentía cual fantasma que intenta hacer caer una cuchara de una mesa, incapaz de cambiar o afectar la realidad que tenía delante. ¿Habrán pensado en mí? ¿En lo que eso me haría? ¿Cómo iban a justificar lo que hicieron? La respuesta estaba ahí mismo: yo no importaba y, quizás, puede que quizás, Mami estaba dispuesta a llevarse a la tumba la verdad sobre quién era mi verdadero padre. Si Marty no hubiera tenido una novia sensata que lo empujara a revelármela, ¿cuándo me hubiera enterado?

¿Y por qué Marty no me reclamó? Yo era una niña buena, una niña íntegra. Pensé que me quería y que me tenía en una alta estima. ¿Por qué no quiso que fuera suya? ¿Por qué no luchó contra Mami? ¿Acaso yo no lo valía? ¿Sería por querer que me abortaran como a los demás? ¿Pensaría que ése no era su lugar? Cuando Lupe se quedó embarazada, yo era una idea; células. ¿Pero negar a su propia hija, aun viviendo con ella y con su madre, y luego haber tenido más hijos y una familia todo ese tiempo? Sabiendo cuánto esa niña deseaba ser suya. Y no luchó por mí.

Mi madre moría. Yo había perdido un padre biológico junto con su raza y su cultura. Había descubierto que mi crianza había sido una mentira. Era una mujer divorciada y mi reloj biológico no se detenía. En el trabajo seguían menospreciándome a pesar de lo bien que hacía las cosas. Todo era un caos.

Cuando era adolescente, recuerdo que Mami me contó sobre la maldición china: «Que vivas una vida interesante». Para mi desgracia, parecía que mi «maldición» apenas empezaba.

CAPÍTULO 10

... PORQUE YA ERA TARDE

Corría el año 2005 y estaba en el camerino de una estación de noticias local, a pesar de lo colorido del nombre en inglés que se le da a ese espacio en la industria (*greenroom*, literalmente, cuarto verde), era una habitación gris, mohosa, polvorienta y oscura con una ventana sucia que daba al edificio contiguo. Era mi primera aparición en televisión para promover mi nuevo libro de consejos financieros.

—¿Carmen? —dijo un joven productor asomando la cabeza—, vendremos a buscarte en cinco minutos. ¡Oh! Y estarás con Geraldo hoy.

¡Qué bien! Un nuevo chico en la tele que se llama Geraldo. A mi madre le hubiera encantado. Estaría tan orgullosa de verme en el aire con otro latino. Mientras crecía, a Mami le encantaba Geraldo Rivera, el bigotudo macho puertorriqueño nacido en Nueva York. Había ascendido hasta la cumbre de las noticias nacionales antes de que los medios lo castigaran por cometer una imprudencia en un reportaje sobre Iraq y Afganistán. No lo veía en la tele desde hacía muchísimos años y el programa era de noticias locales, de modo que debía ser un chico nuevo, pensé. *Van a presentar a dos latinos. Qué locura.*

—Okey, ¿lista?

El mismo productor regresó a buscarme. Recuerdo una extraña sensación de sangre fría al salir en la tele por primera vez, pero también un nerviosismo intenso. Mi actitud era que sólo estaba haciendo mi trabajo: promover mi libro. En vez de una ansiedad que se me saliera por los poros, sentí una excitación electrificante porque esa aparición era un gran triunfo y parte del plan que había trazado para todo lo que estaba por venir en mi nueva empresa. Una empresa que tenía que funcionar, porque me habían despedido de *Money* unos meses atrás y había puesto todos los huevos en la canasta de un negocio por cuenta propia. Todas las apuestas recaían sobre mí, así que me puse las gríngolas y salí a todo vapor por aquella puerta abierta. El fracaso no era una opción.

Carajo. Si Mami estuviera aquí para verme.

Me fue muy bien en la entrevista (a pesar de Geraldo, sí, ¡el mismísimo Geraldo Rivera!, que me lanzó un montón de preguntas que no estaban en el libreto, como si estuviera pidiéndome consejos financieros para sí mismo, más que para la audiencia, o como si quisiera verme tropezar, pero no lo logró). Mami no pudo verme en la televisión, había muerto el año anterior, poco antes de cumplir los sesenta, dos años después del diagnóstico de cáncer de colon. No pudo ver el fruto de su inversión. Las horas que pasamos, a lo largo de los años, viendo las noticias en la tele con ella, en familia, todos los días por la mañana y por la noche. Cuando me decía que hablara como Dan Rather o Peter Jennings (excepto las palabras que pronunciaba con su acento canadiense). Luego, hubo una época en que cambió de canal por las mañanas de *Good Morning America* a *Today*, cuando añadieron al primer coanfitrión negro en un noticiero matutino: Bryant Gumbel.

—¡Mira! ¡Parece un primo! Ay, lo adoro —decía—, es tan guapo.

Ojalá, antes de morir, hubiera podido ver mi nombre en un libro y mi rostro en la televisión, aunque fuera una vez, sobre todo, con su amor platónico de los ochenta, Geraldo. Que tu madre sea testigo de tus logros, por más tensa que sea la relación, es algo poderoso, en especial para una madre inmigrante. Logros a los que de seguro les habría encontrado algún defecto, como siempre, pero se habría sentido muy orgullosa, aunque no me lo dijera.

Pero, antes de morir, sí pudo presenciar algo que me cambió la vida. Conoció al hombre que se convertiría en mi segundo esposo, un nuevo colega de la revista al que llamaré Ted. Las banderas rojas se alzaron desde el principio. Debería decir que las astas de las banderas me golpearon en la cabeza varias veces, pero no tuve las fuerzas para evitar que la situación me absorbiera. Ted era Marty, Papá, pero alto, en vez de bajito y con el cabello platinado teñido. Era un hombre blanco de los suburbios de Detroit, como Papá, el nuevo «chico amante de los carros» de la revista, al que le encantaba —como a Papá— hablar de cualquier cosa superficial: carros, política, películas, libros, música, lo que fuera.

La gran diferencia era que no caía en el paradigma del hombre blanco salvador de mi madre. Nuestra relación era más bien lo contrario. Él era el recién llegado a Nueva York, que se asombraba de todo, y yo era la chica citadina, establecida y conocedora. Yo ocupaba un puesto más alto que él y era mucho más ambiciosa y seria; él era el rebelde, comodón y raro, con el peinado tipo rocanrol. Yo era la que llevaba el traje proverbial de chaqueta y corbata.

No sólo me atrajo porque se parecía a Marty, así como mi primer esposo se parecía a Lupe (intentamos dominar lo que no pudimos dominar en la infancia, perdón), sino porque llegó justo a tiempo. Yo tenía treinta y pocos, y el reloj biológico de la maternidad me daba golpes en la cabeza. Antes de que Ted apareciera, estaba considerando crear un fondo para adoptar, como quince años antes había creado un fondo para abortar. No es que quisiera emprender la maternidad sola, pero, si tenía que hacerlo, sería madre cuando cumpliera los cuarenta. Mi deseo de tener un hijo era mayor que mi deseo de volver a casarme, pero no sólo era alérgica a la idea de tener un hijo sin casarme, es que me provocaba una reacción anafiláctica. Los estereotipos raciales y culturales son tan peligrosos que pueden llevarnos a tomar decisiones incorrectas con tal de desafiar las ideas que otros tienen de nosotros, nos obligan a vivir en función de ellos.

A pesar de mis triunfos, aún había muchas, demasiadas, circunstancias en mi contra y no podía añadir otra razón para que mis jefes —y la gente blanca en general— me vieran tan sólo como «otra hispana» que no era apta para realizar trabajos importantes, que no encajaba en la «cultura» corporativa y que no era lo suficientemente competente como para salir adelante (porque la presunción de competencia sólo equivale a ser blanco). Las miradas de desprecio de los hombres y mujeres blancos en la oficina cuando pronunciaba mal una palabra porque sólo la había leído y nunca la había escuchado, o la cara de disgusto cuando me eché en la boca una vaina completa de edamame en un almuerzo de negocios porque nunca lo había comido. Si reaccionaban así cuando pronunciaba mal una palabra, imagínense si me quedaba embarazada sin estar casada.

No debía ser así, no debía preocuparme tanto por lo que pensaran los demás de mí, pero no soy la primera mujer no blanca, la primera hija estadounidense de una familia inmigrante que cae en la trampa del patriarcado blanco e intenta jugar el juego de la vida en sus términos. Ése era —y sigue siendo— el poder de los censores blancos: obligarnos a tomar decisiones en la vida que van en contra de nuestra salud mental y emocional, por no decir de nuestras carreras. A esto se sumaba la angustia de no tener una comunidad de personas que no fueran blancas que pensaran como yo ni tener apoyo financiero de mis padres (de ninguno de los tres). Dar un mal paso significaba caer de nuevo en el abismo del sufrimiento financiero y profesional, sola. Así que, un hombre que se parece a mi papá llega a la oficina y me digo a mí misma que es el destino, amor verdadero, y me caso con él.

Nos comprometimos cuando mi madre había empezado a decaer rápidamente. Se las arregló para mantenerse móvil y trabajar unos veinticuatro meses después del diagnóstico, mucho más de lo que le pronosticaron que viviría. La visité en New Hampshire dos o tres veces durante ese tiempo, y me mantuve en contacto con mis hermanas menores, que la visitaban mucho más; la más joven casi se había mudado con ella. Alex y Belinda esperaban —inesperadamente— unas gemelas, de modo que no siempre podían hacer el largo viaje en carro desde Nueva York hasta New Hampshire. Pero una mañana en la oficina, la cuidadora de Mami, que iba a verla a diario, me llamó y me aconsejó que me comunicara con todos los miembros de la familia y los exhortara a visitarla lo antes posible. Me dijo que Mami le había pedido que me llamara cuando llegara ese momento, ella sabía que yo podría ponerme el sombrero de capitán y manejar la difícil situación de dar la mala noticia. Marty, Papá, estaba en una órbita lejana. Yo aún luchaba contra la rabia hacia él por la decepción; prácticamente me había desconectado de él. Peter, Papi, estaba en algún lugar y llamaba a Mami de vez en cuando para decirle que quería verla, pero ella no se lo permitió. No pregunté por qué no quiso verlo, pero me alegré de que no lo hiciera. Egoístamente, los hijos ya teníamos que lidiar con demasiadas cosas como para tener que ver a alguien que —ahora lo sabía— no era mi padre y que no había ido a New Hampshire quizás en dos décadas.

Cuando llegamos al apartamento de mi madre y llevé a mi nueva pareja hasta su cama, sabía que Lupe se sentiría complacida tan pronto como lo viera.

—¡Ay, cielito! —logró susurrar en español al tomarle la

mano. Estaba débil, pero su entusiasmo era visible. El rostro se le iluminó según lo miraba de arriba abajo.

Más tarde, Ted me preguntó:

—¿Qué me dijo?

—Cielito —traduje—, que significa «pedacito de cielo» en español, porque eres blanco y tienes los ojos azules.

Mi madre defendía a todo el mundo, como defendió a mi hermano cuando se casó con mi cuñada negra, pero los hábitos coloristas no se pierden fácilmente. Estaba encantada que Ted fuera blanco y estadounidense. Y, sí, a mí me alegraba verla feliz. El deseo de complacer a nuestros padres puede ser tan profundo que a veces nos lleva hasta a complacer su racismo.

Durante esa misma visita, mi tía María, la hermana menor de mi madre, se sentó en el comedor conmigo y dos de mis hermanas, la mayor y la menor de las cuatro, y el medio hermano de mi madre, Alberto, a quien no recordaba haber conocido. Era el hijo de la esposa de Abuelo, el lado «legítimo» de la familia, contrario a mi madre, María y tío Lou, que eran de mi abuela, la amante. María nos contaba, en su inglés con acento, historias horripilantes de su niñez, y Alberto, un hombre marrón, alto e imponente con cara de vendedor, asentía. Mis hermanas y yo escuchábamos, espantadas, sus historias. Mami dormía en la cama de hospital que el hospicio le había instalado y Ted había salido a hacer algún recado.

María pausaba luego de soltar la bomba de una historia traumática compartida con Mami y nosotras permanecíamos en silencio por un instante. Las imágenes horribles que conjuraba se quedaban colgadas en mi mente buscando un lugar donde encajar. *¿Debo crear una nueva carpeta para archivar esta nueva información que transforma lo que pienso de mi madre y lo que siento por ella? ¿Dónde se supone que ponga todo esto?*

Podía imaginar demasiado bien lo que María nos contaba. Podía ver a través de la oscuridad de la noche, a través de los ojos de niña de mi madre, a su padre violar a su madre. Me quedé paralizada por el shock y la tristeza, pero, sobre todo, sentí rabia. Me pregunté si mi madre habría sentido lo mismo al ser testigo —demasiado joven— de aquello; si ese trauma había forjado en ella una rabia capaz de rajar mundos. La sentí moverse dentro de mí como un parásito heredado.

Hacía al menos una década que no veíamos a nuestra tía María. Era una mujer extraordinariamente bella. No le habló a mi madre por muchos años luego de que se pelearan por algo de la herencia cuando murió Abuela. Recuerdo escuchar la pelea por teléfono y a mi madre quejarse de que su hermana «no envió flores», y luego algo de que María estaba molesta por la forma en que había vendido el apartamento de Claremont y dividido las ganancias. Que mi madre le había hecho trampa. (Considerando los billetes que desaparecían de mi gaveta, no era una exageración). En cualquier caso, las hermanas no se hablaron por casi diez años. Durante ese tiempo, a María también le habían diagnosticado un cáncer de colon en estadio tres; algo que ninguno de nosotros supo. Luego de la cirugía y la quimio, sobrevivió y ahora estaba sentada frente a nosotros. Se veía muy bien; con aquel montón de cabello fabuloso en la cabeza nadie podía decir que había estado enferma. Sentí un poco de envidia por mi madre.

Las historias brutales de la infancia que nos contó María dieron paso a la excavación larga y profunda de un pozo de perdón hacia mi madre por haber mentido respecto a mi padre y por habernos maltratado a mí y a mis hermanitas. ¿Cómo podía alguien salir intacto de aquello? Luego, llegar a este país, sin conocer a nadie y sin hablar la lengua y que la casaran con un gánster chino a los diecinueve años. Sigo sin comprender la vida que le tocó vivir a mi madre. Sólo puedo intentar imaginármela, sólo puedo sentir empatía. Cuando María hacía una pausa en sus revelaciones en la mesa del comedor, me levantaba e iba a la cocina, cerraba los ojos un instante y pensaba *Mami, cuánto siento que hayas tenido que pasar por eso.*

Se dice que «las personas lastimadas lastiman a otras personas», pero no es fácil decirlo cuando una es la persona lastimada, sobre todo, si eres una niña. Pero ese dicho le aplicaba muy bien a mi madre: nacida del trauma. Comencé a entender mejor lo que tuvo que superar, a sentir más por ella que contra ella, aunque hubiera llegado tarde a la mesa.

María, Alberto, mis hermanas y yo pasamos la siguiente hora discutiendo los roles que se esperaban de las mujeres de la familia. Las hijas de Lupe —que crecimos escuchando historias sobre la independencia y la meritocracia estadounidenses— éramos felices viviendo por nuestra cuenta, habíamos ido a la universidad y más. Alberto se espantó cuando supo que la mayor de mis hermanas estaba llegando a los treinta y no se había casado y, cuando declaró que probablemente no tendría hijos, el espanto fue mayor. Las caras de María y Alberto no tenían precio. Creo que las tres disfrutamos (en represalia) de espantarlos con nuestro estilo de vida y nuestra independencia. Luego supe que Alberto le contó a la familia extendida que éramos arrogantes y demasiado «gringas». En fin, eso fue lo que engendró Lupe.

Nuestra madre, la creadora de las gringas arrogantes que éramos, yacía en su habitación. Descansaba, pero estaba ansiosa por conocer a las gemelas de mi hermano, que acaban de llegar. Habían nacido prematuramente, de modo que eran como unas extraterrestres chiquititas, de extremidades delgadas, y habían hecho el viaje de más de cinco horas con su mamá, su papá y su hermana mayor. Tenían apenas diez semanas de nacidas y era la primera vez que todos las veíamos. (Luego crecerían saludables y espectaculares). Con su llegada, el apartamento parecía una alegoría del ciclo de la vida desde el nacimiento hasta la muerte.

Nos turnábamos para pasar tiempo a solas con Mami. Se había marchitado, se le veían los tendones y los huesos bajo la delgada piel marrón aceituna llena de manchas amarillas por la ictericia de un hígado plagado de tumores, las venas de la mano derecha estaban quemadas por la quimio que corrió por su sangre. Lograba abrir los ojos de vez en cuando, mover los dedos, darnos un apretoncito en la mano y sonreír un poco. Ted y yo habíamos traído una botella de vino de casa. Mi madre, que nunca había permitido (ni en pensamientos) una gota de alcohol en su casa, pidió una copa, bebió un pequeño sorbo y sonrió.

El silencio respetuoso que intentamos mantener después de que se fueran María y Alberto, y antes de que llegaran mi hermano y su familia, se rompió con la llegada de dos mujeres de la nueva iglesia de mi madre: la evangélica. Ésa fue la iglesia que hizo que le confesara sus abortos a mi hermano. La congregación era mayormente latina, había muchos brasileños, y crecía con el desplazamiento de los latinos al norte. Yo veía estas congregaciones como aves de rapiña que se lucraban a costa de las comunidades nuevas que buscaban un sentido de pertenencia. A Mami siempre le gustaron los predicadores de la tele. Era la candidata idónea.

Alex les abrió la puerta, una parejita de mujeres marrones cincuentonas con la sonrisa hipócrita de los misioneros. Las detesté de inmediato. Le preguntaron a Alex si podían ver a Mami. Yo me puse de pie y dije que las llevaría donde ella. Por nada del mundo las iba a dejar a solas con ella en una habitación. Me senté en una silla hacia el fondo de la habitación de mi madre mirando el pie de la cama y crucé los brazos. Las dos mujeres se sentaron a su lado y le tomaron la mano; mi madre parecía contenta de verlas y, por un instante, me sentí un poco culpable por haberlas juzgado tan severamente. Hasta que empezaron a rezar encima de ella. Primero fueron las oraciones habituales, rezadas rítmicamente en español, en las que imploraban la gracia y el perdón de Dios. Mi madre tenía los ojos cerrados y movía los labios a la par de las palabras de las mujeres. La que parecía ser la líder, que tenía el cabello teñido color magenta, pausó un momento mientras todas bajaban la cabeza en silencio. Luego vino la segunda parte. Las mujeres empezaron a orar con mayor fuerza y vehemencia. La del cabello magenta se puso de pie batiendo las manos sobre Mami y alzando la voz en un canto en español: «¡Sal de ahí, diablo! ¡Sal de ese cuerpo, diablo! ¡Libérala! ¡Diablo! ¡Diablo!». A mi madre se le contrajo el rostro y empezó a llorar y a balbucir. Le estaban haciendo un exorcismo.

—Okey. Está bien. Tienen que irse —dije poniéndome de pie—. La están poniendo nerviosa. Necesita descansar.

Saqué a las mujeres sorprendidas de la habitación según susurraban las últimas oraciones y le besaban las manos. Cerré la puerta y me quedé sola con Lupe. *Que Alex se encargue de despedirlas.*

—Mami, ¿estás bien? —le pregunté.

Asintió con la cabeza, los ojos aún cerrados. Agarré un pañuelo y le sequé las lágrimas del rostro.

—Lo siento, Mami, pero te estaban poniendo nerviosa, ¿okey? Necesitas paz. Paz y tranquilidad —me senté a su lado y le tomé la mano. Ella asintió, me sonrió y pareció quedarse dormida.

¿Quién necesitaba paz y tranquilidad, ella o yo? ¿Quién se estaba poniendo nerviosa, ella o yo? ¿Quién era yo para vigilar sus rituales religiosos? Parecía absorta en el teatro y tal vez le hacía falta. Yo sabía que no era una posesión diabólica lo que la había enfermado así; y sabía que, en aquel momento, tal vez sólo le quedaban días. No había milagro que pudiera sanar un cuerpo que estaba al borde de la muerte. Detestaba a esas mujeres por darle una falsa esperanza, pero ahora comprendo que debí preguntarle a mi madre antes de sacarlas de la habitación. Tal vez Lupe encontraba paz en el ritual de ahuyentar al diablo que realizaron esas mujeres a las que saqué de la habitación. ¿Quién dice que era menos real en su mente que la incomodidad que yo sentía? ¿Quién era yo —que de niña tenía un altar y les hablaba a los espíritus en las paredes— para decidir?

Dos días después, mi madre aún estaba viva, aunque inconsciente, les pedí a mis hermanos que me dejaran sola con ella otra vez. No quería irse, nadie le daba órdenes a Lupe, ni siquiera la muerte podía decirle que le había llegado la hora; iba a resistir todo lo que pudiera. Antes de quedarse dormida por última vez, el día anterior, se despertó inquieta, gritando: «¡No-no-no!». Le gritaba al aire encima de ella, como si peleara con Dios. Quise decirle que estaríamos bien, que al otro lado encontraría alivio. Se lo dije. Le dije que había hecho cosas buenas, que ya todos éramos adultos, que podía sentirse orgullosa, y que mantendríamos vivo su legado de trabajar con ahínco.

—Está bien, Mami. Puedes irte ya. Te queremos. Siempre te querremos.

Recosté la cabeza sobre su brazo, le tomé la mano y me quedé escuchando su respiración llana y esporádica. Después de un rato, Belinda entró en la habitación y se sentó al otro lado de mi madre. Mi cuñada le sujetaba la otra mano y, en unos minutos, la vimos exhalar. En ese momento me sentí aliviada por ella. La expresión de su rostro cambió. Del dolor a la paz. Pero antes de ponerme en modo hermana mayor —hacerme los arreglos funerarios, comprar la ropa que llevaría en el ataúd y un sujetador con relleno porque el cuerpo se le había encogido y el pecho que siempre llevó con tanto orgullo se le había hundido— me quedé agarrándole la mano y llorando suavemente. A pesar de que nuestra relación fue tan tensa, a pesar de mi resentimiento, era mi madre: mi creadora. Jamás dejaré de llorar su pérdida.

Un reducido grupo de familiares y amistades que mi madre había cultivado en sus últimos años nos quedamos de pie observando

mientras enterraban el ataúd en el cementerio del pueblo contiguo
en el sur de New Hampshire. Era un lugar por el que habíamos
pasado con frecuencia a través de los años; en aquel entonces, sus
ocupantes silentes eran todos desconocidos. Nuestra madre, la mujer dominicana inmigrante, que comenzó su vida estadounidense
en la ciudad de Nueva York, quiso que la enterraran en su hogar
adoptivo en New Hampshire, entre el verdor y los árboles. A pesar
del dolor y la soledad con que nos recibió ese lugar cuando llegamos de Manhattan, a Mami le encantaba. En sus últimos años descubrió que muchos dominicanos, muchos latinos provenientes de
diversas partes, se habían mudado al norte, a los pueblos cercanos.
Logró ascender en New Hampshire y convertirse en un pez grande en una charca pequeña en su comunidad. En la ciudad, como
me pasó a mí, que al mudarme me vi sola pues ya no quedaba
nadie de mi familia inmediata y no pude recrear lo que tanto había
añorado, ella también encontró una casa vacía. Una vez tuvimos un
hogar en la ciudad de Nueva York, ruidoso, marrón y perfumado
con el aroma de los plátanos, pero, al regresar, ambas descubrimos
que aquel hogar con sus habitantes había desaparecido. Había que
reconstruirlo desde cero, desde los recuerdos. Tal vez Mami ya estaba cansada para eso. ¿Por qué hacerlo cuando podía seguir en la
comunidad de un lugar que ahora le resultaba familiar? Y, sí, más
amigable que cuando llegó por primera vez con rolos y todo.

Marty, Papá, estaba allí con un traje de chaqueta viejo. Mi
madre debió hablarles muy mal de él a sus primos y hermanas
porque nadie lo saludó con amabilidad, algunos ni siquiera lo
saludaron. Se quedó respetuosamente de pie hacia el fondo. En
algún momento fui a darle un abrazo, pero ese día tenía que
ponerlos a él y nuestra nueva historia en segundo lugar.

Cuando la grúa comenzó a alejarse del ataúd, ya en el fondo
de la fosa, donde no podíamos verlo, la hermana de mi madre,
María, dio un alarido y corrió hacia el borde como para arrojar-

se en el hueco. La madre de Belinda, Stella, toda una matriarca guyanesa sudamericana, que había visto esa misma escena varias veces en la vida, saltó tan rápidamente como se lo permitieron las rodillas y abrazó a mi tía por detrás.

—No, no, no puedes ir con ella —la escuchamos decir entre los gemidos de María.

—¡Debí haber sido yo! —La hermana menor de mi madre, que no le habló al menos en diez años, forcejeaba. Sorprendidos, mi hermano y yo intercambiamos miradas y no pudimos evitar sonreír con tristeza. *Loca de remate.* Era una locura y no estábamos dispuestos a involucrarnos. Era una típica zanganada caribeña, que a nosotros nos resultaba totalmente ajena. También creo que a los hijos, ya adultos, no nos hubiera importado que María se lanzara en ese abismo o percibimos su actuación como lo que era: una actuación, nada más. Nadie se movió para detenerla, excepto Grandma Stella. Yo esperaba que Stella lograra calmar a María, porque, mientras pasaban los segundos, empezaba a enfadarme. Provocar semejante escena en el funeral de una hermana no era exactamente una muestra de amor, era puro teatro narcisista.

Por fin Stella también se hartó del drama de la mujer. Alzó la voz y dijo:

—¡Basta ya! ¡Se acabó ahora mismo! ¡Tú no eres la protagonista aquí! ¡Hoy no eres la protagonista!

Con sus brazos fuertes agarró a María por la cintura, la levantó del suelo, la apartó de la tumba y no la soltó hasta que tuvo la certeza de que no seguiría resistiéndose. Stella se quedó cerca de ella, lista para volver a ejercer de guardiana de tumbas, de ser necesario, hasta que terminara el servicio. Los seis hijos adultos de Lupe nos limitamos a mirarnos y negar con la cabeza. ¡Qué familia!

CAPÍTULO 11

... PORQUE NUNCA PENSÉ QUE LA VERDAD SALIERA A RELUCIR

En el transcurso de dieciocho meses, había perdido a mi madre, a mi padre y a toda mi comunidad, identidad y herencia raciales y étnicas. A mi novio y a mí nos despidieron de la revista porque el negocio de las publicaciones impresas seguía reduciéndose, víctima del internet. Convertí esas desgracias en una pelota de motivación: promoví mi libro como una loca en todos los medios; inicié negocios independientes lucrativos; comencé mi carrera televisiva; y, en medio de todo eso, traje al mundo a una niña mágica y, sorprendentemente, rubia y de ojos azules. Fueron dieciocho meses de mi vida que no quisiera volver a vivir.

Una noche tarde, salía de presentar y coproducir el estreno de mi programa de noticias de sesenta minutos en horario de máxima audiencia, e iba rumbo a casa, recostada en el asiento trasero de una limusina negra, cuyo olor me provocaba náuseas, al que se le sumaban a los malditos mareos que padecía cuando viajaba. Intenté apartar la sensación en algún recodo de la cabeza, que me latía por la emoción de lo que acababa de realizar. Antes de llamar a mi hermano, que era siempre la primera llamada que hacía en ocasiones como ésa, llamé a mi papá, Marty. No puedo decir que nos hubiéramos reconciliado, que ya no sentía rabia hacia él por haberme ocultado su paternidad; era más una sublimación de mis sentimientos para mantener la paz familiar, para no perder a mis hermanas, que estaban mucho más cerca de él, y porque me importaba mucho más que mi hija tuviera un abuelo. Así que hablábamos de vez en cuando; yo era siempre la que llamaba, por supuesto. Mi rabia era asunto mío, pensaba; expresársela no iba a ayudarme ni satisfacerme. El modus operandi de la familia cuando surgía una confrontación era callarse o pelear. Yo no tenía ni las fuerzas ni el deseo de hacer ninguna, así que me mantuve en contacto con Papá. Peter también me llamaba de vez en cuando, pero mayormente contaba con que Alex me contara de él. Era difícil callarme todo lo que quería decirles a ambos hombres, mis padres. Y era natural que quisiera escuchar sus elogios por el logro tan difícil que había conseguido alcanzar en el escenario nacional gracias a mis esfuerzos.

—¡Hola, Papá! ¿Lo viste? ¿Qué te pareció?

—Oh, sí, sí, lo vi. ¡No sabía que eras capaz de hacer algo así! —dijo genuinamente sorprendido.

—¡Pues, eh, sí! Lo hice.

Me sentí confundida por un instante, no sonaba como un elogio. ¿Cómo no sabía que yo era capaz de hacer algo así? ¿Pensaba tan poco de mí que no podía imaginarlo siquiera? Volví a lanzarle el anzuelo:

—Pero ¿qué te pareció?

—Ya sabes, no sé si podré verlo —se desvió.

—¿Cómo? ¿Cómo que no sabes si podrás verlo?

—Es muy deprimente —dijo.

Intuí que, por haber sufrido problemas financieros, le costaría ver a la gente hablar de los suyos, pero yo era su hija. Quería que mi padre se sintiera orgulloso de mí; alguien que pudiera dejar a un lado su propia mierda y pensar en lo que había logrado su hija y lo que necesitaba.

Mi programa de CNBC, *On the Money*, se estrenó en el verano en que comenzó la Gran Recesión, entre las promociones de NBC y las Olimpiadas de 2008. Mis apariciones en la televisión para promocionar mi libro se multiplicaron y rápidamente (según el productor ejecutivo en aquel momento) fui seleccionada entre más de cien presentadores que audicionaron para lo que sería el exitoso programa con el que se lanzaría un nuevo canal de la compañía productora, enfocado en estilos de vida y dinero. Sin duda, la emisora no pudo prever la caída del mercado que se avecinaba y que destruiría toda su novedad. Yo tampoco pude imaginarla, aunque sí sabía que era la proverbial oveja negra del edificio. Me enfocaba en las finanzas personales, no en la bolsa; representaba al Main Street, no Wall Street. También era la única presentadora exclusiva que no era blanca.

—¿Por qué no traes unas maracas? ¡O te pones un sombrero o algo!

Las productoras ejecutivas de mi programa querían que resaltara mi latinidad para aumentar el índice de audiencia y atraer público nuevo al canal. Estábamos en la sala de reuniones sin ventanas donde planificábamos el programa todos los días.

—¡Di algunas palabras en español! Habla con acento de vez en cuando, ¿por qué no?

—Dime qué te parece algo así: hacemos una gráfica en forma de galletita de la fortuna y le ponemos tu nombre, Wong, algo como «La sabiduría de Wong» o «El mundo de Wong». Luego se parte por la mitad y suena un gong —eso lo dijo la segunda productora en mando del programa. Ambas, mujeres blancas. Ne-

gué con la cabeza y las disuadí con humor. Era todo lo que podía
hacer.

De no haber ocurrido la recesión y si el canal no hubiera perdido a la mitad de sus auspiciadores, quién sabe cuánto
tiempo hubiera permanecido en el aire. Dos días a la semana,
mi programa superaba el programa nocturno con mayor índice de audiencia del canal en aquel momento; no estaba mal
para una principiante. También fui la primera presentadora del
canal que usó las redes sociales para avivar el interés y aumentar la audiencia. Grabé promociones que salían al aire en el
programa de juegos de los maletines y las chicas en vestidos
cortos, en las cuales salía saludando a los televidentes en una
pantalla superpuesta pequeñita que indicaba a los televidentes la hora en la que debían sintonizar mi programa. En *USA
Today* se publicó un anuncio a página completa. En un kiosco
de revistas en el aeropuerto de La Guardia se colocó un afiche
gigantesco mío. La jefa de la división hablaba de un anuncio
luminoso en Times Square y un anuncio tradicional en la West
Side Highway, por la que transitaba a diario para ir al trabajo.
Era muy emocionante, pero no tenía ni un minuto para disfru-
tarlo. Estaba más que exhausta.

Ahora miro los vídeos de mi época de presentadora y me
pregunto lo mismo que me preguntó Marty: ¿Cómo diablos
pude hacerlo? Pues bien, tuve que hacerlo porque mi hogar se
estaba deshaciendo y sabía que, muy pronto, terminaría siendo
una madre jefa de familia y, probablemente, tendría que pagar
una pensión conyugal. No iba a fracasar en proveerle a mi hija
estabilidad financiera, pero, además, el puesto de presentadora
y coproductora de ese programa era, hasta entonces, el único
puesto en el que había podido ejercer toda mi capacidad. Mis
destrezas y mi inteligencia funcionaban a toda máquina. Caía
en un estado de fluidez, de embriaguez, por una hora. Todos los

hombres invitados al programa, maldita sea, activaban mi espíritu competitivo sin límites; me alimentaba de sus bajas expectativas como quien se zampa un filete. Claro que su desprecio no sólo se debía a que fuera mujer.

Por suerte, unos pocos meses después de que empezó el programa, me uní a un brillante productor ejecutivo canadiense que estaba al tanto de toda la mierda que me hacían. Comencé a «jugar a beber» con él. Los invitados en la platea me preguntaban con tanta frecuencia si era hispana o española que, cada vez que lo hacían, todos simulábamos bajarnos un trago de tequila. Tener un buen equipo ayuda mucho. Los echo de menos.

El canal básicamente me exigía correr un maratón completo a diario. (Y me pedían que me pusiera vestidos más ceñidos, que perdiera peso, que sonriera más y todas las cosas imaginables que tenían que sufrir las mujeres en la televisión hasta hace poco). Cuando me intoxiqué con algo que comí y me enfermé de gravedad, me llevaron al hospital más cercano donde me atiborraron de medicamentos y fluidos, y tuve que editar el programa de ese día desde la cama del hospital. Dos horas después de que me quitaran el suero, ya estaba en la silla del camerino lista para salir al aire. Nadie se dio cuenta de la diferencia. Lo digo de veras, porque pregunté.

Extrañaba tanto a mi bebita que vivía con el corazón apretado, pero no podía parar. Sabía que mi matrimonio se había terminado, sólo era cuestión de tiempo. ¿Y luego, qué? Era la proveedora principal del hogar, creía que no tenía otra opción. Me había convertido en el «papá» que trabajaba demasiado. Y, sí, quería triunfar en mi trabajo y me sentía orgullosa de haber llegado hasta donde había llegado, pero necesitaba que me consumiera menos para poder darle más a mi hija.

Una botella rosada de Pepto-Bismol ocupaba un lugar permanente en el escritorio de la productora ejecutiva, o sea, la jefa de toda la división, no mi sensible canadiense. Miré en la botella y noté cuánto había bajado mientras me sentaba frente a ella el día que me citó a una reunión imprevista.

—¿Qué pasó? —pregunté.

—Eh, bueno… —Noté que su rostro reflejaba la disonancia en su mente—. Quería decírtelo antes de que apareciera en los periódicos mañana por la mañana.

—Okeeeey —dije.

—Pues no sé quién se lo dijo a la prensa, pero ya se sabe, así que… —dijo mientras yo me limitaba a mirarla fijamente y pensar: *Fuiste tú, lo que sea.* Terminó la idea—: Hemos cancelado el programa.

—¿Qué?

—Se terminó. Terminamos. Oye, nos fue bien, pero, tú sabes, no podíamos seguir.

Respiré profundo y pregunté:

—¿De modo que el programa que acabamos de rodar fue el último? ¿Sin decir adiós ni nada?

—Pues, no. Sí. Ése fue el último.

¿Por qué sonreí? ¡No sonrías! No era una sonrisita tímida la que intentaba dibujarse en mi rostro. Era una sonrisa amplia. *Mierda. Cancelaron mi programa. Un fracaso, ¿no es cierto? Entonces, ¿por qué me siento tan feliz y aliviada?*

—Bueno. Okey —dije respirando profundo, aún sonriendo.

Mi jefa me miró como si estuviera loca. Entonces me dijo que mi contrato era de un año, así que me quedaría en el canal apareciendo de vez en cuando, haciendo programas cortos, segmentos de noticias locales, etc. No pensaba en otra cosa que no fuera mi B, mi niñita de cabellos dorados, con quien ahora podría pasar más tiempo. Sólo llevaba un año con aquella carga desquiciada de trabajo. Tal vez no era demasiado tarde; tal vez tendría un día libre a la semana; tal vez lo que estaba pasando era bueno.

Lo fue y no. Sí, pude ir a casa, abrazar y besar a mi niñita, llevarla al zoológico del Bronx al día siguiente, recuperar un poco de sueño, pero mi matrimonio estaba llegando a su fin y no podía quedarme sin hacer nada por mucho tiempo.

Seguí en la televisión hasta el punto en que estaba al aire (de nuevo) siete días a la semana; una vez, por cuarenta y siete días consecutivos, pero a pesar de las invitaciones —una hora completa en *Oprah* (que se canceló la noche antes de mi vuelo a Chicago porque alguien insistió en salir en mi *show*, ejem); una aparición en *The View* en la que Barbara Walters me preguntó en su famoso acento frente al público en vivo: «Pero, Carmen, ¿qué eeeeeres?»; un piloto con Paula Deen (sin comentarios); contratos cortos con CBS, CNN y algunos pilotos que fracasaron— no regresaría a la televisión a tiempo completo, y no me molestaba. Había construido un negocio con varias fuentes de ingresos; la televisión era más un sifón personal de relaciones públicas que mi arroz con habichuelas. Pautaba charlas por las que me pagaban un honorario de cinco cifras, trabajaba por cuenta propia como consultora bancaria y me pagaban ridículamente bien. El primer año después del cese de mi contrato en la televisión ganaba más del doble de lo que ganaba en mi programa en horario de máxima audiencia. En muchos sentidos, estoy segura de que, a pesar del prejuicio extremo de mucha gente de la industria, mi color y mi nombre «étnico» aplacaban las culpas y me daban un aura de diversidad en los medios que gustaba a los auspiciadores, pues conmigo se cubrían muchas bases. Pero yo sólo hacía lo que siempre he hecho: seguir adelante con las gríngolas puestas y usar lo que tengo como puedo, tal y como Lupe me enseñó. *No hay más competencia que tú.*

Lo más importante de todo era que podía estar con mi hija. Aparte de los pocos días al mes en que viajaba para dar una charla, y la hora o dos que me tomaba llegar de Brooklyn a la ciudad cuando hacía un programa de televisión, me la pasaba en la casa.

Trabajaba desde casa, llevaba y recogía a mi hija en el kínder, que quedaba a dos cuadras de la casa, le hacía el desayuno y la cena, la bañaba, le leía antes de acostarla y trabajaba de noche mientras ella dormía después de habernos acurrucado un buen rato; porque, aunque había recuperado mi autonomía profesional, mi tiempo y enfoque, estábamos solas ella y yo, y nuestra cachorrita recién adoptada: las tres chicas juntas. La locura de los dos años anteriores incluía mis logros profesionales más elevados y mis caídas personales más bajas. Como la vida misma.

Una vez más, los pensamientos me atormentaban: creía que lo había hecho todo bien. Había trabajado tanto, ¿cómo había terminado así? Un segundo divorcio; la traición, peor que la primera, más una hija. Fue la peor época de mi vida. Todo demasiado profundo, demasiado, y demasiado reciente como para compartirlo. Mi hija y yo tuvimos que ir a terapia por años.

Quizás diez años después del estreno de mi programa, apenas hace unos años, le conté a mi terapeuta acerca de la vez que llamé a mi papá desde el carro después de mi primer programa y lo que escuché fue su dolorosa respuesta respecto a mi trabajo y mi logro: «Es demasiado deprimente».

—¿Así que yo no cuento para nada? ¿Su hija? ¿No podía ver el programa para apoyarme? —Lloraba—. Mis hermanas no veían el programa, ni les importaba, mi madre ya no estaba, y Papi de seguro que no lo veía. Sólo Alex lo veía, es mi fanático más entusiasta —dije sorbiéndome los mocos—. Me veía y grabó todos y cada uno de los programas. Mi último programa se transmitió justo antes de su fiesta del Super Bowl y lo puso en su gran televisor frente a todo el mundo, conmigo presente, lo cual me dio muchísima vergüenza —dije mirando al techo—. Pero fue lindo, estaba orgulloso de mí.

Recordé que a Alex le brillaban los ojos según apuntaba a la pantalla con el control remoto, mi pelo estilizado y mi rostro excesivamente maquillado se imponían sobre los invitados. «¡Eh, chicos! ¡Ésa es mi hermana! ¡Ése es su *show*!».

De pronto, hice las conexiones y me enderecé.

—Espera. Y si... y si... mi papá... mi papá solía ver ese canal en particular todos los días, y solía leer las revistas en las que luego yo trabajé... ¿Y si fue ese inmenso deseo de que él me viera —de ser vista— lo que me llevó a las páginas que él leía y luego a las pantallas que él veía? ¿Para que me viera?

Mi terapeuta, uno de los hombres más sabios que he conocido, asintió con fuerza.

—Pero —dije—, de todas formas, cambiaba el canal.

Puse a mi hija en primer plano y lo que significaba darle prioridad a la familia por ella: visitar a Alex, Belinda y las niñas con frecuencia, hacer del viaje de ida y vuelta entre la ciudad y Maryland un paseo habitual, como lo hacía Mami cuando conducía desde New Hampshire a la ciudad cuando Alex y yo éramos niños. Por décadas deseé y tuve la esperanza de que mi familia —mi hermano y su familia, o mis hermanas— viviera cerca de mí, pero yo era la única que había escogido regresar a la ciudad, nuestro primer hogar, el lugar donde nací. Así que, al igual que mi madre, tenía que conducir mucho, aunque, contrario a ella, me había distanciado de ellos por mi propia voluntad; estaba demasiado arraigada a la ciudad como para arrancarme y comenzar de nuevo. Mi amor por mi hogar era tan profundo que estaba tejido en la fibra de mi piel.

B y yo éramos ya de por sí una familia poco tradicional; luego estaba la cuestión de la raza. Cuando era bebé, el hecho de que yo fuera marrón y ella pareciera blanca significaba que nos detenían en inmigración en el aeropuerto hasta que me buscaban en Google y se aseguraban de que no estaba secuestrando a mi propia hija (rubia); o que las niñeras en el parque pensaban que yo era su niñera; que las *au pairs* pensaban que yo también era una *au pair*; o que todas las mamás a la entrada y salida de la escuela pensaban que yo era una niñera o una *au pair*. Cuando se hizo mayor, mi hija empezó a notar que la familia y el mundo a su alrededor tenían otros colores. Ella tenía una mamá marrón y una familia marrón, mis hermanas; unas primas, su tía Belinda y Grandma Stella, que eran negras; y, oh, sí, un abuelo chino, Papi, a quien veíamos un par de veces al año. A veces lloraba porque no «combinábamos» o porque quería ser negra como sus primas y «¡Obama y Beyoncé!». Ella y yo crecimos en lados opuestos del espejo racial. De niña, yo quería ser como ella y ella quería ser como yo.

Sostuve largas conversaciones con B sobre cómo ella había salido con una piel de porcelana, los ojos azules y el cabello claro, a pesar de tener genes africanos. Su fenotipo (la expresión física de los genes) no reflejaba su genotipo (el código genético), y el mundo exterior responde sólo a uno, el exterior. Le expliqué que latino no es una raza. Hablamos sobre cómo sus primas, que tenían la piel más oscura, como su madre, viajaban en el mismo barco fenotípico. Tenían el mismo abuelo chino que su hermana mayor, una hermana mayor que parecía claramente afroasiática como su papá, Alex, y también tenían ascendencia española/europea, aunque no parecieran asiáticos ni europeos en absoluto. Alex y yo a menudo reflexionábamos y discutíamos con nuestros hijos sobre su identidad racial, sus experiencias y sus mundos. Con tanta mezcla, es imposible no hablar de raza e identidad.

Un fin de semana largo, Alex y sus tres hijas vinieron de visita, y todos llevamos a Papi a cenar en Chinatown. No lo veía desde hacía tiempo, había guardado las distancias porque no quería que me preguntara sobre el divorcio. Había conocido a mi exesposo porque yo me aseguraba de visitar a Papi un par de veces al año, aunque hablábamos por teléfono con frecuencia. Me llamaba al menos una vez por semana para saber cómo estaba la bebé y cuándo nos veríamos. Mi sentir respecto al secreto que conocía había pasado a un segundo plano, pues la vida me tenía el plato lleno, no necesitaba más. Aún lo sentía como mi padre; en cierto modo, seguía siendo mi padre. Mi B tenía que saberlo.

Habíamos grabado el programa más temprano ese día, así que aún tenía el peinado y el maquillaje. De salida, le pedimos al mesero que nos hiciera una fotografía, y cada vez que la veo, me parece increíble: aunque no era biológicamente china —y, no, no se lo he dicho a Papi; le di mi palabra a Alex y siempre la mantendré— todos estábamos relacionados. Sin embargo, la mayoría de la gente que vea esa foto no verá una familia sino un grupo de personas de diversas razas sin aparente relación entre sí; con todo, éramos una familia, y lo somos. Contrario a lo que fue nuestra niñez, Alex y yo estábamos criando unas hijas que tenían el privilegio de pertenecer a la clase media alta y de tener unos padres con un alto nivel de educación, aunque estuvieran en polos opuestos del espectro racial de este país. Mi hermano, con sus niñas negras, y su hermana, yo, con su niña blanca.

Por la forma en que crecimos mi hermano y yo, y más aún, porque nuestras hijas eran tan diferentes, a Alex y a mí nos fascinaron las pruebas genéticas desde su inicio. No obstante, compartíamos también cierto recelo por el almacenamiento y uso de nuestro material genético, aunque a mí me preocupaban más las implicaciones financieras de lo que podrían hacer las aseguradoras si supieran lo que nos deparaban los genes en el futuro en lo concerniente a nuestra salud. Pero fui la primera en hacerme las pruebas, sentía demasiada curiosidad. Ancestry.com era rudimentario al principio porque la base de datos se construía a partir de los participantes; por tanto, los datos carecerían de profundidad y claridad hasta que más personas se hicieran las pruebas. Inicialmente, el sitio web no me pudo decir mucho: era descendiente de europeos y africanos. Pero no especificaba de qué parte de Europa, donde esperaba encontrar la historia italiana de Marty. Sí quedó claro que no era china y no encontré parientes sorpresa. Los resultados no me satisficieron, pero, con el tiempo, la tecnología evolucionó y el nuevo sitio web prometía pesquisas más profundas.

Justo antes de las vacaciones de invierno de 2018, mi hermano, en una de nuestras llamadas casi diarias, me dijo:

—¿Sabías que 23andMe tiene una venta especial de navidad? Voy a comprar un kit para mí y para C.

A ambos nos gustaba alardear sobre la tecnología y la ciencia, era como si sus novelas de Asimov y sus revistas *Omni* se hubieran hecho realidad. Le entusiasmaba en especial hacerse la prueba con su hija mayor —la llamaremos C—, una científica emergente del MIT que se especializaba en bioingeniería.

—Coño, pues apúntame —dije. No pude resistirme. Mi herencia genética había determinado demasiado mi vida como para ignorarla. Además, quería saber todas esas cosas médicas. Yo era una planificadora y lo mío era la prevención. Después de la muerte de mi madre, fui la primera en la familia en hacerse una colonoscopia y después de que me encontraron unos pólipos hace cuatro años se convirtió en una cita preventiva anual en mi calendario. Si tenía un gen defectuoso en algún lugar, mejor saberlo temprano.

A Alex le llegaron los resultados primero. Se llenó la boca para contarme que era descendiente de Genghis Khan (al igual que uno de cada doscientos hombres de ascendencia asiática). Yo tuve que esperar unos días más para recibir mi revelación. Mis expectativas en cuanto a mi historia familiar eran ver, en letra impresa en una pantalla, que en verdad no era china sino medio italiana. Esperar a que llegaran los resultados reavivó la melancolía de haber perdido mis lazos genéticos con la familia Wong y mi querido hermano. Intenté buscarle el lado bueno y le dije a Alex: «Bueno, ahora veré que soy hermana de madre y padre de todas las hermanitas», pero eso también me entristecía. El vínculo con mi hermano era mucho más cercano y fuerte que con cualquier otro miembro de la familia. No me entusiasmaba mucho que me confirmaran el estatus de medios hermanos de los Gemelos Fantásticos.

Nunca me convenció la idea de que era hija biológica de Marty. Atribuía ese sentir a los muchos años que fui hija de Papi, aunque siempre quise ser hija de Marty. Papi y yo compartíamos tres décadas de vínculos con una familia, una cultura y unas personas. Eso no se puede borrar de la noche a la mañana. La confusión y el escepticismo que me provocaba el que mi padrastro fuera mi «verdadero» padre estaban tres capas por debajo del sentido de inevitabilidad de los resultados que llegarían y, en una capa inferior, la gran decepción de que mis padres me hubieran mentido los primeros treinta y un años de mi vida. La tristeza porque lo que estaba a punto de confirmarse era la mentira con la que me habían criado, una mentira que no pensaron bien: una mentira no sólo sobre quién era mi padre, sino sobre mi raza.

Según bajaba las escaleras que llevan a la entrada del gimnasio de mi edificio, refresqué los correos electrónicos en el teléfono; mis resultados de 23andMe habían llegado. Me detuve en el área de espera frente a la entrada del gimnasio, me senté en un sofá, me conecté y abrí los resultados.

Qué raro.

Leí el informe de arriba abajo. *¿Dónde está el italiano?* Los latidos del corazón me retumbaban en los oídos.

Estaba claro que no era china. Vi la solicitud de conexión de

Alex y me conecté para comparar nuestros resultados y establecer nuestra relación genética. Volví a leer los resultados, un poco sorprendida por lo africana que era (veinticinco por ciento); el mapa mostraba un manchón de ascendencia caribeña, pero lo que debió ser un cincuenta por ciento, más o menos, de italiano (la familia de Marty había emigrado de la costa de Amalfi) era casi todo portugués. *¿Portugués?* ¿Qué carajo era eso? Empecé a entrar en pánico y llamé a mi hermano.

—¿Portuguesa? Pero Italia está cerca de Portugal, ¿no es cierto? —dijo Alex intentando calmarme a sabiendas de que eso no era cierto—. Una de las chicas [nuestras hermanas] tiene que hacerse la prueba, entonces nos conectamos tú y yo, y vemos qué pasa.

Tenía razón. Así que llamé a la mayor de las cuatro, le conté, ansiosa, lo que había pasado, y le pedí que se hiciera la prueba y se conectara conmigo. Accedió. La cabeza me daba vueltas, no podía enfocarme en el gimnasio. Regresé al apartamento y pasé el resto del día y las dos semanas siguientes como pude con una gran pregunta instalada en la cabeza.

En las vacaciones de Navidad y Año Nuevo, mi B y yo comenzamos nuestros viajes familiares en carro hasta New Hampshire para ver a la familia, incluido Marty, que conducía desde Rhode Island. A pesar de mis sentimientos encontrados, quería que mi B tuviera una relación sólida con él. Como pasaba tanto tiempo sola conmigo, necesitaba de su tío Alex y su abuelo. Me gustaría decir que perdoné y depuse la rabia hacia mi papá, pero en su lugar diré esto: me convertí en una mujer más sabia, que podía verlo como un ser humano con sus defectos y sus virtudes, y, sí, sus privilegios; el privilegio de ser hombre y blanco que mi madre no tuvo. Aun así, era un ser humano imperfecto al que yo quería mucho. Me aseguré de que B y yo lo viéramos al menos dos veces al año: una vez en las vacaciones de Navidad y la otra, en el verano. B se encariñó mucho con él. La vi aprender a jugar al ajedrez con él a los seis años, una destreza para la que nunca tuve la capacidad de concentración, y Papá disfrutaba de jugar con ella. Le regaló un juego de ajedrez plegadizo que todavía conserva.

Después, íbamos a Maryland a pasar las fiestas con los Wong, mi hermano y su familia. La noche antes de salir para allá, la familia Wong nos llamó por FaceTime. Estaban sentados a la mesa listos para cenar y habían colocado el teléfono para que pudiéramos ver toda la mesa y a quiénes estaban sentados o dando vueltas. B y yo estábamos comiendo el postre, así que conversamos con Alex, Belinda, sus tres hijas y Grandma Stella como si estuviésemos en el mismo comedor. La conversación fue animada y amorosa, todos estábamos muy contentos porque nos veríamos al día siguiente. Entonces Alex trajo el tema de nuestros resultados de 23andMe.

—¿Viste todos los países africanos que tenemos? —pregunté. Doce en total para Alex y para mí, la historia dominicana de nuestra madre producto del tráfico esclavista entre continentes. Se los enumeramos a las niñas: Nigeria, Angola, Congo, Benín…

Me conecté a mi perfil de 23andMe para asegurarme de tener los países correctos.

—¡Oh! —dije sobresaltada—. Nina aceptó mi conexión… déjame ver…

¿QUÉ?

Mis manos volaron a cubrirme el rostro: ojos, nariz, boca, todo.

Preocupada, B preguntó:

—¡Mamá! ¿Qué? ¿Qué pasó?

Todos al otro lado de la cámara se quedaron callados mirándome.

En la pantalla de mi computadora, en blanco y negro, y en letras mayúsculas, tan claro como el día, la relación entre mi hermana y yo decía: MEDIA HERMANA. *No. No, no, no.*

Se me encogió el corazón. ¿Cómo era posible?

—Tía. Tía, ¿qué? —preguntaron mis sobrinas. Alex se acercó a la cámara para verme mejor.

Con los dedos sobre la boca, susurraba:

—No puedo creerlo. No puedo creerlo.

Las palabras «media hermana» se hacían más grandes y oscuras ante mis ojos. Me quedé mirándolas, pensando que cambiarían. B se sentó a mi lado y miró la pantalla.

—¿Media hermana? —preguntó mi hija.

Todos los que lo escucharon al otro lado de la pantalla aguantaron la respiración.

—¿Qué? —preguntó Belinda.

—¿Media hermana? —repitió Alex.

Por fin pude hablar.

—Aquí dice «media hermana».

Mi hija y las gemelas adolescentes exclamaron al unísono un juvenil:

—¡Ohhhhhh!

—¡Alex! ¿Cómo es posible? —Sabía la respuesta, pero tenía que preguntárselo a mi hermano, la persona que siempre acudía a mi socorro y me aseguraba que todo iba a estar bien, se tratara de otro divorcio o de que Mami me hubiera gritado cuando era adolescente—. ¡Eso quiere decir que hay otro padre! ¡Que no comparto padre con nadie!

—¿Tienes otro padre? ¡Guao! ¡Mamá, tu vida es como una telenovela! —dijo mi hija. (Me encantaba ver su sorpresa ante la descabellada historia de nuestra familia).

—Déjame ver —dijo Alex—. Voy a conectarme con ella para ver.

Se levantó de la mesa y fue a buscar su portátil.

La voz de Grandma Stella, la madre de Belinda, se escuchó desde su lugar habitual al extremo de la mesa:

—¿Qué dijo? —preguntó a las niñas—. ¿Qué pasa?

—Abuelita, dijo que… —una de las gemelas comenzó, pero Belinda la interrumpió.

—Que tiene otro padre, otro que no es Marty o Peter —en el tono de voz de mi cuñada, escuché un tácito «increíble». Estaba fuera de la pantalla.

—¿Otro padre? ¿Y qué importa? —exclamó Grandma.

—¿Que qué importa? —respondimos Belinda y yo, las niñas rieron. Alex había regresado a la mesa para conectarse a su cuenta sin decir palabra.

Yo aún tenía las manos sobre la cabeza, intentaba bloquear el mundo. Era demasiado; mucho con demasiado. Pero, delante de las niñas, tenía que disimular lo más que pudiera. Era ridículo, después de todo; me sentí absolutamente ridícula. Mi madre había muerto y no sólo había mentido sobre quién era mi padre, ¡mintió dos veces! Le hizo creer a Marty toda la vida que era mi padre, y a Papi creer toda la vida que era mi padre. ¿Hacerme pasar por hija de ambos? Y yo no estaba relacionada con ninguno. Y se lo llevó a la tumba. *Carajo, Mami.*

La pregunta de por qué siempre me había sentido tan diferente de mis hermanas había sido contestada; el por qué siempre sentía que flotaba fuera de la órbita de todos ellos, vinculada sólo a mi madre y a Alex. Pero, maldita sea, me perturbaba no saber quién diablos era mi padre y que Lupe se atreviera a llevarse la verdad a la tumba.

B y yo estábamos en una alcoba, recostadas una a la otra, jugando en su teléfono en lo que solía ser la casa de Óscar de la Renta en

la zona colonial de Santo Domingo, la capital de la República Dominicana. Era la antigua residencia del que fue una vez jefe de mi abuela. Era febrero de 2019, justo unas semanas después de la revelación de la prueba genética: que yo era la única hija de la familia que no sabía quién era su padre biológico. El aire estaba cálido y húmedo, como una manta familiar que siempre me arropaba el corazón. Aquel viaje anual, que realizábamos madre e hija el Día de los Presidentes, había comenzado como un sueño feliz. Llevé a mi hija a visitar la ciudad para que viera lugares como el Capitolio, el malecón y el mausoleo de Colón, que nos pareció pesado y macabro, pues no abrigábamos nociones románticas de la historia de la isla. Cenamos temprano al aire libre en la plaza pública adoquinada, que estaba a pocos pasos del hotelito donde nos alojamos. Vi a mi hija enamorarse de la música, los colores y el chicharrón, que tenía un sabor mágico en la tierra de mi madre.

—Mamá, ¿podemos venir siempre? Yo podría vivir aquí —dijo según recorríamos el vecindario con cuidado de no tropezar en las piedras centenarias de las aceras.

Claro que B estaba viendo la parte limpia y adinerada de la ciudad, no la República Dominicana donde creció mi madre. Aquélla estaba dividida por azaleas color rosa brillante, y era pacífica dentro de sus fronteras. Lo vi todo a través de los ojos de B, pero también lo vi a través de los ojos de mi madre, y escuché y sentí los pasos de los miles de personas que habían pasado por aquí antes que nosotras, ya fuera por voluntad propia o a la fuerza, nuestros antepasados.

—Oh, B. Tía Belinda está llamándome, me pregunto por qué —mi celular sonó. Siempre contestaba si eran Alex o Belinda. Estábamos sentadas en la terraza de nuestro hotelito, picando algo y tomando algo fresco antes de cenar.

—¡Hola, B! —contesté con alegría. Belinda era «la B original», como solía llamarla.

Estaba llorando.

—Estamos en el hospital. Alex está hospitalizado. Le hicieron unas pruebas y tiene líquido en los pulmones. ¿Recuerdas la tos que no se le quitaba?

—Sí —contesté.

—Es cáncer —dijo y sollozó.

Sentí como si una fuerza me diera un puño en el pecho, me agarrara el corazón y me lo apretara hasta quitarme la respiración. No podía respirar. Alex no.

—Belinda. Belinda —era todo lo que podía decir entre lágrimas.

Recordé que me había burlado de Alex recientemente en el comedor de su casa por lo que pensaba que era un tic (porque ambos teníamos tics de vez en cuando), una carraspera. *Era cáncer*. Recordé verlo toser y ponerse pálido en la playa hacía unos meses cuando estuvimos de vacaciones con las niñas. *Cáncer*. El doctor le había dicho que era alergia. Belinda y yo insistimos un poco para que se atendiera, que tomara algún medicamento o algo, pero había estado tan ocupado. Le encantaba estar ocupado. Le encantaba trabajar con ahínco.

Le dije a Belinda que acortaríamos el viaje y volaríamos a Nueva York la mañana siguiente para recoger nuestras cosas y conducir hasta allá para ir al hospital a verlo. Al verme llorar, mi B me tomó la mano y me dijo:

—Mamá, Mamá, todo va a estar bien.

Dos días después, B y yo estábamos en el hospital en Washington, D.C. con Alex, Belinda y las niñas. Esperé a nuestra siguiente visita, después de que lo dieron de alta, para empezar a teorizar sobre quién podría ser mi padre. Mientras empezaba la quimioterapia y la recuperación, nos convertimos en detectives aficio-

nados. Nos sentábamos en su escritorio en el sótano habilitado de su casa en Maryland y repasábamos escenarios e historias familiares, buscábamos en la internet pistas de los lugares donde nuestra madre pudo haber trabajado, donde pudo haber tenido un desliz, como el optometrista en la calle Delancey del que Pimpa, mi madrina, me contó.

Un fin de semana, en una de aquellas sesiones detectivescas, a Alex se le ocurrió algo.

—¿Sabes quién puede que sepa? Epi, la mamá de Cookie, en Florida.

—¿Epi? ¿Y por qué? —pregunté.

Epi era la madrina de Alex. Ella y su hija, Cookie, eran parientas nuestras por el lado de nuestra abuela. Habían ido a Maryland hacía unos años cuando hice una fiesta de cumpleaños para celebrar los cincuenta de Alex y Belinda, pero a Epi le dio un derrame cerebral y tenía movilidad limitada.

—Era la mejor amiga de Mami, después de Pimpa [mi madrina]. Además, se llevaban pocos años. Estoy seguro de que ella sabe —dijo.

—¿En Florida? —dije y vi que asintió con la cabeza, ahora calva por la quimio—. ¡Pues, bien! —añadí—. ¡Iremos a Florida!

Todo es más viable si hay la urgencia porque alguien está enfermo, el reloj no se detiene, como sucede con el cáncer. Alex, Belinda y yo planificamos las fechas, y el viaje a Florida se hizo realidad. Alex y yo nos fuimos a Miami con nuestras hijas, y Belinda se quedó en Maryland cuidando a su madre. Cuán lejos habíamos llegado desde la última vez que estuvimos juntos en Florida: dos niños derritiéndose en el calor del estacionamiento de un canódromo, esperando a que nuestro padre parara de apostar. Pero lo mejor del viaje fue ver a nuestras hijas disfrutar de la piscina de agua salada de Cookie y disfrutar de la barbacoa tan deliciosa que nos hizo su esposo. Mi hija y las gemelas de Alex preguntaban entusiasmadas:

—Oh. ¿Cuándo podemos regresar? ¡Nos encanta aquí! ¡Quiero vivir aquí! —decían.

Desafortunadamente, Epi no tenía idea de quién podía ser mi padre biológico; ni la más remota idea.

Después de que nos fuimos, Cookie prometió exprimir todo lo que pudiera la memoria de su madre, pero no teníamos muchas esperanzas porque, como me dijo agarrándome las manos: «Tu madre era una persona muy privada».

Por decirlo de algún modo.

Había llegado el momento de preguntarle a la única persona que tenía una relación cercana con Lupe en aquel momento: Papá.

CAPÍTULO 12

... PORQUE SABES QUIÉN ERES

Lo increíble de la tecnología de ADN, y la ciencia en general, es que cada vez es más precisa. En el transcurso de los meses desde que descubrimos que había un tercer padre en la familia, el mío, desarrollé una rutina cotidiana: refrescar la aplicación de 23andMe en mi teléfono celular. Por meses, cada día pensaba que tal vez, sólo tal vez, ése sería el día en el que aparecería un hermano o un primo hermano, incluso un primo segundo del lado de mi padre en la sección de parientes nuevos. Refrescaba y refrescaba la pantalla todos los días en lo que parecía *El juego de la vida*. «Tira los dados otra vez; ¡tienes un padre!». Pero, en vez de las respuestas que esperaba o, mejor dicho, de la gente que esperaba, lo que llegaba era una legión cada vez más numerosa de primos terceros, cuartos y quintos. Ninguno lo suficientemente cercano para conectarme con la identidad de ese hombre.

Ese misterio me consumía diariamente. Me miraba la nariz en el espejo deseando ver otro rostro, el rostro de mi padre. Pensé en mi hermano, que se hallaba en una situación desesperada a causa de un cáncer ya muy común entre los asiáticos, en especial los chinos, el código genético que heredó del lado de Papi. El tiempo era oro y presionaba. Yo necesitaba saber. Necesitaba saber de dónde venía. Quién me había hecho con mi madre, incluso si era producto de algo terrible, como la violencia o la coerción, o algo hermoso, aunque sólo hubiese durado un día. Llamar al que era (¿supongo?) mi padre, Marty, para preguntarle si sabía con quién lo había engañado su esposa (si bien él también había sido amante de esa mujer casada), me revolcaba el estómago. *Oye, Papá, ¿tienes idea de con quién se acostaba Mami mientras tú te acostabas con ella y ella estaba casada con otra persona?* Resultaba extraño, como mínimo. Las infidelidades de los padres no son un tema que nadie quiere discutir con un progenitor, mucho menos las infidelidades descubiertas al cabo de décadas por el ser humano al que ayudaron a criar y que fue producto de ellas.

Una tarde, un día de la semana, sentada en el escritorio de mi oficina en casa, me harté de darle tantas largas al asunto; la respuesta podía estar ahí mismo, sólo tenía que armarme de valor y preguntarle a Marty. Cansada de mí misma —*deja de ser tan cagona, es una información que debes saber*—, agarré el celular y llamé con el pecho oprimido de angustia. No se trataba sólo de mí, claro. Preguntarle a mi papá lo que sabía significaba que antes tendría que decirle que no era su hija; no tenía idea de cómo reaccionaría. ¿Se enfadaría? ¿Se enfadaría con Mami? ¿Lloraría y se entristecería por perderme? Me preparé para consolarlo o calmarlo. Miré por la ventana que tenía delante, los edificios de cristal brilloso, y me dije: *Respira profundo*.

—¿Papá? Pues, eh. Pues en las vacaciones Alex, Nina y yo nos hicimos una prueba de ADN, una cosa de antepasados.

—Oh. Oh, ¿sí? ¿Y qué averiguaste? —preguntó.

—Eh, Papá, tengo otro padre —las palabras apenas habían salido de mi boca cuando estallé en un sollozo. Me sentí apabullada. Acababa de convertirme a mí misma en huérfana.

Al decirle a Marty que él tampoco era mi padre y con mi

madre muerta desde hacía años, acababa de convertirme a mí misma en huérfana con tan sólo una llamada telefónica. Mientras alguien pensara que era mi padre, tendría un padre vivo. Ya no.

Fue Papá quien me consoló a mí, que no podía parar de sollozar.

—Oh, vamos, vamos. Sabes que todavía soy tu papá. Nadie puede quitarnos eso.

Esas palabras le hablaban a mi corazón necesitado de un padre, pero el eco parecía decir: «Me salí con la mía. Te oculté que era tu padre toda la vida, pero aún puedo reclamarlo».

—Lo sé, lo sé —gemí—. Es que me entristece mucho.

—Oh, bueno, tu madre, te digo —suspiró y sonó como si se encogiera de hombros. El mismo «así es Lupe» que lo obligó a mentir sobre su paternidad por mantener la paz. Conocía muy bien ese gesto.

—Lo siento —dije disculpándome innecesariamente por mis emociones.

—Está bien. Esto no cambia nada. No cambia todos estos años —dijo y sonaba muy calmado.

—Pero —me soné la nariz y me sequé los ojos y el rostro— ¿quién puede ser? ¿Tienes alguna idea? ¿Con quién pudo estar mi madre en aquella época?

—Hmmm. Había un doctor cubano en la clínica en la que trabajaba tu madre. Yo la recogía a ella y a su hermana después del trabajo, nunca me gustó.

Ay, dios mío. ¿Un rival? ¿Su jefe? ¿Un colega?

—Papá, ¿es posible que recuerdes su nombre? ¿O el de la clínica? —pregunté.

—No, no recuerdo su nombre… pero la clínica… no recuerdo el nombre, pero estaba en una de las salidas de la autopista Cross Bronx. Lo recuerdo porque conducía hasta allí.

Eso fue todo lo que me dijo Papá, pero parecía mucho porque

tenía la esperanza más allá de toda esperanza de que me decía la verdad. Mi padre biológico tal vez era un médico cubano. Pues bien, la Madame Logros que vive en mí se alegró de haber sido engendrada, tal vez, por un médico.

Llamé a Alex tan pronto como colgué con Marty.

—Supongo que ahora soy huérfana —dije llorando aún más.

La sensación con la que crecí de que flotaba al exterior de mi familia, de estar fuera de ellos, sola y desconectada, se afianzó de un modo nuevo y más trágico. No había libreto ni guía para manejar estos descubrimientos. Por años había ofrecido consejo en mis columnas y en los medios, pero aquello era demasiado específico. ¿Dónde podía encontrar «Cuando tú misma te conviertes en huérfana con una llamada telefónica»? ¿O «Tus padres te han mentido todo este tiempo: una guía para la desilusión parental»? (tal vez ésa exista). Pude haber usado «¿Creías conocer a tu padre? Cómo ser tu propio padre» o «¿Qué hacer cuando te criaron en la raza equivocada?».Y el bonus: «Oreos, plátanos y cocos: cómo lidiar con la blancura que llevas dentro».

La soledad me dolió de un modo diferente ese día. ¿Alguna vez encontraría a mi otra familia? ¿Querrían tener que ver algo conmigo, o querría yo tener algo que ver con ellos?

Desembolsé algunos billetes para contratar a un equipo de expertos en genealogía. Todos tenían acceso a mis cuentas desde Ancestry.com hasta 23andMe y GEDmatch, la base de datos nacional que consolida todos los sitios web de ADN (conocida por resolver a través del ADN casos de asesinatos archivados sin resolver). Me uní a los grupos de genealogía de Facebook y a The DNA Detectives, donde colocaba solicitudes de información y guía. Recibí algunos comentarios con los que ya contaba: «Tu padre es el que te crio, no necesitas saber más». No me digas. Jamás lo hubiera pensado. Pero eso no bastaba y ese no era el punto. Ésa fue la mentalidad que me trajo hasta aquí, después de todo. «No preguntes y haz lo que te digo». Esa frase tan propia de la vieja escuela de crianza condescendiente.

Pasé horas y semanas enteras sin dormir en el proceso de convertirme en mi propia detective aficionada. Logré rastrear la que pensé que podía ser la clínica del Bronx en la que trabajó mi madre, el Lincoln Hospital, (encontré recortes de noticias de 1970 del hospital cuando lo tomaron los Young Lords, un grupo «militante puertorriqueño», según el *New York Times*. Procuraban mejorar las condiciones y paga de los trabajadores de aquel hospital al que llamaban «carnicería»). Las mañanas de los sábados, mientras B dormía, repasaba montones de informes y fotos en línea, intentado encontrar el nombre de algún doctor que coincidiera con el de mi lista de parientes. Una foto llamó mi atención: era una fotografía en blanco y negro que documentaba la coalición de doctores que negociaron con los Young Lords en el Lincoln Hospital durante la toma. En la línea de doctores, colocados uno al lado del otro, había un hombre que miraba de frente a la cámara, más joven, guapo, con una abundante cabellera negra —teníamos los mismos ojos y casi la misma nariz larga—. *¿Eres tú?*

Toda esta búsqueda de mi padre mientras perdía a mi hermano. En la víspera del primer aniversario del diagnóstico de cáncer de mi hermano, estaba sentada a su lado, llorando, en el hospital. Unos días antes había estado despierto, pero con dolor. Sus hijas, Belinda, mi hija y yo pasamos horas a su lado, apretujadas en su pequeña habitación privada, acompañándolo e intentado hacerlo reír (yo traté de afeitarlo con una rasuradora eléctrica barata, lo que resultó en un desastre). La consejera del hospicio sentía que tantas personas en la habitación lo agitábamos, así que nos pidió que entráramos sólo dos a la vez. Nos turnamos para acompañarlo y tomarle las manos débiles, todas tendones y amarillas, como las de mi madre antes de morir. Tenía la respiración lenta, los pulmones estaban a punto de colapsar. Sabíamos que el fin estaba muy cerca, así que nos turnamos para pasar tiempo a solas con él. Marty también estaba ahí, junto con mis hermanas. Ocupábamos dos salas de espera en el hospicio. Los seis hermanos reunidos con Papá, aunque no del modo que hubiéramos deseado; uno de nosotros se estaba muriendo.

Llegó mi turno de estar a solas con él. Después de decirle a mi hermano mayor lo furiosa que estaba con él porque me abandonaba, lo injusto que era el universo por llevárselo y cuánto lo extrañaría, en lo más profundo de mi alma, le asigné una misión:

—Alex, hazme un favor, ¿okey? —Tomé su mano entre mis manos y le dije en voz alta—: Cuando llegues allá arriba y veas a Mami, averigua quién es mi padre, ¿okey? —Sabía que el último sentido que se pierde es el oído, así que esperaba que estuviera escuchándome—. Averigua y luego busca un modo de decírmelo, ¿okey? En serio. Sube y pídele que te diga —hice una pausa—. Maldita sea, Alex.

Mi hermano simpatizaba conmigo en esta lucha: sabía mejor que nadie cómo me afectaba todo el asunto de quién era mi papá; lo que me dolía que Mami se lo hubiera llevado a la tumba y que los demás —sobre todo yo— hubiéramos tenido que componer el enredo que había dejado. Sabía lo sola que me sentía dentro de nuestra propia familia.

Mi hermano mayor, mi Gemelo Fantástico, murió a la mañana siguiente, exactamente un año después de la llamada desgarradora de Belinda cuando estábamos en República Dominicana: el 22 de febrero de 2020. No hay palabras para comunicar la desolación que sentí en el alma, y no ha pasado suficiente tiempo para hacerle justicia a ese dolor con palabras. Es demasiado reciente y profundo. No creo que llegue el día en que se aplaque la tristeza por haber perdido a mi primer y mejor amigo, y el miembro más cercano de mi familia, mi hermano. El hombre de la vida de mi hija, el que siempre estuvo ahí y que le demostró amor. El hombre que siempre estuvo ahí para mí. Crecemos en torno a la pena; ésta no se vuelve más pequeña.

Lo que no esperaba sentir fue una rabia particular. Claro que la rabia es una de las etapas del duelo de Kübler-Ross, pero esto era más oscuro. Mi ira se dirigía en específico al dios que fuera que anduviera por ahí y nos lo arrebataba, se lo arrebataba a su familia, tan joven, antes de llevarse a alguien como Papi. Que Peter «Papi» Wong siguiera en esta tierra a los ochenta y ocho años, un hombre que no había vivido como mi hermano, enfocándose en ser un buen padre para sus hijas, un coproveedor genuino y un esposo presente para su esposa. ¿Por qué tenía que llevarse a Alex y no a él? Eso me demostraba que el universo está tan lejos de ser justo que esperar tener algún tipo de control para mover la balanza a nuestro favor es una locura.

Más tarde, ese verano, durante la pausa de la pandemia, Belinda vino con las gemelas para ir todas juntas a visitar a Papi en Brooklyn.

—Papi, estoy aquí, ¿o no? —intenté no empeorar las cosas y no gritar.

—No, no, siempre dices lo mismo.

Papi se paseaba de la silla al escritorio en su diminuto apartamento tipo estudio en la vivienda de Catholic Charities a donde Alex había conseguido mudarlo hacía años, después de cinco en lista de espera. Tenía los pantalones amarrados a la cintura con un cordón de zapato porque había perdido tanto peso que todos los pantalones se le caían y se negaba a ponerse los que yo le había comprado. Desde hacía más de veinte años sufría de cáncer de próstata y desde hacía casi cinco años, cáncer de riñón avanzado. A pesar de eso, sobrevivió a su hijo.

Alex no quería que Papi supiera que estaba tan enfermo. Sabía que su padre querría mudarse a Maryland con ellos para ayudar a cuidarlo y, aunque tenían una habitación y un baño adicional en el sótano, Papi habría sido un estorbo para todos, así que Alex nos pidió que le hiciéramos el cuento de que tenía algún problema en los pulmones, pero no le dijéramos que era cáncer (la mentira, una verdadera tradición familiar). Desviarse de la verdad, en lugar de confrontar al hombre y ponerle límites diciendo:

—No. No puedes venir a verme y no quiero verte en este momento.

Pero así no era su relación. Peter siempre maltrató verbalmente a Alex. Y cuando Alex era pequeño, también le pegaba. Con todo, mi hermano cumplió su «deber» y cuidó de su padre. Me molestaba que aguantara ese maltrato. Le dije una y otra vez que estaba bien decir: «¡Basta!». Y decirlo en serio, pero también acepté que era decisión de Alex. A mí también se me hacía más fácil decirlo porque ya no era mi padre y porque Peter nunca me maltrató. Alex era el «hijo malo» y yo me dejaba ver menos de lo que él hubiera preferido, conmigo se limitaba a quejarse.

—¿Por qué no me llamas? ¿Por qué no llamas a tu Papi?

Y yo le contestaba:

—Pero estoy hablando contigo ahora, ¿o no?

Y él se lo tomaba como una indirecta para callarse.

Pero cuando Alex murió, Papi volcó toda su hiel sobre mí.

Las gemelas Wong y mi B, ahora adolescentes, altas y delgadas, se sentaron juntas en la única butaca que había en el apartamento estudio: un butacón voluminoso de piel artificial. Belinda y yo nos quedamos de pie. El hogar de Papi era un espacio destartalado, de techos bajos y pisos de linóleo descascarado; todo era de un tono arenoso, ya fuera a propósito o por el uso. El pequeño televisor de pantalla plana que le compré estaba apagado y con muy poco uso sobre una mesa plástica plegable detrás de nosotros, al lado de una pila de papeles y facturas viejas de sus trabajos ocasionalmente legales. (Hacía unos años, después de llevarlo a una cita médica, nos contó a Alex y a mí cómo hacía «negocios» con los pagos que recibían sus compañeros de vivienda para poder sacarle dinero en efectivo al programa del Gobierno. Quien roba una vez…). Entre las dos ventanas, Papi pegaba sus recortes de periódicos chinos, historias de políticos y artistas. Era un collage que rotaba, una suerte de manualidad, como mi hobby de arrancar las páginas de las revistas juveniles en las que aparecían mis grupos musicales favoritos.

—Escúchame —dijo Papi apuntándome con el dedo, en el tono en el que sólo le hablaba a Alex—. ¡Escúchame bien! ¡A ti no te importa Papi! ¿Hace cuántos años? ¿Hace cuántos años que no me visitas? ¿Que no me llamas?

Las niñas bajaron la cabeza, incómodas por la tensión que se respiraba en el aire. Aunque yo había visto a su abuelo en aquel estado, ellas nunca lo habían oído alzar la voz de ese modo.

—¡Estoy aquí ahora! —dije con firmeza. Esa vez no funcionó, siguió con la monserga.

—¡No! ¡Tú te callas! —gritó. Me dolió.

Belinda salió a defenderme. Se calmó por un momento.

Entonces comprendí por qué era más fácil escucharlo y olvidarme. Cada vez que le oponía resistencia, se ponía más agresivo conmigo. ¿Valía la pena? Claro que no delante de nuestras hijas. No, no iba a permitirlo. Nos quedamos un ratito más después de que, por fin, se calmó un poco. Las cinco salimos por la puerta decepcionadas con la experiencia. Las niñas parecían nerviosas.

—Supongo que ahora me toca ser la mala —le dije a Belinda—. Ahora que Alex no está.

—Sí —asintió—, supongo.

Pero ahora él era responsabilidad mía. Era la última Wong de mi generación. Era un padre para mí, pero ya no era mi padre.

Un padre delincuente, un padre abusador, un padre encantador, conversador y gracioso, proveedor de dinero y usurpador de alegría. El origen de mi identidad china. El padre de mi hermano y abuelo de sus hijas, nuestras hijas. Algún día también lo sepultaré, pero jamás enterraré mis recuerdos de asiática.

La familia extendida dominicana de mi madre se enteró de que yo andaba buscando a mi padre biológico, o, debo decir, el chisme era que Guadalupe, Cita, como le decían de niña, había cometido un escándalo. Eso obró a mi favor, o eso pensé. Un primo al que no veía y del que no sabía nada desde el entierro de Abuela en los noventa, me envió un mensaje por Facebook, quería que habláramos por teléfono.

—Me puse a hablar con mi madre sobre tu mamá, Cita, y le dije que estás tratando de averiguar quién es tu padre; ella me contó que el chisme era que tu padre es el hermano de tu madrina —dijo.

—¿El hermano de Pimpa? Hmm. Vivía en el mismo pasillo, así que tiene sentido. Creo recordar a un hermano —repasé los archivos de todos mis recuerdos de Claremont que tenían que ver con Pimpa y su mamá y los demás vecinos y primos. Encontré una imagen en mi memoria de un hombre joven, delgado, de cabello oscuro y el rostro alargado, tal vez más joven que mi madre en aquel momento.

Ésa me pareció, tal vez hasta la fecha, la mejor pista que había recibido. Me prendió; pasé todo un día de trabajo con su noche enfrascada en mis labores detectivescas buscando nombres y fotos en sitios web de información pública. Llamé a Pimpa, quien se sorprendió ante la insinuación. Tenía dos hermanos: yo creía que era uno, ella creía que era el otro.

—¿No sería fantástico que fuéramos familia de verdad? —dijo.

(No nos adelantemos a los hechos).

Un hermano, el que ella creía que podía ser mi padre, era médico en Atlanta. Ahí había una coincidencia, pero cuando vi sus fotos, no sentí ese mariposeo en el estómago que pensaba que debía sentir, que sabía que sentiría, o esperaba sentir, cuando viera al hombre correcto. Gracias a las redes sociales, otra vez encontré a su hijo más joven, que se parecía tanto a mí que muy bien podía ser mi hijo o mi hermano. Fue una sensación extraña.

El otro hermano, sin embargo, era un hombre alto, musculoso y guapo a sus setenta años. Como el doctor de la foto en blanco y negro del periódico, tenía la piel bronceada y el cabello abundante, lacio y canoso; tenía una dentadura reluciente, parecía un político. Era el presidente de una compañía de ingeniería y tecnología en Orlando, Florida, y tenía un grado en ingeniería. *Un compañero nerd.* Encontré su dirección de correo electrónico y su perfil en LinkedIn. Una vez más hice acopio de todas mis fuerzas mentales para hacerle a un hombre una pregunta muy rara y pesada: *¿Eres mi padre?*

En el correo electrónico que le envié, le di mi número de celular. La mañana siguiente, al levantarme, escuché el mensaje de voz que me dejó después de que me quedé dormida y no escuché su llamada. Su tono era agradable, pero firme en que no era mi padre. El mensaje me entristeció, pero me alentó su oferta de ayudarme en lo que fuera y que lo llamara si me servía de algo. Así que lo llamé al mediodía. Su tono era muy distinto al del mensaje. Toda la extrañeza había desaparecido y ahora sonaba lleno de vida y vigor.

—¡Carmen! ¡Madre santa! Cuando vi tu foto en línea dije: ¡es la misma cara de Lupe! —sonaba entusiasmado. Me hizo sonreír. Le pregunté qué recordaba de mi madre; él me preguntó por mi hermano y mis hermanas, y conversamos alegremente por más de una hora. Sólo hacia el final de la conversación le mencioné 23andMe, a lo que respondió:

—¡Oh! Yo me hice la prueba con 23andMe.

Se me cayó el alma a los pies. Eso cancelaba la posibilidad de que fuera mi padre o que tuviera cualquier tipo de relación con él o su hermano.

—Oh, nos habrían conectado, habríamos aparecido en nuestras respectivas cuentas si estuviéramos emparentados —suspiré. La conversación había sido tan agradable. Era conversador, inteligente, exitoso (¡también era un exagente especial!), guapo y cálido. Todo lo que podría desearse en un padre. Fue maravilloso conectar con él, sobre todo después de haber perdido treinta y seis horas de mi vida desvelada y angustiada.

Antes de colgar, y después de prometernos que nos reuniríamos cuando coincidiéramos en alguna ciudad, me dijo:

—Si Lupe sintió la necesidad de tener una aventura, debe ser porque se sentía extremadamente sola y frustrada. ¡Pero estás aquí! Eres el producto de eso. ¡Te ganaste la lotería genética!

—Sí —dije—. Gracias. Gracias por hablar conmigo y por el tiempo que me dedicaste.

—Por nada. ¿Y sabes qué? Me hubiera gustado ser tu padre.

A mí también.

Papá fantasma, así lo llamo ahora: el mito, la idea, la noción de un padre ausente que vive en mi cabeza. No me había dado cuenta de cuánto era invención mía, desde mis pesquisas iniciales en las ópticas del Lower East Side hasta los recortes de periódico del hospital del Bronx y el hermano de Pimpa, el joven que vivía en el mismo pasillo que nosotros. Me enamoré de un padre fantasma, un padre que me inventé. Pasé horas, días, meses inmersa en mis búsquedas en internet, decidida a encontrar la verdad. Y sí, tenía la esperanza de que ocurriera algún día, pero quizás, sólo quizás, pensaba que sería siempre un fantasma. Como mi madre, como Alex y como yo, algún día.

EPÍLOGO

Y un día hice clic en la computadora y lo encontré.

En el verano de 2021, mientras escribía este libro, ya sin genealogistas, investigaciones o llamadas telefónicas, de repente, mi padre biológico dejó de ser un papá fantasma. Sólo tuve que refrescar mi cuenta en el portal de Ancestry, que siempre mantenía abierto.

Lo que llegó a ser un hábito cuasi religioso de buscar parientes nuevos en mis cuentas de ascendencia genética, con el tiempo se convirtió en una práctica esporádica. Mis búsquedas se habían vuelto más lentas por la pandemia y mi equipo de genealogistas se daba contra la pared cuando intentaba conseguir algún expediente en las bibliotecas cerradas. A esto se sumó que tuve que lidiar con las prolongadas complicaciones por COVID de mi hija —sin mencionar la pandemia en general y la pérdida de mi hermano—, así que tuve que concentrar todas mis energías en lo que era real y no lo que pudo haber sido. Al cabo de casi dos meses sin refrescar las pantallas de ADN, ese día de agosto sentí la corazonada de volver a mirarlas.

En un abrir y cerrar de ojos, apareció. Encabezando el listado de personas compatibles había un hermoso nombre de mujer que compartía once por ciento de mi material genético, posiblemente una sobrina o prima hermana. De una vez, les envié un correo electrónico a mis genealogistas, que me confirmaron que no sería una prima, sino una media sobrina, la hija de una media hermana biológica.

Me tomó un día armarme de valor para enviarle un mensaje, no sin antes pedirle apoyo moral a Belinda y a mis nuevos amigos. Mi sobrina me contestó al día siguiente; me escribió que a su madre, mi hermana, le hacía mucha ilusión conocerme, pero mi padre, nuestro padre, había muerto hacía diecinueve años. Leí su respuesta una y otra vez entre lágrimas. Lloré el día entero. Había perdido la oportunidad de conocer a mi padre.

—Le encantaba el arte. Construyó un estudio donde pintaba, y le encantaba leer, coleccionaba libros. Fue autodidacta porque tuvo que abandonar los estudios siendo muy joven.

Estaba sentada en un café al aire libre con mi nueva medio hermana biológica, cuya hija más joven era la sobrina misteriosa que había aparecido en mi cuenta. Mi media hermana y yo no nos parecíamos, pero nos sentíamos parecidas. Era alta, rubia y de ojos azules como mi hija. Su madre, la esposa de mi padre en el momento en que fui concebida, era alta y rubia, mi hermana había salido a ella. En un momento durante el almuerzo, me puse a hablar gesticulando enérgicamente como suelo hacer y ella rompió en llanto. Lo vio por un instante, a nuestro padre, nuestro padre que había muerto hacía diecinueve años, dos años antes que mi madre, nuestro padre; que era un desconocido para mí, pero para ella era el padre que siempre tuvo y que ahora no estaba. Mi hermana me mostró fotos con él, barbudo y demacrado, el día de su boda. Tuvo el primer infarto a los cuarenta y pico, y murió de enfisema a los sesenta y pico; se fumaba una cajetilla y media al día. Lo primero que pensé fue que se parecía tanto a Marty, que resultaba extraño. Era bajo de estatura y tenía la misma piel, constitución física, barba y cabellera de Marty. Podían haber sido hermanos. Ahora veo cómo se pudo mantener el engaño.

Se llamaba Florencio, pero le decían Frank. Cuando conoció a mi madre, él y su esposa, la madre de mi hermana, vivían en la misma calle en Claremont, donde trabajaba como gerente de construcción del Seminario Teológico de Nueva York. Era un don juan, me cuenta mi hermana. Y un hombre exigente. Uno de once hermanos, provenientes de las Islas Canarias. Según nuestra definición en los Estados Unidos, era hispano, no latino, al igual que el famoso actor Javier Bardem. Yo era la hija de un canario, un hombre de una isla al norte de África, colonizada por los españoles al mismo tiempo que Latinoamérica en el siglo dieciséis. El genocida Cristóbal Colón se detuvo en las Islas Canarias justo antes de llegar a La Española, ahora República Dominicana. Hizo dos paradas, en las tierras de mis padres biológicos. Frank era el único miembro de su familia que había llegado a los Estados Unidos.

—¿Sabías de mí? —le pregunté a mi nueva hermana mayor.

—A los veintiuno, mi tía Carmen, la más joven, me contó que mi padre había tenido una hija con una mujer casada del vecindario —dijo.

Me quedé en shock de tener una tía Carmen, otra conexión. ¿Me habría puesto Carmen por ella? ¿O por mi madrina? ¿O por ambas?

En nuestra hora de almuerzo, mi hermana y yo llamamos por FaceTime a la tía Carmen en Tenerife, Islas Canarias. Me dolían las mejillas de tanto sonreír. Su calidez irradiaba por el teléfono. Nos conectamos a través de las redes sociales y empezaron a llover fotos viejas. Tía Carmen me envió una foto de mi padre del año en que nací, 1971. La semejanza es clara. Es una foto vieja típicamente borrosa, tiene la cabeza inclinada hacia abajo y una pequeña sonrisa. A su lado, mirando a la cámara, está mi hermana, que tenía nueve años cuando yo nací. Frank tenía la piel más clara que la mía, pero la forma de la cabeza, la línea del cabello, las cejas y demás facciones me resultaban muy familiares. También ayudaba que yo tenía un corte de cabello parecido al suyo en la foto, corto y estilizado. Le mostré la foto a mi hija adolescente.

—¡Bah! —rio—. Sin el bigote y un poco más bronceado, ¡eres tú, mamá!

Un recuerdo almacenado desde hacía mucho tiempo afloró en esa foto. Yo tendría unos tres años y recuerdo que mi madre y yo estábamos solas, lo cual no era común, en nuestro apartamento en Claremont. Mi madre me había vestido y peinado como si fuéramos a misa de domingo, pero no íbamos. Sonó el timbre de la puerta. Mi madre dejó entrar a un hombre y yo corrí a esconderme debajo de la mesa de la cocina, avergonzada por algún motivo. Escuché a Lupe traer al hombre a la cocina y decirme:

—Sal, mija. Deja que él te vea.

Me asomé por debajo de la mesa para verle el rostro. Era bajito y pálido, con el cabello negro, un bigote negro y los ojos grandes y oscuros. *¿Frank?*

Llamé a Marty para decirle que había encontrado a mi padre biológico.

—Sé que no es agradable escuchar esto, pero… —le conté que era un hombre casado que vivía en la misma calle y que se parecía mucho a él.

Marty suspiró.

—¿Sabes? Ahora miro atrás y veo las cosas de otro modo. Era tan celosa, me acusaba de cosas, pero todo ese tiempo…

Su mente divagó.

Ambos recordamos la noche que condujo como una fiera a casa de la compañera de trabajo de Marty. Justificadamente o no, creo que nunca lo sabré, y ya no me importa quién tenía la razón esa noche. Que un padre traicione a un hijo es mucho peor.

Papá prosiguió:

—Al final fueron unos años muy difíciles. De verdad que lo lamento.

Se refería a esos últimos años antes de su separación cuando la casa se convirtió en un lugar lleno de rabia y dolor para todos. Ellos dos consumían todo el aire y lo convertían en hollín, pero en aquella época, yo sólo era una invitada en aquella casa, ya había crecido y me había ido. A mis hermanitas les tocó la peor parte y no puedo más que imaginar sus historias.

—Sí, Papá. Fue brutal, pero sobre todo para las niñas —tenía que decírselo. Marty tenía que escucharlo.

—Y ahora que lo pienso —dijo Marty—, cuando nos casamos en Brattleoro, Vermont, ella lloraba sin consuelo. ¡Aullaba! Y ahora creo que lloraba así porque percibía el fin de algo, no sólo el principio. Hay todo un lado de ella que nunca conocí.

Hablaba como si yo no estuviera ahí, como si esa llamada no tuviera que ver en absoluto conmigo, sólo con ellos. Yo tenía que enfocarlo en las preguntas que quería que me contestara.

—Papá —dije—, nunca te he preguntado: ¿por qué mantuviste el secreto de que Peter no era mi padre, que eras tú?

—Sabes, mi intención era adoptarlos a ambos [a Alex y a mí], y lo intenté por mucho tiempo, pero lo único que provocaba eran peleas, así que dejé de insistir.

—Pero, aun así, ¿por qué no me lo dijiste? —lo presioné.

—Intentaba mantener la paz —dijo.

Eso es lo que todos intentábamos hacer siempre. Lupe como ente, su existencia, requería que todos los que la rodeaban se esforzaran por mantener la paz, su paz, por no enfadarla, cuestionarla o confrontarla, por no sentir nada que ella no sintiera. Pero Lupe no era así cuando yo era pequeña. Se fue agriando con el tiempo y se llevó enredadas a mis hermanas menores. Acabamos creciendo con sólo dos formas de ser: sacarina (fingiendo) y agria (defendiéndonos), nada entre medio.

Fingíamos para mantener la paz o reaccionábamos con acritud, combatividad o conciliación, como si lo que sintieran Mami y Papá fuera lo más importante y lo central, no nuestros sentimientos o lo que sintiéramos unos por otros.

—Bueno, esto no cambia los cincuenta años que han transcurrido —dijo Papá.

—Oh, sí —dije—. Así como tú estás viendo tu pasado con Mami de otro modo, yo he tenido que hacer lo mismo con ustedes dos, contigo y con Mami; he recordado todas las maneras en que recibí un trato diferente, las señales de que pasaba algo. Descubrir, al cabo de treinta años, que no soy china no es cualquier cosa.

—Tal vez, si todos hubiéramos sabido la verdad desde el principio, desde el primer día, las cosas habrían ido mejor —dijo Papá.

—Pues eso no lo sé —dije—, pero cuando crecí, cuando me convertí en adulta, tal vez a los dieciocho años, debí saberlo.

—Sí —dijo.

No sé si aún aguardo por una disculpa. He aprendido, como hija de unas personas que jamás pidieron perdón, que aguardar por una disculpa, siquiera esperarla, es absurdo. No debiera tener que pedirla, pero sin duda que me gustaría que me la dieran a modo de reconocimiento de su responsabilidad por el dolor que causaron al proteger sus secretos.

Cuatro personas —una madre y tres padres— sirvieron a sus propios intereses en vez de a los del ser humano que trajeron al mundo.

Peter pensó que conservaría a su esposa reclamándome como suya.

Marty consiguió una esposa y más hijos, y pudo mantener la paz no haciéndolo.

Frank tuvo su romance ilícito y pudo mantener su matrimonio.

Mami mantuvo a tres hombres creyendo que yo era su hija. Tres. Impresionante.

Y en lo que a mí respecta, Papi me dio un nombre, una identidad cultural, los chanchullos y la legitimidad de haber nacido dentro de un matrimonio. Marty me dio cuatro hermanas, una introducción a los Estados Unidos blancos, una paternidad tradicional y una presencia. Y Frank me dio la «salsa», los genes que me hicieron quien soy.

Tengo tres padres, pero ninguno completo.

—Sí. Lo reconozco —escribió Pimpa, mi madrina al ver la foto de Frank con mi hermana—. Era una persona muy talentosa, según me contaba tu madre. Conservó algunos de sus escritos; ella escribía poesía y él también.

¿Por qué Mami no me lo dijo? A fin de cuentas, ¿qué tenía que perder?

Ahí está la respuesta, creo. Nunca me lo dijo por lo que hubiera perdido. Hubiera perdido todo el apoyo financiero de su primer esposo, Papi; hubiera perdido a su segundo esposo, Marty, el padre de sus otras cuatro hijas, su caballero blanco; hubiera perdido su reputación en la iglesia y en sus familias, nuestra familia dominicana y la de Marty. Pero entonces, después de que Marty y ella se divorciaron, y que los padres de ambos habían muerto; después de que perdió a los amigos y la iglesia, ¿por qué siguió ocultando la verdad? ¿Incluso después de que yo era adulta?

Porque habría perdido lo que era para mí y lo que era para el resto de la gente. La imagen de ella que quería que yo conservara, que sus hijos conserváramos: la mujer que había hecho bien las cosas, la matriarca que no hizo nada mal, una idea atada a un ego. Pero yo soy una persona; una persona a la que un engaño, protegido con esmero y tesón, afectó y definió mucho.

Mami se ha ido. Se llevó todas sus respuestas y sus historias consigo, pero ya me he conformado con lo que pudo ser. En muchos sentidos, se lo agradezco. Debo sentirme feliz de tener a todos esos hombres en mi vida; cada cual, un padre a su modo. Las cosas pudieron haber sido mejor, pero salí bien.

Lupe logró proveerme una base sólida, a pesar de todos los obstáculos que tuvo que enfrentar como mujer inmigrante afrolatina en el siglo veinte. Se aseguró de que no me viera atrapada en las ideas que me restaban valor. Esas ideas que la rodearon en su hogar y en los mundos a nuestro alrededor. ¿Cómo no perdonarla? Claro que es más fácil perdonar a alguien que ya se ha ido. También es más fácil quererla.

Ahora tengo decenas de primos nuevos, algunas tías, una hermana y sobrinas, que desean que forme parte de sus vidas. Las fotos que me envía mi nueva familia en las Islas Canarias me llenan el corazón de esperanza. Veo rostros amables y sonrientes que se parecen a mí; los veo juntos, abrazados frente a una paella, cervezas y vino. Algún día iré allí con mi hermana y mi hija, y descubriré nuevos legados. Aprenderé una nueva historia, construiré nuevos recuerdos y lazos.

Algunas preguntas se quedarán sin respuesta.

AGRADECIMIENTOS

Le estaré por siempre agradecida a mi corazón, mi sabia, talentosa y valiente hija, B. Siempre le estaré agradecida a mi hermano mayor, Alex, y a mi hermana mayor, Belinda, gracias. A mi amiga y familia, Sheryl Tucker: has cambiado mi vida y la has hecho mejor. A mis antepasados, que me sostienen, me guardan las espaldas y me empujan hacia delante, gracias por siempre.

Gracias, Johanna Castillo, por defender mi historia y tantas otras que se deben contar. Madhulika Sikka, mi fantástica editora, agradezco tu visión y tu pasión. Mi querida amiga y primera lectora, Suzanne Rust, gracias.

A mi Yoda, el doctor Bill Murray, gracias por todos estos años de sabiduría y guía: siento la fuerza. Mi amiga y aliada, Mary Pender, te aprecio siempre. Al primero que defendió mi escritura, Adam Sexto, ¡lo logré! A Angela Mayack, familia y apoyo para mí y para B, siempre te estaremos agradecidas.

A la increíble Catherine Burns, gracias por honrarme en el espacio de The Moth y por tu gracia al sacar a la luz esta historia por primera vez. Mi querida amiga pionera y mi inspiración, Veronica Chambers, gracias siempre. Amada amiga y antigua colega de junta, Aimee Cunningham, eres un tesoro.

Y al equipo de mujeres que me han acompañado durante todos estos años, gracias por ser mis amigas en la verdad, la vida, la felicidad y el dolor. Ustedes viven en mi corazón y les deseo bendiciones, siempre. #CRDUBSDR50

SOBRE LA AUTORA

Carmen Rita Wong es escritora, productora y hace parte de las juntas de organizaciones sin fines de lucro como The Moth y Planned Parenthood Federation of America. Fue cocreadora y presentadora del programa de televisión *On the Money* en CNBC, profesora y columnista consejera nacional para *Glamour*, *Latina*, *Essence*, *Men's Health* y *Good Housekeeping*. Carmen es autora de una serie de novelas y dos libros de consejos que ocupan las listas de los más vendidos. Es fundadora y directora ejecutiva de Malecón Productions, LLC, donde desarrolla contenidos enfocados en las mujeres para los medios y el entretenimiento. Vive en Manhattan con su hija.